ESSAI

SUR

LA PROTECTION DU SALAIRE

ÉCONOMIE POLITIQUE ET LÉGISLATION COMPARÉE

PAR

MAURICE LAMBERT

DOCTEUR EN DROIT
AVOCAT A LA COUR D'APPEL DE MONTPELLIER

Avec une Préface de Monsieur Charles GIDE

PARIS

LIBRAIRIE
DE LA SOCIÉTÉ DU RECUEIL GÉNÉRAL DES LOIS ET DES ARRÊTS
ET DU JOURNAL DU PALAIS
Ancienne Maison L. LAROSE & FORCEL
22, RUE SOUFFLOT, 22
L. LAROSE, Directeur de la Librairie

1897

ESSAI

SUR

LA PROTECTION DU SALAIRE

MONTPELLIER. — IMPRIMERIE CHARLES BOEHM

ESSAI

SUR

LA PROTECTION DU SALAIRE

ÉCONOMIE POLITIQUE ET LÉGISLATION COMPARÉE

PAR

Maurice LAMBERT

DOCTEUR EN DROIT

AVOCAT A LA COUR D'APPEL DE MONTPELLIER

Avec une Préface de Monsieur Charles GIDE

PARIS

LIBRAIRIE

DE LA SOCIÉTÉ DU RECUEIL GÉNÉRAL DES LOIS ET DES ARRÊTS

ET DU JOURNAL DU PALAIS

Ancienne Maison L. LAROSE & FORCEL

22, RUE SOUFFLOT, 22

L. LAROSE, Directeur de la Librairie

1897

PREFACE

Le livre de M. Maurice Lambert est un heureux fruit de l'union qui s'est accomplie dans nos Facultés de Droit entre le droit et l'économie politique, et il nous paraît de nature à rassurer les grands parents qui, de part et d'autre, n'ont pas vu se réaliser cette union sans de vives appréhensions. Les économistes craignaient que les jeunes professeurs sortis des Facultés de Droit ne fussent imbibés d'esprit dogmatique et de socialisme d'Etat, tandis que les jurisconsultes redoutaient que leurs élèves ne retirassent de leur côté guère d'autre profit de leurs études économiques que le goût de la phraséologie.

Voici pourtant une étude à laquelle on ne saurait imputer aucun de ces deux péchés. L'auteur y fait peu de phrases et n'y montre aucun parti pris. Et le sujet traité est précisément celui qui peut le mieux nous montrer la nécessité d'une coopération entre les deux sciences, ou plutôt la nécessité pour l'auteur d'être à la fois jurisconsulte et économiste.

S'agit-il de garantir le salaire de l'ouvrier contre les créanciers de l'ouvrier ou contre ceux du patron, ou même contre la dissipation de l'ouvrier lui-même et pour conserver ce salaire à la femme et aux enfants — ici c'est le droit qui a le dernier mot.

S'agit-il de défendre le salaire contre le patron lui-même, contre les retenues que celui-ci cherche à pratiquer sous forme d'amendes, ou de location de maisons, ou de vente de denrées, ou de retraite pour la vieillesse, ou d'assurance contre certains risques — ici c'est l'économie politique seule qui peut donner la solution, car, comme ces retenues ont toujours un but ou un prétexte, seule elle peut indiquer les moyens pratiques pour atteindre le but véritable, qui est le maintien tout à la fois de la paix sociale et des forces productives.

La conclusion de ce travail, c'est que le patron ne doit pas faire de retenues sur le salaire de ses ouvriers. Ceci sera aisément compris. Mais ce qui paraîtra plus inattendu, c'est le motif que l'auteur en donne ; ce motif, c'est que le patron doit s'abstenir le plus possible de créer des institutions patronales et de se faire la providence de ses ouvriers. Son véritable rôle est de stimuler ceux-ci à pourvoir par eux-mêmes, en prélevant sur leur propre salaire et par la coopération, aux divers besoins de leur condition, nourriture, logement, assurance, etc. Cette thèse, qui nous paraît d'ailleurs parfaitement justifiée, ne peut évidemment se comprendre qu'autant qu'elle se rattache à une conception particulière de la question sociale.

C'est aussi l'économie politique seule qui peut fournir les démonstrations ingénieuses par lesquelles l'auteur prouve que la loi doit imposer le paiement en *espèces* et non en nature, qu'elle doit fixer le *lieu* du paiement pour éviter qu'il ne se fasse au cabaret, qu'elle doit fixer aussi le *délai* maximum pour éviter les paiements trop espacés et l'endettement qui en est la conséquence.

Que de choses dans le contrat de salaire ! Quand le Code Napoléon sera un jour étudié avec le respect dû aux vieux monuments, les commentateurs signaleront avec raison comme un signe des temps le fait que, dans son immense livre sur les obligations, deux ou trois articles seulement, dont l'un inique et les autres insignifiants, sont consacrés à un contrat qui régit les trois quarts de la population dans nos sociétés modernes. Mais c'est aussi un signe des temps qu'après 27 ans de République démocratique, on n'ait encore à peu près rien fait pour combler cette lacune. Il suffit de parcourir ce volume pour voir que la réglementation du contrat de salaire exigerait presque tout un Code. Or il n'a fait encore l'objet que de deux lois d'importance secondaire et de quelques projets de lois ballottés depuis de longues années entre la Chambre et le Sénat, sans pouvoir aboutir. M. Lambert fait remarquer que la France à cet égard se trouve en arrière de tous les pays d'Europe, sauf l'Italie, l'Espagne ou la Turquie. C'est une constatation peu flatteuse, mais d'autant plus utile. Remercions donc l'auteur de l'avoir fait, et espérons que son travail hâtera de quelque peu la promulgation d'une loi organique du contrat de salaire.

CH. GIDE.

INTRODUCTION

Salariants et salariés se disputent la direction de la production. Quelle que doive être l'issue de la lutte, il est probable que le régime du salariat n'est pas encore près de disparaître. N'est-il pas alors intéressant, utile de rechercher si les conflits, qui viennent chaque jour bouleverser le monde du travail, sont inhérents à ce régime, ou bien à son organisation actuelle, et s'il n'y aurait pas quelque moyen de les prévenir ? Pour atteindre notre but, il nous a paru difficile de prendre un meilleur guide que la question du salaire. C'est, en effet, autour du salaire que viennent se concentrer un grand nombre de difficultés qui naissent entre patrons et ouvriers. La discussion porte tantôt sur la détermination, tantôt sur le paiement du salaire. Nous laisserons de côté la première de ces deux questions, non qu'elle ne soit fort intéressante, mais elle est encore l'objet de vives controverses, entre lesquelles il est difficile de prendre parti. Il n'en est pas de même de la seconde : elle a déjà été résolue dans différents pays; et, s'il tend à se former, sur ce point, une législation à peu près identique, comme en matière de réglementation du travail des enfants et des femmes, d'hygiène industrielle, etc., il est toutefois intéressant d'examiner comment chaque peuple, avec son génie propre, est arrivé au but commun par des moyens différents.

Si la règlementation du taux des salaires est une des questions encore le plus vivement discutées, il n'en est pas de même de la protection du salaire ; le principe de l'intervention de l'Etat et de son droit de garantir le salaire n'est guère contesté. C'est là une bonne fortune qu'il est trop rare de rencontrer et qu'on est heureux de constater. Inutile de dire que les socialistes réclament une protection absolue, parfois excessive. L'école historique s'associe à toutes leurs demandes : protéger le salaire est pour elle l'un des premiers devoirs de l'Etat [1]. L'école catholique, elle aussi, est de cet avis ; et l'encyclique *Rerum novarum* ne manque pas d'y faire allusion : « *Tunc solum fieri injuste, si vel pretium dominus solidum vel obligatas artifex operas reddere totas recusaret : his causis rectum esse potestatem politicam intercedere, ut suum cuique jus incolume sit* ». Enfin, l'école libérale elle-même est d'une opinion conforme. Déjà Adam Smith s'était occupé de la question : « Toutes les fois que la législature essaie de régler les démêlés entre les maîtres et leurs ouvriers, ce sont toujours les maîtres qu'elle consulte ; aussi, quand le règlement est en faveur des ouvriers, il est toujours juste et raisonnable ; mais il en est quelquefois autrement quand il est en faveur des maîtres ; ainsi la loi qui oblige les maîtres dans plusieurs métiers à payer leurs ouvriers en argent et non en denrées, est tout à fait juste et raisonnable, elle ne fait aucun tort aux maîtres, elle les oblige seulement à payer en argent la même valeur que celle qu'ils prétendaient payer, mais qu'ils ne payaient pas toujours réellement en marchandises [2] ». Nous trouvons dans ce pas-

[1] Voir particulièrement Brentano : *La question ouvrière.*

[2] Adam Smith : *Recherches sur la nature et les causes de la richesse*

sage, non seulement une approbation formelle de l'intervention de l'Etat dans un cas particulier, mais encore une appréciation générale de ce droit d'intervention : il est vrai que depuis lors les choses ont changé, et que ce ne sont plus toujours les maîtres que consulte le législateur. Cependant, un des plus récents représentants de l'école libérale, M. Leroy-Beaulieu, reconnaît, lui aussi, le droit de l'Etat, et le définit d'une manière précise : « On comprend que la loi s'occupe du mode de paiement des salaires. Il y a là une question d'ordre général qui se rattache à la monnaie. Le législateur doit apporter dans les mesures prises un esprit de circonspection et de tact pour n'empêcher aucune combinaison inoffensive, aucune convention reposant sur la volonté reconnue complètement libre et consciente des parties ; mais, quand un système a été constaté comme généralement dolosif, il n'y a pas d'abus à l'interdire »[1].

Telle est aussi à peu près notre opinion. Nous ne sommes pas, en effet, de ceux qui estiment que l'Etat doive intervenir à tout propos ; et nous préférons de beaucoup aux mesures imposées par lui et qui, par là même, n'ont pas toujours la souplesse nécessaire, celles que les parties auront adoptées d'un commun accord. Mais, dans la situation actuelle, l'intervention de l'Etat devra être fréquente, car ce sera bien rarement qu'une clause du contrat de travail reposera sur la volonté complètement libre et consciente des parties.

Comment, en effet, ce contrat est-il formé ? L'ouvrier

des nations, liv. I, chap. X : *Des salaires et des profits ;* traduction Germain Garnier, tom. I, pag. 173.

[1] Leroy-Beaulieu : *Traité théorique et pratique d'économie politique*, tom. II, pag. 503.

demande du travail, on lui en donne en lui indiquant généralement le salaire fixé. Si l'ouvrier s'avisait de vouloir stipuler d'autres conditions, on lui répondrait probablement d'aller chercher du travail ailleurs. Dès lors, c'est le patron, et le patron seul, qui fait la loi du contrat [1]. D'où vient cette situation ? Elle tient, on le sait, à l'inégalité de fait des parties contractantes. Autrefois, et encore aujourd'hui dans la petite industrie, il y a égalité entre un maître ayant un léger capital et les quelques ouvriers à son service. Mais comment, dans la grande industrie, y aurait-il égalité entre l'employeur ayant d'énormes capitaux et chacun des ouvriers qu'il emploie? «Un homme qui en occupe un millier d'autres est, en lui-même, une absolument rigide coalition équivalent à mille acheteurs d'unités de travail sur le marché » [2]. Cette inégalité est aggravée par le manque dans le Code civil de toute prescription relative au contrat de louage de services.— Qu'en résulte-t-il ? C'est que « le silence de la loi oblige les contractants à tout prévoir ou à s'en rapporter à des usages incertains ou douteux. De là, de fréquentes contestations entre patrons et ouvriers » [3]. Aux inconvénients résultant de l'inégalité de fait d'une part, de l'absence de dispositions légales d'autre part, deux remèdes différents sont proposés, qui doivent être édictés conjointement et qui se

[1] Cependant il faut tenir compte de la part très importante de la coutume, non seulement dans la fixation du salaire, mais aussi dans la détermination des conditions du travail. Ainsi que l'indique Stuart Mill, « la coutume est le protecteur le plus puissant du faible contre le fort » (Livre II, chap. IV, § 2); mais c'est aussi l'agent conservateur par excellence, du mal comme du bien.

[2] Marshall, *Economics of industry*, cité par Leroy-Beaulieu, *loc. cit.*, tom. II, pag. 383.

[3] Glasson : *Le Code civil et la question ouvrière.*

complètent l'un l'autre : 1° replacer les parties sur un pied d'égalité ; 2° réglementer le contrat de louages de services.

Pour mettre les parties sur pied d'égalité, il suffit de leur reconnaître le droit de coalition et le droit d'association. La légitimité de ces droits n'est plus aujourd'hui contestée, du moins en théorie. Il serait superflu de rappeler l'évolution des idées depuis le jour où la Constituante décrétait « l'anéantissement de toutes les espèces de corporations des citoyens du même état et profession » et leur interdisait « de former des règlements sur leurs prétendus intérêts communs » (décret des 14-17 juin 1791) jusqu'à la proclamation du droit de coalition (21 mai 1864). Ce sont là des libertés qui sont aujourd'hui reconnues aux ouvriers, soit en droit, soit en fait, dans la plupart des pays de l'Europe, et qui viennent rétablir l'égalité détruite au profit du patron. Cependant le droit d'association, s'il n'est plus théoriquement discuté, n'est guère admis en pratique ; et les patrons refusent le plus souvent d'entrer en rapport avec les syndicats. « Les syndicats sont l'usage d'une liberté et non l'exercice d'un privilège ; on ne peut tolérer qu'ils empiètent sur la liberté individuelle et suppriment le contrat de travail » ; c'est en ces termes que s'exprimait naguère l'un des plus qualifiés d'entre eux[1], manifestant une opinion générale. Cette opinion est absolument erronée ; les syndicats n'empiètent pas sur la liberté individuelle, ils ne suppriment pas le contrat de travail en voulant discuter les clauses du contrat ; ils ne font qu'user de leur droit, c'est pour cela qu'ils ont été créés, pour opposer à la collectivité du capital repré-

[1] Discours adressé par M. Aynard à M. Félix Faure au banquet de la Chambre de commerce de Lyon le 1er mars 1896.

sentée par le patron la collectivité du travail représentée par le syndicat, et, tant que le patron refusera de se mettre en rapport avec le syndicat, l'ouvrier pourra arguer que le contrat de travail qu'il a conclu n'est pas un contrat libre. Cette opinion pourrait sembler hardie, elle est cependant celle de tous les publicistes, même des plus modérés : « La substitution du travail par grandes collectivités au travail par petits groupes, tel qu'il se pratiquait autrefois, rend légitime la substitution des contrats collectifs entre syndicats ouvriers et patrons aux contrats individuels. Beaucoup de patrons, même animés des meilleures intentions, ne veulent pas comprendre cela : ils en sont restés à l'ancienne conception du contrat individuel, qui ne convient pas à la forme actuelle de la grande industrie. Ils émettent la prétention de traiter avec chacun de leurs ouvriers en particulier et non avec le syndicat. C'est nier le droit primordial et légitime du syndicat ; c'est jeter le syndicat dans la voie révolutionnaire, c'est en faire la proie des agitateurs socialistes [1] ».

En présence de cette répugnance des patrons pour les contrats collectifs, on a cherché à assurer par d'autres moyens la liberté de l'ouvrier. Une proposition des plus intéressantes a été déposée dans ce but par M. Goblet à la Chambre des députés, le 26 novembre 1895. En voici l'analyse : « Aucun embauchage d'ouvriers ne pourra avoir lieu qu'au moyen d'une convention écrite et signée par les parties (art. 1er). La convention déterminera la durée du contrat de louage, qui ne pourra être moindre d'une année, le salaire de l'ouvrier, les conditions de paiement,

[1] Passage d'un article de M. de Kérohant dans le *Soleil* à propos de la grève des verriers de Carmaux.

et, s'il y a lieu, de participation aux bénéfices de l'industrie, les sommes qui devront être soit prélevées sur les salaires, soit fournies par l'employeur, pour constituer les caisses de secours, d'assurance contre les accidents et de retraite (art. 2). — A la convention seront annexés les règlements intérieurs de l'entreprise, ainsi que les statuts des caisses de secours, d'assurance et de retraite; ces pièces devront être paraphées par les parties (art. 3).— L'employeur ne pourra renvoyer l'ouvrier, ni l'ouvrier quitter l'entreprise avant l'expiration du contrat, sans motifs légitimes, sous peine d'être passible d'une action en indemnité sur laquelle il sera statué par le juge de paix du lieu de l'entreprise (art. 4). — En cas de contestation sur l'application des règlements et des statuts visés à l'article 3, le différend sera réglé par le conseil permanent de conciliation (art. 5) ». De ce projet on peut faire deux parts : les dispositions relatives à la création d'un conseil permanent de conciliation et à la durée déterminée du contrat de louage nous paraissent difficilement applicables ; les autres, au contraire, destinées à préciser les clauses et conditions du contrat de travail nous semblent dignes de la plus grande attention.

Les conseils permanents de conciliation sont une institution des plus favorables à l'entretien de bonnes relations entre patrons et ouvriers ; ils sont très répandus en Angleterre, où leur nombre ne cesse de s'accroître journellement, et où ils ont produit d'excellents résultats. Mais en France les patrons ne veulent pas en entendre parler; le syndicat des mineurs du Nord avait demandé la constitution d'un conseil permanent de conciliation et d'arbitrage ; les compagnies ont répondu que, « dans les périodes de calme, ces comités ne constitueraient que des parlottes inutiles, et que, dans les moments de trouble, ils seraient impuissants à prévenir la grève ». La vérité est que les patrons ne veulent avoir aucun rapport avec un organe représentant la collectivité de leurs ouvriers, ils ne veulent d'aucune institution qui pourrait, à un titre quelconque, faire considérer le contrat de travail comme un contrat collectif.

Quant aux dispositions relatives à l'établissement de contrats à durée déterminée, elle ne serait bien accueillie, croyons-nous, ni par les patrons ni par les ouvriers. Ce n'est pas qu'elle n'offre des avantages : les patrons n'auraient plus à craindre les grèves, qui éclatent souvent au moment où elles sont le plus nuisibles ; les ouvriers de leur côté seraient assurés de n'être pas renvoyés pendant le cours du contrat et de ne pas voir modifier brusquement le taux de leurs salaires. Mais elle présente aussi bien des inconvénients : pour les patrons d'abord, auxquels il est bien difficile de lier les mains pour une année avec les changements subits dans le prix de vente des objets fabriqués, le prix d'achat des matières premières; pour les ouvriers aussi, qui ne pourraient profiter des occasions qui s'offriraient à eux de réclamer une augmentation de salaire, ou de trouver ailleurs un travail plus rémunérateur. — Enfin il est encore une autre difficulté : c'est la sanction à donner au contrat. M. Goblet y a songé: « En cas de renvoi non justifié, l'employeur sera condamné à payer à l'ouvrier congédié les salaires du temps restant à courir, sans déduction des prélèvements indiqués à l'article 2, et à lui rembourser les prélèvements déjà opérés : la somme pourra être portée au double, à titre de dommages-intérêts. L'ouvrier qui, sans motif légitime, aura quitté l'entreprise avant le terme convenu perdra le bénéfice des sommes prélevées sur ses salaires ; il pourra être condamné à des dommages-intérêts ». (art. 4). Mais qui ne voit combien la situation des parties est alors inégale : le patron condamné à des dommages-intérêts peut toujours être atteint, tandis que l'ouvrier, généralement insolvable, ne l'est presque jamais ; il ne reste plus dès lors, comme sanction à la violation du contrat, que la perte des retenues destinées aux institutions de prévoyance, c'est insuffisant ; l'égalité serait violée au détriment des patrons.

Du reste, il est un motif plus important qui nous fait absolument repousser cette partie du projet de M. Goblet. Le but auquel on aboutit est la *permanence obligatoire* des engagements ; or c'est là une mauvaise pratique! Non pas que la permanence des engagements ne nous paraisse éminemment désirable : Le Play[1] y voyait « la plus haute expression de la stabilité et l'indication du bien-être et d'harmonie » ; c'est le but auquel il faut subordonner tous les autres dans l'organisation du travail ; mais à une condition : « que la permanence des engagements se fonde exclusivement sur le libre accord des intéressés ». Or, c'est là un point que les disciples de Le Play ont souvent perdu de vue : les institutions patronales fondées par eux ont eu presque toujours pour effet de porter atteinte à l'indépendance des ouvriers ; la permanence des engagements cessait d'être volontaire et devenait forcée. Nous aurons maintes fois à signaler, au cours de ce travail, les résultats fâcheux de cet état de choses, qui enlèvent à l'ouvrier une grande part de sa liberté, et contre lequel il ne cesse du reste de protester. La mesure est mauvaise en elle-même ; dès lors qu'elle soit

[1] Le Play ; *L'Organisation du travail*, pag. 139 et 143.

l'œuvre du patron ou de la loi, qu'importe! la permanence obligatoire des engagements doit être écartée. — Mais il en est tout autrement de la permanence volontaire. Il est certain, au contraire, que c'est là un but qu'il faut chercher à atteindre et dont les patrons ne se préoccupent généralement pas assez, car, s'ils tiennent beaucoup à entourer de difficultés le départ volontaire de l'ouvrier, ils désirent au contraire avoir les mains libres pour pouvoir le renvoyer à leur gré.

A cet égard, toutes les mesures destinées à prévenir les conflits sont des plus utiles ; et c'est pourquoi nous approuvons fort la partie de la proposition Goblet, qui impose un contrat écrit. Ce n'est pas qu'il faille y voir le moyen de mettre fin aux difficultés ; mais les conditions du contrat sont forcément précisées, et c'est déjà beaucoup dans un domaine où règnent « l'équivoque, l'arbitraire et les coutumes contradictoires ». — Ce ne serait pas là, du reste, chose entièrement nouvelle. Les contrats écrits sont en effet obligatoires en Suède ; le contrat doit être conclu en présence de témoins convoqués à cet effet et doit déterminer d'une façon précise les conditions de l'engagement et sa durée, qui ne peut excéder trois ans[1]. En Norvège, ils ne sont que facultatifs; mais la loi détermine les conditions à observer, lorsqu'il en est dressé, toutes destinées à donner à l'ouvrier pleine liberté d'examen : le contrat doit être délivré à l'ouvrier 24 heures au moins avant la signature, et doit faire mention de l'accomplissement de cette prescription ; il sera signé par les deux parties, et chacune en aura un exemplaire ; si ces prescriptions sont observées, il peut être dérogé aux dispositions légales concernant le paiement des salaires et le délai de

[1] Ordonnance du 18 juin 1864, § 15.

congé [1]. En Angleterre enfin, tout contrat dépassant un an doit être fait par écrit, sous peine de nullité. On ne ferait donc qu'introduire en France une institution déjà pratiquée à l'étranger. Serait-elle bien accueillie ? Nous ne le savons : les employeurs sont particulièrement chatouilleux sur ce qu'ils considèrent comme leurs droits. Il nous semble cependant que ce n'est pas trop exiger que de demander la détermination des conditions du travail, et nous croyons que cette mesure, quel qu'en soit le peu d'importance, serait, à défaut des syndicats professionnels, un moyen, sinon de mettre les parties sur pied d'égalité, tout au moins de diminuer l'inégalité qui règne entre elles, et d'empêcher le patron de faire la loi.

Mais, à côté de ces mesures, il en est d'autres, avons-nous dit, qui, par des voies différentes, aboutissent au même but : c'est la réglementation légale du contrat de travail. On a déjà indiqué bien souvent les causes du silence du Code civil : les développements récents de l'industrie d'une part, l'absence de toute législation antérieure par suite du régime des corporations de l'autre, et, s'il fallait une preuve que c'en est bien là la raison, on la trouverait dans ce fait que le Code de commerce consacre de nombreuses dispositions à l'engagement des gens de mer, tout simplement parce que l'ordonnance de 1681 sur la marine avait déjà posé les règles de ce contrat. —Mais aujourd'hui les besoins auxquels le législateur doit répondre sont bien connus ; et il ne peut guère y avoir doute que sur la forme des dispositions à introduire dans la loi ; doivent-elles être interprétatives de la volonté des parties, ou bien impératives. Simplement interprétatives, «elles ont cependant un grand intérêt pratique : elles

[1] Loi du 27 juin 1892, art. 31.

ont l'avantage de prévenir les contestations, de dispenser les particuliers d'entrer dans de longues explications lorsqu'ils contractent les uns avec les autres ; elles servent aussi de modérateur, car on hésite souvent à s'écarter sans motif grave, bien que d'ailleurs on en ait le droit, de dispositions consacrées par des lois civiles[1].» Mais nous ne pensons pas que ce soit le caractère que doivent revêtir les prescriptions relatives au contrat de travail : si l'on parcourt le Code civil, on remarque en effet que, chaque fois que l'on présume l'inégalité entre les parties, les dispositions de la loi sont impératives : c'est ainsi qu'en matière de partage et de vente on admet la rescision pour cause de lésion (art. 887 et 1674), qu'en matière de société on annule les clauses léonines (art. 1855), qu'on prohibe le pacte commissoire et la clause de voie parée (art. 2078 et 2088, C. C ; art. 742, C.P.C), que la loi fixe un maximum au taux de l'intérêt. L'inégalité entre patron et ouvrier doit donc entraîner des prescriptions impératives. C'est de ce fait que doit résulter le mode de réglementation ; et cela est si vrai que, suivant le plus ou moins d'indépendance et de liberté des ouvriers, les dispositions de la loi sont plus ou moins impératives : c'est ainsi qu'en Russie la loi réglemente très étroitement les rapports entre patrons et ouvriers ; qu'en Suède on applique ou non les prescriptions de la loi suivant que l'ouvrier a été mis ou non à même d'accepter en pleine liberté les dispositions dérogatoires.

La plupart des pays possèdent des lois relatives au contrat de travail, et, sans entrer dans des détails qui nous entraîneraient hors de notre sujet, nous nous occuperons spécialement de la législation relative au paiement des salaires[2].

[1] Glasson ; *Le Code civil et la question ouvrière.*
[2] On trouvera le texte de la plupart de ces lois dans les divers *Annuaires*

C'est l'Angleterre qui, la première, s'est occupée de la question. Dès le 15 octobre 1831, une loi réglementait minutieusement le paiement des salaires. Mais de nombreuses enquêtes en signalaient les défectuosités ; une nouvelle loi du 16 septembre 1887 vint apporter des améliorations à la précédente en restreignant la liberté des parties. Une loi du 20 août 1883 a été édictée sur un point spécial : le lieu du paiement du salaire. Une loi du 14 juillet 1870 établit l'insaisissabilité ; une autre du 9 août 1870 la protection du salaire de la femme mariée. Il faudrait enfin ajouter à cette énumération diverses lois spéciales à telle ou telle industrie ; nous les indiquerons chemin faisant. Ainsi l'Angleterre est loin d'être, comme on la représentait encore il y a quelques années, un de ces pays où l'Etat se ferait scrupule d'intervenir dans le contrat de travail et où la liberté la plus absolue règnerait dans les rapports entre patrons et ouvriers.

L'Autriche, depuis longtemps aussi, possède des prescriptions sur le paiement des salaires. La *Gewerbeordnung* du 20 décembre 1859, code général de l'industrie, en renfermait déjà ; elles ont été complétées par la loi du 8 mars 1885. Des lois du 29 avril 1873 et 26 mai 1888 réglementent l'insaisissabilité. La Hongrie, elle aussi, a un code de l'industrie depuis le 21 mai 1884.

En Allemagne, certains Etats s'étaient occupés de la question ; c'est ainsi qu'une ordonnance prussienne du 9 février 1849 avait proscrit le paiement en nature. Le 21 juin 1869, une *Gewerbeordnung* fut promulguée pour la confédération de l'Allemagne du Nord, puis étendue à toute l'Allemagne après 1871. Elle a été modifiée, en

de législation étrangère. — Les dispositions relatives aux privilèges se trouvent dans les codes ou dans les lois relatives à la faillite.

ce qui concerne le paiement des salaires, par les lois du 17 juillet 1878 et du 1er juin 1891. Une autre loi du 21 juin 1869 est relative à l'insaisissabilité des salaires.

La Suisse a une loi fédérale concernant le travail dans les fabriques depuis le 23 mars 1877. Mais déjà auparavant certains cantons, les cantons de Zurich en 1859, d'Argovie en 1862, avaient édicté des dispositions concernant le paiement des salaires; depuis lors, certains autres ont renchéri sur la législation fédérale trouvée par eux trop libérale.

La Norvège a promulgué, le 15 juin 1881, une loi sur l'industrie, révisée le 27 juin 1892, qui se rapproche en plusieurs points de la loi suisse. Une loi du 29 mars 1890 a restreint le droit de saisie sur les salaires. Une autre du 29 juin 1888 protège le salaire de la femme mariée. Les autres Etats scandinaves, la Suède et le Danemark, n'ont pas encore, à notre connaissance, de lois protectrices du paiement des salaires, sauf en ce qui concerne le salaire de la femme mariée (loi suédoise du 11 décembre 1874, loi danoise du 7 mai 1880).

La Russie est en possession, depuis le 13 juin 1886, d'une loi relative aux rapports entre fabricants et ouvriers. A la même date a été promulgué un règlement qui, applicable d'abord à certaines provinces, a été depuis étendu à la plupart. Loi et règlement ont été modifiés par les lois des 11/23 juin 1893 et 8/20 juin 1893; ils sont aujourd'hui fondus dans le Code industriel, édition de 1893.

En Belgique aussi, existe une loi sur la réglementation du paiement des salaires depuis le 16 août 1887. Une loi du 18 août 1887 a établi l'insaisissabilité. Enfin une loi sur les règlements d'atelier a été votée le 15 juin 1896.

Le Luxembourg a également une loi sur le paiement des salaires depuis le mois de septembre 1895.

La France ne possède de dispositions sur les salaires que depuis la loi du 12 janvier 1895. Le 20 janvier 1890, un projet, se rapprochant beaucoup de la loi belge, était déposé à la Chambre des députés par M. Maxime Lecomte. En même temps se réunissait une commission extra-parlementaire, composée de MM. Nicolas, Bouquet, Challamel et Lyon-Caen, des présidents et des vice-présidents du conseil des prud'hommes de la Seine ; son rapporteur, M. Lyon-Caen, proposa un projet concernant les salaires des ouvriers et employés et la garantie de leurs droits dans les caisses de secours, de prévoyance et de retraite. Le Conseil supérieur du travail s'occupa de la question du paiement des salaires dans sa première session du mois de février 1891 et de la question des amendes et des règlements d'atelier dans sa seconde session de juin 1892. Enfin un projet du gouvernement sur le paiement des salaires fut déposé à la Chambre le 16 juin 1891. Voté en partie, il est devenu la loi du 12 janvier 1895, interdisant le paiement par compensation et la saisie. D'autre part, le 27 décembre 1895, a été promulguée une loi concernant les Caisses de retraite, de secours et de prévoyance fondées au profit des employés et ouvriers. — Il reste encore à édicter les dispositions relatives au mode de paiement, à l'époque et au lieu du paiement et aux amendes : elles sont contenues dans une proposition qui, adoptée par la Chambre le 5 novembre 1892, a été amendée par le Sénat le 24 avril 1894, et n'a pas été soumise à un nouvel examen de la Chambre[1].

[1] Des propositions ont été faites à diverses reprises pour réclamer la rédaction d'un Code du travail, notamment par M. de Mun, qui a déposé à la Chambre un projet de réglementation très étudié en 1889, par M. Depasse, qui en a demandé l'élaboration au Conseil supérieur du

Les autres pays n'ont pas encore de législation en la matière. Aux Pays-Bas, plusieurs projets ont été déposés, mais aucun d'eux n'a été voté jusqu'à présent. En Italie, un projet très étudié est depuis plusieurs années à l'ordre du jour des Chambres. Tel est l'état de la législation dans les divers pays de l'Europe.

Cette étude se divisera en quatre parties. Nous occupant de la protection des salaires, il est tout naturel de passer successivement en revue les diverses personnes vis-à-vis desquelles le salaire a besoin d'être protégé. C'est d'abord contre le patron : le salaire fixé devrait être intégralement payé à l'ouvrier; parfois l'on essaie par des combinaisons appropriées d'en retenir une partie; parfois une mesure légitime se transforme involontairement en abus. — C'est ensuite contre les créanciers du patron : en cas de faillite ou de déconfiture, les salariés doivent-ils venir au marc le franc? ne faut-il pas plutôt leur accorder un privilège pour la garantie du salaire? — C'est encore contre les créanciers de l'ouvrier : le salaire de l'ouvrier est son unique ressource; dans quelle mesure pourra-t-il être cédé? pourra-t-il être saisi? — Enfin il faudra suivre le salaire jusque dans l'intérieur de la famille : si le père va dépenser au cabaret l'argent du ménage, la loi ne doit-elle pas s'occuper du sort de la femme, des enfants? si le salaire est le produit du travail de la femme, de l'enfant, quels doivent être les droits respectifs du chef de famille, de la femme, de l'enfant? Tels sont les divers points à étudier pour envisager sous toutes ses faces la question de la protection du salaire.

travail (1re session, pag. 134), enfin par M. Groussier et le parti socialiste (proposition déposée à la Chambre le 14 mars 1896).

LIVRE Ier

PROTECTION DU SALAIRE

A L'ÉGARD DU PATRON

C'est surtout à l'égard du patron que le salaire a besoin d'être protégé, vu les liens étroits qui unissent à lui l'ouvrier et l'inégalité de situation entre eux. Le but à atteindre est d'empêcher autant que possible l'emploi des divers moyens qui, sous des noms divers, ont pour résultat une diminution de salaire. Nous nous occuperons d'abord du paiement du salaire et des mesures de protection à prendre pour que l'ouvrier puisse le toucher sans encombre : ce sera l'objet du titre premier, nous passerons successivement en revue le mode, le lieu, l'époque et le jour du paiement. Nous examinerons ensuite la question des retenues de salaires : l'ouvrier ne reçoit généralement pas l'intégralité du salaire par lui gagné, il subit des retenues; il nous faudra étudier dans le deuxième titre les causes de ces retenues, leur validité, la réglementation qui peut leur être nécessaire.

TITRE I

PAIEMENT DU SALAIRE

CHAPITRE PREMIER

Mode de Paiement

Le salaire est fixé soit par la convention des parties, soit, ce qui est le plus fréquent, par l'usage : il consiste en une certaine somme d'argent à laquelle vient parfois s'adjoindre un paiement en nature. Faut-il autoriser ce paiement en nature ou déclarer que la totalité du salaire doit être toujours payée en argent ? En principe le paiement en nature n'a rien d'illicite ; notre droit non formaliste ne connait plus la subtilité romaine[1]; en fait, il est généralement pratiqué pour certaines catégories de salariés. Les domestiques attachés à la personne, par exemple, sont presque toujours logés et nourris, et ne reçoivent en argent que le complément de leur salaire. Il en est de même souvent pour les ouvriers agricoles.[2] Nul n'a jamais

[1] Pecunia data locatio erit; si res, non erit locatio, sed nascetur vel civilis actio in hoc quod mea interest, vel ad repetendum condictio (5, § 2, Dig, De præscriptis verbis, XIX, 5).

[2] A l'étranger, cette pratique est très fréquente. C'est ainsi qu'en Allemagne certains ouvriers employés au labourage reçoivent gratuite-

songé à protester contre le paiement en nature fait à ces salariés. Au contraire le paiement en nature aux ouvriers industriels a été très vivement attaqué et est aujourd'hui prohibé par la plupart des législations de l'Europe.

D'où provient cette différence? Pourquoi le paiement en nature, licite dans un cas, serait-il illicite dans l'autre ? M. Cabouat, qui a consacré à cette question un article des plus intéressants, fait la distinction suivante: « La portée de ce principe que le salaire doit être payé en argent n'est pas de lui assigner un objet nécessairement pécuniaire, ni de limiter le pouvoir des parties de fixer, comme elles l'entendent, la rémunération du travail, mais seulement de régler le mode de paiement et d'assurer l'exécution loyale des engagements..... Donc, lorsque le montant du salaire aura été fixé en argent, il devra être payé de même. Défense au patron de se libérer par une dation en paiement consistant en marchandises ou en toute autre valeur; ce paiement irrégulier, eût-il été accepté, sera déclaré nul, comme entaché de pression[1] ».

En somme, ce qui, d'après M. Cabouat, rend illicite le paiement en nature, c'est qu'il résulte le plus souvent d'une dation en paiement, à laquelle l'ouvrier créancier est contraint de souscrire, et par suite entachée d'un vice

ment un logement, un jardin de 8 ares 1/2 pour la culture des légumes, 21 ares dans les champs pour cultiver des pommes de terre et du lin ; en outre du combustible (bois et tourbe); et après chaque récolte chaque famille a droit à 500 litres de seigle, d'orge et d'avoine, mais le salaire n'est que de 62 pf (0 fr. 78) pour les hommes et de 43 pf (0 fr. 54) pour les femmes (Lettre de M. Von der Lube, propriétaire à Stormstorff, Mecklembourg.— Réforme sociale du 1er mai 1883). Il en est de même en Suède pour l'ouvrier appelé *statfolk*; de même en Angleterre (*allotment system*).

[1] Cabouat; *De la réglementation législative des salaires* (*Revue critique*, 1894, pag. 221-222).

grave (Art. 1243, Code civil); toutes les fois que le salaire a été fixé en nature, il n'y a plus dation en paiement ; le paiement en nature est valable.

Cette distinction peut renfermer une certaine part de vérité; mais elle ne tient pas compte des faits ; elle suppose un contrat librement conclu entre parties libres. Or qui ne sait que la convention a une part des plus minimes, si même elle n'est pas nulle, dans la formation du contrat de louage ; c'est la coutume qui est tout ; et aussi bien pour les ouvriers industriels que pour les ouvriers agricoles ou les domestiques, il peut arriver que la coutume dans un lieu donné soit de les payer partie en argent, partie en nature.

Le paiement en nature en sera-t-il plus licite ? Evidemment non, car les ouvriers n'ont pas discuté la manière dont le paiement serait effectué. Ils ont demandé du travail, on leur en a donné aux conditions de l'entreprise. Ainsi, ce n'est pas dans le fait seul de la dation en paiement de marchandises au lieu d'argent que nous trouvons le criterium qui nous fait approuver là ce que nous blâmons ici.

Ce n'est pas non plus le point de vue qu'ont adopté les législations qui ont réglementé le mode de paiement du salaire; ce n'est point la manière dont le salaire a été fixé, mais bien la façon dont il est payé qui les intéresse ; et que le salaire ait été fixé en argent ou en nature, peu leur importe ; elles défendent le paiement en nature pour les ouvriers industriels, et pour eux seulement.

C'est ainsi que la loi belge du 16 août 1887 portant réglementation du paiement des salaires renferme l'article suivant : « La présente loi ne concerne ni les ouvriers agricoles, ni les domestiques, ni d'une manière générale les ouvriers logés et nourris chez leur patrons.» (Art. 12). De même la loi anglaise du 16 septembre 1887 sur le Truck : «Il est permis, dans toute exploitation agricole, de comprendre le logement et la nourriture parmi les engagements d'un ouvrier, et cela en sus de son salaire en argent.» (Art. 4).

Toutes les autres lois qui s'occupent du mode de paiement du salaire sont des lois industrielles et ne s'appliquent pas aux ouvriers agricoles.

C'est donc la qualité du salarié qui est le criterium de distinction. Pourquoi? Il est d'abord dans la nature des choses que les domestiques, que certains ouvriers agricoles, attachés à la personne ou à la propriété, reçoivent de leurs maîtres nourriture et logement, tandis que pour les ouvriers industriels ce n'est généralement ni utile, ni nécessaire[1]. — D'autre part, les ouvriers agricoles surtout vivent généralement « à pot et à feu » sinon avec leurs maîtres, du moins avec leurs représentants : s'ils sont mal logés et mal nourris, ils ne peuvent se plaindre, puisqu'ils ne le sont guère plus mal que leurs supérieurs. — Enfin, tandis que l'ouvrier industriel se trouve dans une situation d'infériorité à l'égard de son patron capitaliste, il en est tout autrement pour l'ouvrier agricole, du moins dans les pays de petite propriété : « Si parmi les personnes compétentes, on soulevait la question de savoir lequel des deux, du paysan ou de son domestique, est le plus faible et a le plus besoin de protection, la réponse unanime serait que, lors de la con-

[1] Par ouvriers industriels nous entendons les ouvriers de la grande et de la moyenne industrie. — Les ouvriers de la petite industrie, de même que les employés de commerce, doivent être assimilés aux ouvriers agricoles.

clusion du contrat, c'est le paysan qui est le faible et le domestique qui est le fort[1] ».

Ce n'est pas cependant qu'il n'y ait de nombreuses critiques à adresser à la manière dont sont traités, soit les domestiques, soit les ouvriers agricoles, au point de vue de l'habitation ou de la nourriture. Tous les traités d'hygiène par exemple s'élèvent contre les chambres petites, privées d'air, parfois de lumière, où couchent souvent les domestiques. Les enquêtes anglaises, particulièrement la dernière enquête de 1890, signalent la condition déplorable dans laquelle se trouvent la plupart des logements des ouvriers agricoles : « La majorité des cottages sont mauvais, et un grand nombre d'entre eux paraissent impropres à l'habitation..... On en rencontre beaucoup avec une seule chambre à coucher, à laquelle on accède au moyen d'une échelle par un trou dans le plancher, sans même une trappe pour le boucher[2]. — Il est impossible de lire les rapports des commissaires-adjoints sans éprouver un sentiment pénible en songeant que trop souvent et trop communément l'ouvrier agricole vit dans les conditions qui, physiquement et moralement, sont malsaines et nuisibles[3] ». Aussi la commission demandait-elle « que le Gouvernement fût autorisé à faire aux propriétaires fonciers des prêts remboursables dans des conditions déterminées pour la construction de cottages salubres et à bon marché[4] ». Peut-être les habitations des agriculteurs fran-

[1] Rapport du Conseil fédéral suisse à l'Assemblée fédérale concernant la motion Comtesse sur le paiement des salaires, pag. 25.

[2] Cité par Lavollée ; *Les classes ouvrières en Europe*, tom. III, pag. 277-278.

[3] Rapport de M. Little, cité par Lavollée ; *loc. cit.*, tom. III, pag. 281.

[4] Lavollée ; *loc. cit.*, tom. III, pag. 524. — Une loi du 18 août 1890 a accédé à cette demande.

çais ne sont-elles pas dans de meilleures conditions hygiéniques[1] ; mais, comme elles sont presque toutes la propriété de ceux qui les habitent[2], il est difficile de prendre des mesures protectrices !

En général il n'est pas nécessaire d'édicter de dispositions relatives à la nourriture. Cependant la loi russe du 12 juin 1886 relative au louage des ouvriers agricoles contient la prescription suivante : « Si les ouvriers sont nourris par le maître, les aliments qui leur sont préparés ou les provisions qui leur sont fournies doivent être de bonne qualité et de la même nature et quantité que la nourriture des paysans de condition moyenne de la localité». (Art. 32). Mais «le maître n'a pas le droit d'obliger les ouvriers à accepter pour la paye qui leur est due, au lieu d'argent, du pain, des marchandises ou autres objets». (Art. 31). La contravention à cette prescription est punie d'une amende de 100 roubles.

La distinction faite par la loi russe est analogue à celle proposée par M. Cabouat ; on avait sans doute abusé du paiement en nature à l'égard des ouvriers agricoles russes. De même en Angleterre, où « il a été constaté par les enquêtes parlementaires que des ouvriers agricoles avaient reçu jusqu'à la moitié de leurs salaires en fournitures de cidre[3] ». Aussi est-il permis de fournir la nourriture aux ouvriers agricoles, mais *sans liqueurs fortes* (Art. 4 de la loi sur le Truck[4]).

[1] Nous avons pu constater aux environs de Montpellier, dans une grande propriété, des faits analogues à ceux signalés dans l'enquête anglaise.

[2] En France, les deux tiers des familles habitent une maison leur appartenant (De Foville ; *Enquête sur les conditions de l'habitation en France*).

[3] Walker ; *The Wages question*, pag. 327 ; cité par Cauwès ; *Cours d'économie politique*, 3e édition tom. III, pag. 93, note 1.

[4] De même les lois maritimes déterminent le minimum de l'alimenta-

Ainsi le paiement en nature, autorisé en principe pour les domestiques et les ouvriers agricoles, est interdit au contraire pour les ouvriers industriels. C'est là une prohibition qui est passée dans la plupart des législations de l'Europe à la suite de pratiques préjudiciables aux ouvriers, usitées surtout en Angleterre, où elles ont reçu le nom de « *Truck System* », le système du troc. Ce nom est des mieux choisis. Il nous indique immédiatement, en effet, la situation sociale de ces ouvriers échangeant leurs services contre des produits et ramenés ainsi à une sorte d'esclavage; il nous fait saisir aussi le principal inconvénient économique du système: l'impossibilité presque absolue pour l'ouvrier d'échanger directement contre les objets dont il peut avoir besoin ceux qu'on lui a donnés en paiement. L'argent est dans les pays civilisés la marchandise tierce qui sert aux échanges; privé d'argent, l'ouvrier ne peut se procurer aisément les choses qui lui sont nécessaires [1]. Pour pouvoir les acheter, il faut qu'il commence par vendre les marchandises qui représentent son salaire; mais c'est toujours avec perte qu'il effectue cette vente, d'où résulte pour lui une diminution de salaire. Même s'il peut utiliser les marchandises qu'on lui a données en paiement et qui consistent généralement en

tion à fournir par les armateurs pour la subsistance des gens de mer; tout capitaine qui, hors le cas de force majeure, prive l'équipage de l'intégralité de la ration stipulée avant le départ ou, à défaut de convention, de la ration équivalente à celle que reçoivent les marins de la flotte, est tenu de payer des dommages-intérêts à chaque personne composant l'équipage, et peut, en outre, être puni d'amende (Décret-loi disciplinaire et pénal sur la marine marchande, du 24 mars 1852, art. 70). Il en est de même à l'étranger. — Voir Lyon-Caen et Renault: *Traité de droit commercial*, 2e édition, tom. V, pag. 245-246.

[1] Voir Charles Gide; *Principes d'économie politique*, 5e édition, pag. 209: La décomposition du troc en vente et achat.

denrées nécessaires à sa subsistance, le préjudice n'en demeurera pas moins, car ces denrées seront cotées généralement à un prix trop élevé.

L'ouvrier ne se trouve pas, en effet, à l'égard de son patron dans la situation d'un client ordinaire à l'égard d'un commerçant. Le patron jouit d'un monopole de fait; et il se trouve par suite, comme tout détenteur de monopole, libre d'imposer les conditions qu'il lui plaît : l'ouvrier ne peut discuter ni la qualité ni le prix des marchandises. Rien n'empêche donc le patron d'augmenter les prix ou de diminuer la qualité ; et le salaire de l'ouvrier s'en trouvera réduit. A l'estimation de M. le comte de Paris, les bénéfices dus au Truck-System s'élèvent à 10 p. %[1]; et M. Morisseaux évalue à 20 p. % au moins la diminution de salaire résultant du Truck[2].

Mais ce n'est là encore qu'un des moindres inconvénients du Truck. Le plus grave en effet consiste en ceci. Grâce à son mode de fonctionnement, le patron peut, par sa seule volonté, en dehors de toute convention, abaisser le salaire ; il lui suffit de fournir des marchandises d'une qualité inférieure ; ses bénéfices s'en trouveront augmentés; et si le salaire nominal ne varie pas, le salaire réel se trouvera réduit sans que l'ouvrier se doute même du changement opéré dans les conditions de son contrat.

Dès lors il est inutile d'insister sur les effets déplora-

[1] Comte de Paris; *Situation des ouvriers en Angleterre*, pag. 273.

[2] Charles Morisseaux; *Rapport sur les abus qui se commettent dans le paiement des salaires* (Enquête de la commission du travail belge vol. III, pag. 124-125).

Ces deux évaluations nous paraissent inférieures à la vérité. M. Maxime Lecomte nous paraît plus exact en parlant de prélèvements de 25 à 30 % (Discussion au Sénat du projet de loi relatif aux règlements d'atelier, 24 avril 1894).

bles de ce mode de paiement; il vicie l'exécution du pacte de travail; « il trompe l'ouvrier sur la valeur réelle de son gain ». Comment celui-ci pourrait-il en effet s'en rendre compte, du moment qu'il touche son salaire en nature et non en monnaie, cette commune mesure des valeurs[1]; il faudrait pour cela qu'il pût échanger sa marchandise contre du numéraire, et nous avons vu qu'il ne faisait cet échange que forcé et contraint puisqu'il en éprouvait une perte. Ainsi donc l'ouvrier ne peut évaluer le prix de son travail; et voilà l'effet économique du Truck-System. — Il sera aussi forcément imprévoyant, et vivra au jour le jour: comment en serait-il autrement, alors qu'il ne connaît pas l'état exact de ses ressources! — Il sera enfin sous la dépendance constante de son patron, qui l'obligera plus ou moins directement à dépenser à son profit la plus grande partie de son salaire et entravera ainsi la liberté de l'ouvrier de disposer à son gré de sa seule propriété. Ainsi le Truck conduit l'ouvrier à l'imprévoyance et enchaîne sa liberté; voilà son effet moral.

En somme, cette analyse du fonctionnement du Truck nous a montré d'une façon éclatante l'utilité de l'argent. L'argent est l'instrument des échanges; il est la commune mesure des valeurs; il exprime le prix des choses. L'ouvrier qui reçoit son salaire en nature ne peut échanger facilement contre d'autres les marchandises qui lui ont été données; il ne peut mesurer la valeur de son salaire: ce sont là les causes de l'infériorité de ce mode de paiement. Ses inconvénients économiques suffiraient à eux seuls à le condamner sans appel, mais il en est d'autres plus graves encore.

[1] V. Gide; *loc. cit.*, pag. 78 et suiv.

Aux abus d'ordre pécuniaire du Truck sont venues se joindre les souffrances des femmes des ouvriers. Elles ont été admirablement décrites par B. Disraëli dans son roman de Sybil.—L'enquête anglaise de 1871 n'a fait que confirmer la véracité du roman. Voici le récit d'un des commissaires enquêteurs qui s'était rendu, le 27 novembre 1870 la veille d'un jour de paye dans les environs de Cardiff, auprès d'une des boutiques où se délivre le salaire en nature. «A 1 h. 50 du matin, je vis arriver une vieille femme et un petit garçon qui s'assirent sur les marches de la porte. Avant deux heures, deux autres femmes arrivèrent. Je leur demandai ce qu'elles venaient faire à une heure semblable. — C'est, répondirent-elles, la fin du mois (la paye a lieu tous les mois), la boutique ne s'ouvre qu'à 6 heures du matin, mais si nous ne venions pas maintenant, nous ne serions pas servies avant le milieu du jour. — Un ouvrier rapporte que sa femme parfois a dû attendre pendant toute une journée. Le petit garçon garde la place de sa mère. — Quand la porte s'ouvrit, il y avait 50 à 60 femmes et enfants arrivés successivement, assis sur des pierres ou sur leurs paniers, grelottant de froid. Il faisait nuit noire, mais le spectacle était éclairé par les hauts fourneaux allumés sur les hauteurs voisines. L'une des femmes que j'interrogeai était venue le mois précédent à 11 h. 1/2 du soir, six autres étaient arrivées avant minuit [1] ». Voilà certes un tableau chargé en couleurs que l'on peut à peine croire sorti de la plume d'un témoin impartial. Des femmes, des enfants, obligés de passer des nuits entières à la froidure, pour toucher un salaire inférieur à ce qu'il aurait dû être, que d'abus s'enchaînant l'un l'autre !

1 Morisseaux ; *loc. cit.*, pag. 120.

Mais ce n'est là qu'une des formes du Truck, la forme primitive du paiement direct en nature. Il en existe d'autres qui, tout en étant moins mauvaises, en évitant par exemple les souffrances dont nous venons de donner une description, ne sont cependant peut-être pas meilleures, car elles sont plus hypocrites : le paiement en nature est supprimé, le paiement a lieu en espèces ; mais l'ouvrier est contraint directement ou indirectement de s'approvisionner dans les magasins du patron et d'y dépenser son salaire.

M. Morisseaux compte cinq formes différentes du Truck ; nous reproduisons son énumération :

1° Le patron paie tout ou partie du salaire en marchandises, en cotant celles-ci à un prix plus élevé que dans les boutiques libres. L'obligation d'accepter ce mode de paiement fait partie du contrat de travail.

2° Le patron paie ou est censé payer en espèces. Mais il tient une boutique où les ouvriers sont virtuellement tenus de s'approvisionner.

3° La boutique n'est pas tenue par le patron, mais par un de ses parents, ou simplement par une personne qu'il protége, et les ouvriers doivent s'y approvisionner s'ils veulent avoir du travail.

4° Le patron ne fait ni directement ni indirectement aucune retenue sur les salaires : il paie en espèces et ne tient pas de boutique. Mais un contre-maître ou un employé tient la boutique ou un cabaret et fait en sorte d'exclure de l'usine l'ouvrier qui ne fréquente pas la boutique ou le cabaret.

5° L'ouvrier est payé par un intermédiaire, chef de trait, chef de bande, courtier, sous-entrepreneur, etc. Ce dernier tient un cabaret où l'ouvrier est obligé de consommer.

Ces diverses formes du Truck ne sont pas, en général, concomitantes, mais successives : elles se remplacent l'une l'autre à mesure que les progrès de la législation obligent ceux qui le pratiquent à se servir de procédés plus raffinés. — Les deux dernières d'entre elles s'exercent même généralement à l'insu du patron et contre son gré au profit des contre-maîtres; ce ne sont pas les moins abusives.

Il nous faut maintenant parler de quelques variétés de ces formes principales qui présentent des particularités intéressantes.

Le paiement en nature a lieu généralement en denrées qui peuvent être consommées plus ou moins facilement, mais parfois aussi en objets fabriqués par l'usine; de la sorte, ce sont les ouvriers qui sont chargés d'en écouler les produits. C'est ainsi qu'à l'horlogerie de Prescot les ouvriers recevaient des montres en paiement; c'était à eux à s'en débarrasser aux conditions les plus favorables; inutile de dire que leur salaire en éprouvait une réduction sérieuse[1].

Comme intermédiaire entre le paiement en nature et le paiement en espèces, on peut signaler le paiement par bons ou jetons de valeur conventionnelle et valables seulement dans certains magasins. — Si l'ouvrier veut se procurer de l'argent, il est contraint soit de céder les bons qu'il a reçus, soit de vendre les marchandises qu'on lui a données en paiement; dans tous les cas, la vente s'effectue à perte. Ce mode de paiement est particulièrement blâmable lorsque, comme cela arrive souvent, le jeton n'est reçu que dans des débits de boissons : c'est

[1] Comte de Paris; *loc. cit.*, pag. 273-278. — De même dans certains tissages belges on payait l'ouvrier en tissus (Voir Michel Bodeux : *Études sur le contrat de travail*, pag. 112-113).

une manière de spéculer sur un des défauts de l'ouvrier et de le favoriser.

Telles sont les diverses formes sous lesquelles se présente le Truck-System ; elles ont toutes un effet, un but commun : réduction du salaire de l'ouvrier, augmentation du bénéfice du patron. Les abus sont si criants que nul ne songe à contester la légitimité de l'intervention du législateur pour les réprimer[1].

Aussi la plupart des peuples de l'Europe ont-ils pris des mesures destinées à protéger leurs ouvriers.

Angleterre.— C'est en Angleterre que le Truck-System a pris naissance, c'est dans ce pays qu'il a acquis le plus grand développement et a causé le plus grand nombre d'abus ; mais il y a été aussi l'objet de la plus vive répression.

A l'origine, l'institution fut établie en faveur des ouvriers. Les premières fabriques s'installèrent loin des villes, près des cours d'eau ; pour pourvoir à l'approvisionnement de leurs ouvriers, les patrons créèrent des *Truck-Shops*. Ce fut pour eux une source de profits. — Plus tard ces fabriques virent se créer autour d'elles des bourgs généralement assez populeux : les Truck-Shops étaient inutiles ; on les conserva cependant, et, comme toutes les institutions survivant aux causes qui leur ont donné naissance, ils devinrent nuisibles. — Les patrons ne se firent pas faute d'user de toutes les facilités que leur donnait le Truck-System pour modifier à leur gré le salaire de leurs ouvriers ; la coutume de payer les salaires à longue échéance favorisait tous les abus.

[1] V. Paul Leroy-Beaulieu ; *Traité théorique et pratique d'économie politique*, tom. II, pag. 503.

Les patrons ne furent pas seuls du reste à en profiter; l'usage s'était établi de contracter avec des intermédiaires qui fournissaient les ouvriers; c'était en somme le marchandage. Ces sous-entrepreneurs ne manquèrent pas d'employer uniquement les ouvriers qui venaient dépenser leurs salaires dans leur boutique ou dans celle d'un de leurs associés. Le « *butty Truck* » ainsi pratiqué par les intermédiaires n'amena pas des abus moins criants que le Truck au profit des patrons.

Dès longtemps, ces pratiques abusives attirèrent l'attention du législateur, et nombreuses sont les lois qui du milieu du XVe siècle jusqu'à nos jours ont essayé d'y porter remède. Toutes ces lois, jusqu'à celle de 1831, ont ce caractère particulier, qui se rencontre fréquemment dans la législation anglaise, de ne s'appliquer chacune qu'à une industrie déterminée[1].

La première date de 1464, sous le règne d'Edouard IV; elle s'applique à l'industrie drapière : « Les ouvriers étaient obligés, paraît-il, d'accepter la plus grande partie de leur salaire sous forme de ceintures, épingles et autres improfitables marchandises. » Le paiement en nature est interdit, et le patron contrevenant à cette disposition est tenu de payer à l'ouvrier trois fois la valeur de son salaire. — Un siècle plus tard, en 1565, la reine Elisabeth renouvelle la prohibition du paiement en nature, l'applique à toute l'industrie textile, et décide que le patron en faute sera exclu de la profession. — Dans la seconde partie du XVIe siècle et au XVIIe siècle, on ne trouve aucune disposition relative au Truck-System; l'Angleterre, engagée dans sa lutte contre les Stuarts, avait alors bien d'autres

[1] Cet historique de la législation anglaise est un résumé du rapport de M. Morisseaux, *loc. cit.*, pag. 132-133.

préoccupations. Mais à la fin de ce siècle le mouvement philosophique se développe avec Hobbes et Locke. Locke réclame un salaire suffisant pour satisfaire aux besoins de l'ouvrier. Aussi le XVIIIe siècle voit-il se succéder les lois répressives. — Sous le règne d'Anne en 1701 et 1711, la prohibition est étendue à l'industrie de la futaine, du coton, de la toile, du fer, aux fabricants de corde et à toutes les branches de l'industrie lainière. — Sous Georges Ier, en 1714, le patron coupable est puni d'une amende de 40 shellings ; en 1725, on interdit le paiement du salaire en marchandises par voie de Truck [1], et on prohibe toute retenue sur les salaires en paiement des marchandises fournies, preuve que les patrons avaient tourné la loi par la vente à crédit des marchandises dans des magasins leur appartenant. — Sous Georges II, de nombreuses lois sont édictées relatives à la procédure, au taux de l'amende, à l'extension de la loi (lois de 1726, 1740, 1749, 1756, 1757). — Sous Georges III, de nouvelles lois (1777, 1779, 1817) viennent encore augmenter le domaine de la prohibition, qui embrassa en 1817 l'industrie métallurgique et l'industrie charbonnière. — Ainsi la législation suivait pas à pas les progrès de l'industrie, et s'efforçait également par des dispositions appropriées de couper court à toute tentative d'éluder la loi.

Enfin, un *act* du 15 octobre 1831, qui forme encore la base de la législation actuelle, vint refondre toute la législation antérieure, la coordonner et en aggraver les dispositions de manière à mettre fin aux abus. En voici le résumé [2] :

[1] C'est la première fois que cette expression se trouve dans une loi.
[2] Voir Cabouat ; *loc. cit.*, pag. 240 ; — et Morisseaux ; *loc. cit.*, pag. 160.

1° Le salaire doit être fixé et payé en monnaie ayant cours légal. 2° Toute clause contraignant l'ouvrier à dépenser son salaire d'une manière déterminée, en particulier dans un établissement tenu par le patron ou son représentant est nulle. — De nombreuses sanctions sont édictées à la fois civiles et pénales : 1° L'ouvrier est admis à réclamer un second paiement au cas où le premier aurait été fait au mépris des dispositions légales, sans qu'il puisse être fait sur le salaire ainsi réclamé aucune imputation de la valeur des marchandises fournies. 2° Toute action en justice est refusée au patron en paiement de marchandises fournies ou vendues dans une boutique lui appartenant ou dont les bénéfices lui sont attribués pour partie. 3° Des amendes de quotité variable, aggravées en cas de récidive, sont prononcées contre le patron contrevenant : 5 à 10 livres à la première infraction ; 10 à 20 à la seconde ; 100 livres au maximum.

Cette loi ne fut pas plus efficace que les précédentes. Des enquêtes successives faites en 1842, en 1854, en 1870, montrèrent que les abus subsistaient : en 1870, il y avait encore 147,000 ouvriers employés chez des maîtres qui pratiquaient le Truck System[1]. Mais la nouvelle commission d'enquête indiqua les raisons de l'inefficacité de la loi et formula les moyens d'y remédier. 1° Le patron continue à vendre au moyen d'intermédiaires; « c'est là une forme du Truck auquel, » disent les membres de la commission d'enquête, « nous nous sentons impuissants à porter remède[2] ». — 2° Les pénalités sont

[1] Morisseaux ; *loc. cit.*, pag. 170.

[2] Les membres de la commission signalent encore un autre moyen d'échapper à la loi. « Un patron qui possède toute la terre aux environs de son usine peut toujours, rien qu'en s'opposant à l'établissement de

trop faibles, inférieures souvent aux bénéfices réalisés par le patron ; il faudrait les augmenter. — 3° Les frais de poursuite sont trop considérables ; il faudrait organiser la poursuite d'office.— 4° Tout ouvrier qui témoigne perd son emploi ; mis à l'index, il se voit fermer toutes les portes ; ce qu'il faudrait arriver à empêcher.— 5° Il faudrait soumettre les fabriques à l'inspection ; ce serait, somme toute, le meilleur moyen de couper court aux abus [1].

Cependant dès 1850 des associations s'étaient formées pour les combattre. Ces « Anti-Truck associations [2] » se composaient d'industriels qui, observant la loi et payant leurs ouvriers en argent, subissaient ainsi une concurrence déloyale de ceux qui les payaient en nature, et de petits boutiquiers qui se trouvaient lésés dans leur commerce. Ces associations exerçaient des poursuites contre les contrevenants et surtout prenaient à leur service les ouvriers renvoyés, qui dès lors ne craignaient plus de dénoncer les abus. D'autre part, les Trades-Unions faisaient au Truck-System une guerre acharnée.

Mais tout cela était insuffisant. Une nouvelle loi fut votée le 16 septembre 1887. Destinée à compléter les dispositions de la loi de 1831, elle a chargé les inspecteurs des manufactures et des mines, conformément aux conclusions de la commission d'enquête, d'assurer dans leurs districts respectifs l'exécution des deux lois de 1831 et de

boutiques particulières sur ses terres, avoir la clientèle de ses ouvriers sans employer aucune pression visible.» C'est là un procédé qui n'est guère qu'à la disposition des landlords anglais.

[1] Conclusions de la Commission anglaise instituée en 1870 pour faire une enquête sur l'exécution de la loi de 1831 concernant le paiement des salaires en nature (Annexe du rapport de M. Morisseaux).

[2] Morisseaux ; *loc. cit.*, pag. 135.

1887 ; mais elle n'a pas augmenté la quotité des amendes [1]. Nous croyons que les inspecteurs s'acquittent avec soin de leurs fonctions et que les abus ont diminué depuis lors. Cependant une nouvelle loi a été déposée récemment pour fortifier le contrôle et a même été votée en première lecture sous le ministère Roseberry [2]. Il faut espérer en tout cas que les abus qu'elle est destinée à combattre auront bientôt disparu.

États-Unis. — De la législation anglaise on peut rapprocher la législation des Etats-Unis. « Le salaire était autrefois partie en argent, partie en denrées alimentaires, et il l'est encore dans plusieurs régions [3] ». Ce n'est que tout récemment, en 1880, qu'on s'est ému des abus du Truck-System ; et depuis lors de nombreux Etats, dont les plus importants de l'Union (New-York, Washington, Pennsylvanie, Ohio, etc.), ont pris des mesures protectrices des ouvriers et interdit le paiement en nature [4].

Allemagne. — Le Truck-System paraît peu répandu en Allemagne. Cependant la loi industrielle prévoit ce mode de paiement et le réprime sévèrement. Voici com-

[1] Cette loi renferme en outre un article qu'on s'étonne de ne pas déjà rencontrer dans la loi de 1831: « Le juge de paix exerçant la même profession que le patron poursuivi ne pourra connaître de l'affaire » (Art. 15).

[2] *Revue politique et parlementaire*, tom. IV, pag. 355.

[3] Levasseur ; *Les causes régulatrices du salaire* (*Revue d'économie politique*, mars 1896, pag. 230).

[4] V., sur la législation des Etats-Unis, Stocquart; *Le contrat de travail*, pag. 168-170. — Ont adopté des lois sur le truck les États suivants : Maryland (1880), Caroline du Sud (1882), New-Jersey (1886), Ohio (1886), Virginie (1887), Washington (1887), Kansas (1887), New-York (1889), Caroline de Nord (1889), Pennsylvanie, Missouri (1891), Indiana (1891), Illinois (1891).

ment elle s'exprime : « Les industriels doivent payer comptant en monnaie d'Empire les salaires de leurs ouvriers. Ils ne doivent pas leur vendre de marchandises à crédit ». (art. 115 *in initio*). — De cette façon tout paiement en nature est interdit. L'obligation résultant, pour les industriels, de l'art. 115 est une obligation d'ordre public ; en effet « sont nulles toutes conventions entre les patrons et leurs ouvriers relatives à l'achat des choses qui leur sont nécessaires dans des magasins déterminés». (art. 117).

Nombreuses sont les sanctions destinées à faire respecter la prohibition du paiement en nature. Sanctions civiles d'abord : 1° Les ouvriers irrégulièrement payés peuvent, à toute époque, réclamer un second paiement ; aucune exception fondée sur ce qu'ils ont reçu à titre de paiement ne peut leur être opposée ; les choses reçues en paiement, et à leur défaut, l'enrichissement que l'ouvrier en a retiré, sont attribuées à la caisse de secours dont il fait partie (art. 116). 2° Les créances à raison de marchandises qui ont été livrées contrairement à l'art. 115 ne peuvent ni faire l'objet d'une action en justice de la part du créancier, ni être recouvrées par voie d'imputation, ou de toute autre manière, et cela sans distinguer si elles sont le résultat d'une opération directe entre les intéressés, ou d'une acquisition indirecte ; par contre, ces créances sont attribuées à la caisse désignée à l'art. 116 (art. 118). — Sanction pénale en outre : Tout industriel qui contrevient à l'article 115 sera puni d'une amende de 2000 marks au plus, et, en cas d'insolvabilité, d'un emprisonnement de 6 mois au plus (art. 146, § 1). Enfin, pour compléter cette série de dispositions, il importait de défendre toute interposition de personnes, et de faire rentrer dans la catégorie des personnes protégées le plus grand nombre d'ouvriers possible; c'est ce que font les art. 119 et 119 b: « Aux maîtres doivent être assimilés les membres de leurs familles, leurs commis, mandataires, préposés, surveillants et représentants, ainsi que les autres industriels dans les affaires desquelles les dites personnes sont intéressées directement ou indirectement. (art. 119). — Sont comprises sous la dénomination d'ouvriers les personnes qui exécutent pour certains chefs d'industrie, hors de leurs ateliers, des travaux industriels, et cela, même si elles fournissent elles-mêmes les matières premières et auxiliaires. (art. 119 b) ». Tel est l'ensemble des mesures prises par la législation allemande.

Cette législation se rapproche beaucoup de la législation anglaise. Comme elle, elle interdit le paiement en nature et prohibe toute clause relative à l'obligation pour l'ouvrier de faire ses achats dans des magasins déterminés. — Comme elle, elle autorise l'ouvrier irrégulièrement payé à réclamer un second paiement, elle refuse au patron toute action en justice en paiement de marchandises fournies, elle sanctionne ces dispositions au moyen d'amendes. — Mais elle ne veut pas qu'à l'indignité du patron vienne se joindre l'indignité de l'ouvrier, elle ne veut pas que celui-ci profite indûment des marchandises à lui fournies ou de leur valeur; et c'est à la caisse de secours que la loi attribue soit la valeur des marchandises fournies en cas de second paiement, soit l'action en paiement des marchandises fournies.

Hongrie.— Autriche. — Suisse. — Les Etats de l'Europe centrale qui, à l'exemple de l'Allemagne, ont rédigé une loi générale sur l'industrie, n'ont pas manqué d'y insérer des dispositions prohibant le paiement en nature, bien que la pratique du Truck-System n'y fût pas très répandue.

La loi hongroise du 22 mars 1884 prohibe, elle aussi, le paiement en nature (art. 118). Comme la loi allemande, elle déclare que c'est là une obligation d'ordre public; comme elle, elle annule les conventions relatives à l'achat de fournitures dans des magasins déterminés (art. 120). — Comme elle encore, elle refuse au patron toute action en paiement et interdit tout paiement par imputation sur le salaire (art. 119). — Elle le punit aussi d'une amende de 20 à 200 florins (art. 157).

Au dire de M. Demangeat[1], le Truck-System est absolument inconnu en Autriche. Cependant la loi autrichienne du 8 mars 1885 y consacre de nombreuses dispositions (art. 78, 78 a, b, c, d, e), absolument identiques aux dispositions analogues de la loi allemande et que pour cette raison nous nous abstenons de reproduire.

En Suisse, la loi fédérale du 23 mars 1877 déclare que les fabricants sont tenus de régler leurs ouvriers au comptant en monnaie ayant cours légal (art. 10), sous peine d'une amende de 5 à 500 fr.; et en cas de récidive il est loisible aux tribunaux de prononcer, indépendamment de l'amende, un emprisonnement qui peut s'élever jusqu'à trois mois (art. 19)[2].

Cependant ces mesures n'ont pas paru suffisantes à certains cantons où des abus s'étaient probablement produits. Le canton de Neufchâtel réprime très sévèrement

[1] Demangeat; *Lois industrielles de l'Autriche*. Thèse Paris, 1891.

[2] Le 9 avril 1891, M. Comtesse a déposé une motion demandant la nullité de tout paiement en marchandises. — Le conseil fédéral a déclaré la disposition inutile.

dans son code pénal le Truck-System : « Sera condamné pour fait d'usure à l'amende jusqu'à 2,000 fr., à laquelle, en cas de récidive, pourra s'ajouter l'emprisonnement jusqu'à trois mois, le fabricant ou le patron convaincu d'avoir, dans un but de lucre, payé ses ouvriers autrement qu'en monnaie légale ayant cours, notamment en marchandises »[1]. — D'autre part, le canton d'Unterwald s'est occupé de la question. En 1887, on fit de grands travaux publics dans ce canton agricole, et les entrepreneurs pressurèrent leurs ouvriers. Aussi, on sentit vite le besoin de faire une loi pour les protéger : « Tous paiements doivent être faits en argent comptant. L'émission de bons et autres papiers qui ne peuvent être échangés que contre des marchandises et ne peuvent être convertis à toute minute en argent comptant est interdite. — Les surveillants et les entrepreneurs à forfait dans les entreprises publiques ne peuvent se faire marchands des objets nécessaires aux ouvriers, sans une permission du conseil du gouvernement ; cette défense s'étend aux membres de leurs familles » (Loi du 24 avril 1887). Cette dernière disposition s'explique par la nécessité où l'on se trouvait, dans des pays de montagnes privés de toute communication, de permettre aux ouvriers de trouver des provisions à proximité du lieu de leur travail. L'autorisation du gouvernement était tout ce qu'on pouvait exiger comme mesure de précaution.

Russie. — La Russie est un des pays où le Truck-System était le plus usité ; il a causé de nombreux abus. « Dans les magasins on vendait à crédit et à des prix

[1] *Bulletin de l'Office du travail*, septembre 1895, pag. 540-541.

qui dépassaient jusqu'à 45 % les prix ordinaires [1]». Le code pénal avait interdit le paiement en nature (art. 1359).

A la suite de troubles qui se produisirent en 1884 et 1885, la loi du 3 juin 1886 vint renouveler cette interdiction, et on tint la main à son exécution. Les abus paraissent aujourd'hui avoir à peu près disparu.

Norvège. — Le Truck-System parait peu usité dans les États scandinaves. Il a été l'objet d'une loi norvégienne du 14 juillet 1842, destinée à en réprimer les abus. L'article 30 de la loi norvégienne du 27 juin 1892 mentionne également l'obligation du paiement en argent comptant.

Belgique.—Luxembourg.—Pays-Bas.— La Belgique est avec l'Angleterre et la Russie un des pays où le Truck-System paraît le plus répandu, ou plutôt, car il faut se garder ici de toute affirmation trop hasardée, ce sont ceux où les abus du Truck nous sont le mieux connus. Une enquête faite en 1886 a révélé des faits à peu près analogues à ceux que nous a fait connaître l'enquête anglaise.

A Liège, chez un fabricant d'armes, un recoupeur qui avait fait une livraison de 1,000 fr. a reçu 500 fr. en marchandises, entre autres une balle de café et un tonneau de vinaigre; pour le surplus, il a reçu une traite à trois mois... Ce recoupeur, qui est un sous-entrepreneur, s'est ensuite servi de ces marchandises pour payer ses ouvriers. — Autre part, on a payé à un ouvrier, qui avait gagné

[1] *Recueil des rapports sur les conditions du travail dans les pays étrangers : Rapport sur les conditions du travail dans l'empire russe*, pag. 29. — Georges Dubreuil; *La situation des ouvriers en Russie* (*Revue d'économie politique*, décembre 1892).

6 fr. par jour, 4 fr. 25 en marchandises[1]. — A peu près ignoré dans la grande industrie, où il est seulement pratiqué parfois par les contre-maîtres[2], presque toujours à l'insu du patron, le Truck est assez fréquent dans la moyenne et la petite industrie, par exemple chez les fabricants d'armes de Liège qui y trouvent un moyen d'accroître leurs bénéfices.

Le Truck-System a été depuis longtemps en Belgique l'objet de mesures prohibitives. Dès 1280, un ban rendu au nom du comte de Flandre et des échevins d'Ypres interdisait aux drapiers le paiement en marchandises sous peine de 60 sols d'amende. — Au XVIIIe siècle, de nombreuses ordonnances vinrent également prohiber le paiement en nature, entre autres des ordonnances de Marie-Thérèse de 1742 et 1757, relatives aux salaires des cloutiers et fabricants de drap du Limbourg. A la même époque, on trouve une série d'ordonnances des princes-évêques de Liège : en 1739, Georges-Louis défend le paiement en nature ; en 1745, Jean-Théodore déclare nuls les contrats stipulant le paiement en nature et prescrit des poursuites d'office ; en 1746, nouvelle ordonnance défendant aux patrons de tenir boutique ; en 1750, on promet l'impunité aux fabricants coupables qui en auront dénoncé d'autres ; enfin, en 1759, on frappe les personnes interposées, contre-maîtres et employés. Nous assistons ainsi à la formation progressive d'une législation protectrice[3]. — Ces lois cessèrent naturellement d'être appliquées avec la Révolution française ; et il nous faut arriver jusqu'au 16 août 1887 pour trouver une loi s'occupant de la question. La loi du

[1] *Enquête belge, déposition Louis Vollon*, vol. II, section D, pag. 9.

[2] Particulièrement dans l'industrie houillère.

[3] V. annexes au rapport de la commission d'enquête belge.

16 août 1887 ordonne le paiement en monnaie métallique ou fiduciaire, sous peine de nullité de tout autre paiement (art. 1er) ; elle interdit au patron et à ses intermédiaires de faire avec l'ouvrier toute convention de nature à lui enlever la faculté de disposer librement de son salaire (art. 6) ; elle refuse au patron toute action en justice ayant pour objet le paiement de fournitures faites contrairement à la loi (art. 8), déclare personnes interposées la femme ou les enfants de l'ouvrier, la femme, les enfants des patrons, contre-maîtres, etc. (art. 9), et édicte enfin une amende de 50 à 2000 fr. pour toute contravention (art. 10). Ces dispositions sont, on le voit, à peu près analogues à celles des lois anglaise et allemande.

Le Luxembourg, voisin de la Belgique, voit les mêmes abus se produire ; c'est ainsi que les ouvriers mineurs étaient exploités par des sous-entrepreneurs au moyen de bons et jetons. Une loi du mois d'août 1895 a mis fin à ces pratiques en ordonnant le paiement en argent.

Aux Pays-Bas, la Commission royale du travail qui a déposé son rapport en 1894 a signalé certains abus et réclamé une loi pour les faire disparaître ; plusieurs projets avaient été déposés antérieurement, mais n'ont jamais abouti[1].

Italie. — L'Italie est un pays où le Truck-System est assez employé. En Sicile par exemple, où les salaires des ouvriers soufriers sont très modestes, 1 fr. 40 à 1 fr. 70 par jour, ces salaires sont cependant encore diminués par l'usage du Truck. Un projet a été déposé par M. Lacava

[1] En 1886, un projet a été déposé par M. Domela Nieuwenhuis, le chef du parti socialiste. En 1889, un nouveau projet a été déposé par le gouvernement, puis a été retiré postérieurement.

pour interdire le paiement en nature, mais il n'a pas encore abouti.

France. — En France, il n'existe pas encore de loi réprimant le Truck-System. C'est, dit-on, qu'il y est presque inconnu : cette opinion est fondée sur les résultats d'une enquête de 1890 auprès des chambres de commerce et des conseils de prud'hommes : « La plupart des corps consultés nient l'existence d'abus dans leurs circonscriptions[1] ». Sans doute le Truck est relativement rare en France ; cependant nous le croyons plus répandu que les résultats de l'enquête ne le feraient supposer. Sans parler du passé (et il serait facile de citer plusieurs usines où régnait le Truck le plus éhonté), cinq catégories d'ouvriers nous semblent aujourd'hui soumises en France au Truck-System sous la forme de paiements par bons. Ce sont :

1° Certains ouvriers parisiens. M. Lyon-Caen rapporte que « les journaux ont signalé un industriel de Montmartre qui payait chaque jour des acomptes à ses ouvriers au moyen de jetons de 1 fr., 0 fr. 50, 0 fr. 10 et 0 fr. 05, qui n'avaient cours que chez des négociants ayant accepté de faire 10 % de remise au patron ». D'autre part, M. du Maroussem signale la situation du « trôleur » exploité par un *sweater* qui le paie non en argent, mais en jetons qu'il échange tant pour un verre de vin, tant pour le tabac, tant pour la nourriture, tant pour le loyer[2].

[1] Rapport de M. Lyon-Caen au nom de la commission extra-parlementaire sur les salaires.

[2] D'après Schwiedland ; *Analyse de la monographie de M. du Maroussem sur l'ébéniste du faubourg Saint-Antoine* (*Revue d'économie politique*, mai 1893, pag. 490). — Bien qu'ayant eu en mains la mono-

2° Les ouvriers du département du Nord. Nous ne pouvons citer qu'un seul fait à l'appui de ce que nous avançons, une grève qui a éclaté le 22 novembre 1895, à Halluin : les ouvriers demandaient le paiement en espèces au lieu de recevoir une partie de leur salaire en bons de pains. — Mais, si nos renseignements sont exacts, ce fait serait loin d'être isolé ; et le paiement en bons serait assez répandu dans ces régions. Ce qui rend du reste la chose vraisemblable, c'est la proximité de la Belgique : dans ces contrées, où la frontière est une ligne purement conventionnelle, il serait extraordinaire que des pratiques usitées en Belgique n'eussent pas quelque peu pénétré en France.

3° Les ouvriers des ports de la Manche: le Hâvre, Rouen, Dunkerque, etc. Une sentence du juge de paix de Rouen, en date du 22 janvier 1890, a condamné un entrepreneur qui délivrait à ses ouvriers, outre un salaire en argent, un jeton estimé 15 centimes et donnant droit à une consommation dans un cabaret exploité par un gérant de l'entrepreneur. Le patron alléguait l'usage établi ; « la sentence du juge de paix déclare que l'usage ne peut prévaloir contre le droit pour l'ouvrier de se faire payer en numéraire [1] ». L'usage ainsi révélé a été du reste confirmé par le témoignage de M. Ricard [2] : « Dans certaines villes et notamment à Rouen, cet abus du paiement

graphie de M. du Maroussem, nous n'avons pu réussir à trouver le passage auquel M. Schwiedland fait allusion. — Le « trôleur » est un ouvrier qui fabrique des meubles d'avance sans savoir à qui il les vendra; on l'oppose à celui qui fait des meubles sur commande.

[1] *Rapport précité de M. Lyon-Caen*, pag. 8.

[2] Conseil supérieur du travail, 1re session, pag. 80. — Une délibération du conseil municipal du Hâvre a réclamé du Parlement une loi destinée à empêcher ces abus (Séance du Sénat du 24 avril 1894).

en jetons, à l'aide desquels l'ouvrier peut se procurer des consommations qui ne lui profitent en aucune façon, a été très souvent signalé ».

4° Les ouvriers employés d'une manière temporaire à des entreprises de travaux publics, constructions de chemins de fer, de routes, travaux de fortification, etc. Pour eux, le paiement au moyen de bons ou jetons est une amélioration à leur situation, bien loin de leur être défavorable. Ces ouvriers sont, en effet, des nomades inconnus dans les régions où ils se trouvent, et ne jouissant par suite d'aucun crédit. Il n'y a dès lors pour eux que deux moyens de trouver nourriture et logement : ou c'est l'entrepreneur qui les fournira, ou bien l'entrepreneur sera obligé de garantir le paiement aux commerçants ; cette garantie s'effectue justement au moyen de bons délivrés par lui. Ce second mode d'agir est préférable ; dans le premier cas, l'ouvrier est sous la dépendance absolue du patron ; dans le second, il jouit d'une plus grande liberté, surtout lorsque les bons sont valables chez tous les commerçants de la région, ce qui est le plus ordinaire. — Ce mode de paiement est très usité : les jetons sont de diverses valeurs et circulent comme de la monnaie sous le nom de « monnaie de Cayenne[1] ».

5° Les employés de chemins de fer. Il est curieux de voir les Compagnies de chemins de fer se servir encore d'un mode de paiement tel que le paiement par jetons. Elles répondraient sans doute, si on leur en demandait le motif, que c'est dans l'intérêt de leurs ouvriers, pour pouvoir surveiller leurs dépenses et les empêcher de

[1] V., sur la question, une lettre des plus intéressantes du général Cosseron de Villenoisy (*Economiste Français*, 1891, tom. I, pag. 492-493).

consacrer trop d'argent à des dépenses de luxe, telles que l'achat de tabac, etc. En effet, les bons qu'on leur donne portent la nature de la fourniture à laquelle ils sont destinés. A la Compagnie d'Orléans, par exemple, il y a des jetons qui valent 0 fr. 40 et qui servent à payer au réfectoire; il y a des jetons en cuivre pour le tabac, etc. Or qu'arrive-t-il ? C'est que l'ouvrier, ayant besoin d'argent, vend ses jetons et reçoit alors 0 fr. 70 ou 0 fr. 80, en échange de jetons de 1 fr. [1]. Ne serait-il pas préférable de le payer en argent ? — Voici encore un autre fait plus intéressant. Jusqu'au vote de la loi sur l'insaisissabilité des salaires, tout salaire saisi devenait indisponible entre les mains du tiers-saisi jusqu'au moment où le tribunal avait fixé la quotité saisissable. Or la Compagnie du Midi, à Bordeaux, pour faire échapper ses ouvriers aux effets de la saisie-arrêt, leur avançait les 3/5es de leur salaire, non en argent, mais en jetons de 0 fr. 05, 0 fr. 10, 0 fr. 15, pour aller au réfectoire de la Compagnie. Qu'arrivait-il ? C'est que ces ouvriers échangeaient pour la plupart leurs jetons contre de l'argent; mais pour 30 fr. de jetons, on leur donnait 20 fr.[2] Voilà comment se retournent les bonnes intentions.

De tous ces faits nous concluons qu'une loi sur le

[1] Faits cités par M. Basly (Chambre, 5 mai 1894, pag. 699, col. 2; et 7 mai 1894, pag. 722, col. 2). — M. Basly a déposé sur le bureau de la Chambre des bons portant la mention suivante : « Jeton de la Cie d'Orléans : bon pour une portion ; — bon pour du vin ; — jeton de 1 fr. valable pour du pain ». Sur d'autres, était inscrit au recto : «Bon pour 1 fr. de vivres à prendre chez le débitant autorisé», et au verso:«Payable au trésor de la Cie le 1er et le 3e mardi de chaque mois ».

[2] Fait cité par M. Jourde (Chambre des Députés, séance du 27 juin 1893, pag. 1854, col 2). Inutile de dire que la Cie n'était pour rien dans la pratique signalée, qui était le fait d'usuriers.

Truck n'est nullement inutile en France. Sans doute on nous objectera que le juge de paix de Rouen a bien condamné le patron qui avait usé du paiement par jetons ; mais, ainsi que le fait remarquer M. Cabouat[1], la décision, dont voici quelques passages, n'est nullement juridique : « Attendu que l'une des conditions essentielles prescrites par l'art. 1108 du Code civil pour la validité d'une convention manque absolument dans l'espèce fournie au tribunal ; — que si le contestant a pu parfois consentir précédemment à être réglé partiellement en jetons, ce consentement, en raison même de l'infériorité de situation de l'ouvrier et de son état de dépendance vis-à-vis de son patron, n'a pu être librement donné par lui ; — attendu qu'en supposant même l'existence de la convention invoquée par l'entrepreneur débitant, le tribunal aurait encore à se demander si cette convention est licite ou bien si elle n'est pas contraire à la morale publique... » Ainsi le paiement ne serait pas valable parce que, d'une part le consentement de l'ouvrier n'aurait pas été libre, et que du reste la convention serait contraire à la morale. La Cour de Cassation, ainsi que nous le verrons, n'a jamais admis le premier motif comme cause de nullité du contrat de louage ; quant au second, il n'est pas encore passé dans le domaine du droit.

Ainsi une loi réprimant les abus du Truck-System est nécessaire en France[2]. Si du reste nous n'en sommes pas encore dotés, la raison en est tout simplement que les dispositions qui s'y rapportent font partie d'une loi qui a

[1] V. Cabouat ; *loc. cit.*, pag. 236-237.

[2] Une ordonnance du prévôt Haugest, de Paris, du mois d'octobre 1293, défend le paiement en nature aux foulons (Depping ; *Règlements sur les arts et métiers de Paris*, pag. 400).

échoué dans quelque carton et qu'on semble avoir totalement oubliée. L'histoire vaut la peine d'être contée. Le 20 janvier 1890, M. Maxime Lecomte déposait à la Chambre des députés une proposition très bien étudiée. En voici les principales dispositions : « Le paiement des salaires ne peut être fait aux ouvriers qu'en monnaie ayant cours. Tout paiement fait autrement est nul (art. 1). — Les patrons ne peuvent imputer sur les salaires le prix des marchandises qu'ils auraient livrées aux ouvriers sauf exceptions (art. 3). — Même interdiction s'applique aux personnes interposées, de l'entourage du patron et de l'ouvrier (art. 9 et 10). — En cas de contravention, une amende de 16 à 100 francs peut être appliquée, et en cas de récidive, portée de 50 à 300 francs (art. 11). — Toute action en paiement intentée par le patron est irrecevable (art. 13) ». C'est à peu de chose près la législation belge. — La Commission extra-parlementaire des salaires demanda elle aussi « le paiement en monnaie métallique ou fiduciaire ayant cours légal, sous peine de nullité, nonobstant toute convention contraire[1] ». — Peu de temps après, le Conseil supérieur du travail, dans sa première session du mois de février 1891, s'occupa de la question et réclama lui aussi la prohibition du paiement en nature. — Aussi M. Jules Roche, dans le projet qu'il déposa le 16 juin 1891 sur le paiement des salaires, avait-il introduit l'article suivant : « Les salaires des ouvriers, gens de service et employés, doivent être payés en monnaie métallique ou fiduciaire ayant cours légal, nonobstant convention contraire. — Tout paiement fait en violation du paragraphe précédent est nul » (art. 1er). — Ce projet a

[1] Voir rapport Lyon-Caen.

été voté et est devenu la loi du 12 janvier 1895 sur la saisie-arrêt des salaires. Mais les articles 1 et 2 en avaient disparu. Ils avaient été intercalés en effet dans une autre loi en discussion à la même époque, la loi sur les règlements d'atelier, votée par la Chambre le 5 novembre 1892, et dont l'article 6 contenait la disposition suivante : « Les patrons sont tenus de régler leurs ouvriers en monnaie ayant cours légal».... «Toute contravention est, sans préjudice de la responsabilité civile, passible d'une amende de 15 francs » (art. 8). Renvoyée au Sénat, cette loi y eut pour rapporteur M. Maxime Lecomte, qui dans l'intervalle avait passé d'une Chambre à l'autre. Le projet fut entièrement modifié ; la plupart des dispositions relatives aux règlements d'atelier se virent supprimées et le nom même en fut changé ; la loi fut baptisée par le Sénat : « Loi réglementant le mode de paiement des salaires ». Son article 1er était la reproduction de l'article 1er du projet Jules Roche. Adopté par le Sénat le 24 avril 1894, ce projet de loi attend depuis lors de la Commission du travail de la Chambre un moment d'attention : elle semble l'avoir complètement oublié.

Ainsi, d'après les dispositions de ces divers projets, tout paiement en nature serait nul ; par suite tout ouvrier payé en nature serait recevable à demander un second paiement. M. Cabouat se demande, en l'état de la législation, qui aurait, en cas de second paiement réclamé par l'ouvrier, le bénéfice du premier ? La loi ayant pour but de protéger l'ouvrier, « il doit être réputé incapable de recevoir paiement de son salaire en une autre forme que celle prescrite par la loi, et, le cas échéant traité comme tel ; nous lui appliquerons donc le principe formulé par les articles 1241 et 1312 du Code civil, que l'incapable doit, au cas où il demande un second paiement, faire déduction de l'enrichissement entaché d'irrégularité, et en tenir compte au débiteur[1].» Peut-être bien l'assimilation de l'ouvrier à un incapable est-elle un peu forcée! Mais peu importe; le principe formulé par les articles 1241 et 1312 est d'ordre trop général pour qu'il puisse y avoir doute sur son application en droit français. — Dès lors nous serions assez partisan d'une disposition analogue à celle contenue dans la loi allemande et attribuant l'enrichissement à une caisse de secours, si nous estimions que la loi doit être appliquée. Mais nous ne le pensons pas : son utilité serait surtout d'après nous de fixer l'état de la question et de donner une base légale aux revendications qui pourraient se produire.

Avant de clore ce chapitre consacré au Truck-System, il nous faut encore parler de formes toutes modernes de ce mode de paiement mais qui n'en ont pas moins le même but et le même effet que les autres : augmentation du bénéfice du patron, réduction du salaire de l'ouvrier.

C'est ainsi qu'en Angleterre existe une pratique connue sous le nom de *pluck-me* (pillez-moi), elle consiste à payer le salaire en billets souscrits à une échéance qui peut aller jusqu'à 2 ans, et qu'on doit faire escompter, si on veut les transformer en argent, soit à la maison même, soit à des prête-noms[2].— De même aux Etats-Unis des compagnies industrielles payaient les salaires de leurs ouvriers

[1] Cabouat ; *loc. cit.*, pag. 245.

[2] Brice ; *Les institutions patronales*, pag. 213.

A propos de l'Angleterre, il faut citer deux lois intéressantes qui nous renseignent sur l'histoire économique de ce pays.— En 1756, une loi vint défendre le paiement en chèques ou en billets de banque ; l'usage n'en était probablement pas encore très connu. Mais en 1818, une nouvelle loi autorisa ce mode de paiement.

avec leur propre papier ; c'était un moyen de le négocier à bon compte. Une loi de New-York du 6 juin 1889 est venue interdire ce curieux procédé de paiement.

En Russie existait une autre coutume, celle de payer le salaire en coupons de valeurs mobilières. Si les coupons n'étaient pas échus, il fallait certainement payer un escompte assez élevé pour pouvoir les encaisser. Même échus, ils devaient avoir à subir une diminution du chef des impôts. En tout cas, il devait être d'une difficulté extrême pour les ouvriers, surtout dans un pays comme la Russie, de s'en procurer le paiement, à moins de charger de ce soin le patron qui sans doute ne s'en acquittait pas gratuitement. Aussi une loi du 10 juin 1883, insérée ensuite dans l'article 14 de la loi sur l'industrie de 1886, a-t-elle interdit le paiement en coupons échus ou non échus.

De même encore, une spéculation peut exister par le fait du paiement en monnaie étrangère. C'est ainsi qu'en Suisse les inspecteurs ont signalé à diverses reprises l'usage de la monnaie allemande : les industriels qui s'en servent ont leurs principaux établissements ou leur principal débouché en Allemagne ; ils paient leurs ouvriers en monnaie allemande, c'est ensuite à ceux-ci à supporter le change. Cependant, dans certains cas le patron consent à recevoir cette monnaie en paiement de marchandises fournies par lui à l'ouvrier : nous retombons alors dans le Truck[1]. Pour couper court à cette pratique, la plupart

[1] *Rapports des inspecteurs fédéraux :* 1892-93, pag. 184 ; 1884-85, pag. 32-33, etc. — En 1893, les journaux citaient le cas d'une grande maison industrielle d'Anvers qui gagnait 60 % sur les salaires en payant ses ouvriers avec de la monnaie de billon étrangère : elle faisait convertir des lingots de cuivre en pièces de 10 centimes de la République

des lois ordonnent le paiement en monnaie métallique ou fiduciaire ayant cours légal (loi allemande, art. 115 ; — loi belge, art. 1er ; — loi suisse, art. 10 ; — loi norvégienne, art. 30 ; — projet français). Il n'y a plus dès lors de contestation possible.

Telles sont les diverses dispositions que le législateur a cru bon d'édicter relativement au mode de paiement des salaires. — Elles peuvent être résumées en deux mots. Sauf exceptions nécessitées en quelque sorte par la nature du travail qui exige la présence constante de l'ouvrier et rend à peu près obligatoire le paiement en nature, tout salaire doit être payé en monnaie ayant cours légal et de nulle autre façon. — C'est le seul moyen de protéger l'ouvrier contre la réduction de son salaire, réduction dont bénéficient le patron ou ses subordonnés, et qui a pour effet moral d'amener l'ouvrier à l'imprévoyance.

argentine ; ces pièces, tous frais compris, revenaient à quatre centimes chaque. — Il est vrai que ce n'était pas au détriment des ouvriers, mais à celui de l'État, que le bénéfice était réalisé. — On tâcha de couper court à cette spéculation en interdisant la réception des pièces de billon étrangères par les caisses publiques. — La même spéculation se produit en France.

CHAPITRE II

Lieu de Paiement

La fixation du lieu de paiement du salaire n'est pas moins importante que l'obligation du paiement en argent. Elle est pour ainsi dire un complément des mesures prises pour éviter le Truck-System. Si en effet le salaire est payé soit dans des magasins ou boutiques, soit dans des cabarets ou débits de boisson, on retombe dans les abus que l'on avait voulu éviter. Le danger est particulièrement à craindre dans ce dernier cas : les ouvriers ne sont que trop enclins à la boisson ; et il n'est nul besoin que l'on vienne encore faciliter la satisfaction de leurs penchants. Il est vrai que c'est justement là-dessus que l'on compte. Ce sont, en effet, presque partout les contremaîtres qui ont transformé les cabarets en lieu de paiement des salaires : car ce sont eux qui associés aux cabaretiers ont les profits des dépenses faites. Pour parer au mal, il suffit d'interdire le paiement dans les cabarets et d'ordonner qu'il soit fait dans un bureau de la fabrique : du même coup, on évitera l'intermédiaire du contre-maître qui est une mauvaise chose ; le paiement doit toujours être fait autant que possible par un comptable sans relation de travail avec l'ouvrier ; c'est un bon moyen d'assurer l'indépendance de ce dernier.

Comme pour le Truck, c'est surtout en Angleterre que des abus se sont produits; ils y ont aussi été l'objet de nombreuses mesures répressives. C'est d'abord par une série de lois relatives à l'industrie minière que la lutte commence, probablement parce que ces abus étaient surtout répandus dans cette industrie, où les contre-maîtres jouent un rôle particulièrement important. En 1842, une première loi vient défendre le paiement dans les tavernes, cabarets, débits de bière et lieux d'amusement ou dans leurs dépendances, sous peine de nullité de paiement; l'ouvrier a une action en recouvrement de son salaire. En 1860, nouvelle loi ordonnant le paiement dans un bureau spécial non attenant à un débit de boissons. Le 10 août 1872, nouvelle loi s'appliquant à la fois à l'industrie minière et à l'industrie métallurgique et renouvelant les prescriptions de la loi de 1842.

Enfin, une loi du 20 août 1883 (*The Payment of Wages in Public-houses Prohibition Act*) étend la mesure précédente à toutes les industries ; dès lors, le paiement des salaires dans les cabarets n'est plus possible. Chaque contravention sera punie d'une amende pouvant s'élever jusqu'à 10 livres.

Presque tous les autres pays de l'Europe ont inséré dans leur loi industrielle soit la défense du paiement dans les cabarets et débits de boissons (loi autrichienne: art. 78 *in fine*; — loi belge qui interdit en outre le paiement dans les magasins, boutiques ou locaux y attenant: art. 4[1]; loi luxembourgeoise de 1895), soit l'obligation du paiement dans la fabrique (loi suisse: art. 10[2]; — loi norvégienne: art. 30[3]). — La loi allemande ne permet le paiement dans les auberges et cabarets ou lieux de vente qu'avec l'approbation de l'autorité administrative (art. 115 a) sous peine d'une amende de 150 marcs ou d'un empri-

[1] La sanction est une amende de 50 à 2.000 fr. (art. 10).
[2] La sanction est une amende de 5 à 500 fr. (art. 10).
[3] La sanction est une amende de 5 à 100 couronnes (6 à 120 fr.). (art. 41).

sonnement de 4 semaines au maximum (art. 148, 13°). Nous ne voyons guère l'utilité de cette mesure de transaction ; il n'est pas, en effet, d'industrie, croyons-nous, où l'on n'ait tout au moins une baraque en planches où puisse se faire le paiement. — Les lois russe et hongroise ne contiennent aucune disposition analogue. La prohibition du paiement dans les cabarets est réclamée par la commission d'enquête hollandaise ; et elle est proposée dans le projet italien.

En France, cette mesure a suivi le sort de celle relative au Truck-System. Le projet élaboré par la commission extra-parlementaire dont M. Lyon-Caen a été le rapporteur interdisait le paiement dans les débits de boissons, sous peine de nullité du paiement fait en violation de ces dispositions.— M. Maxime Lecomte avait introduit dans sa proposition l'article suivant : « Le paiement des salaires ne peut être fait aux ouvriers dans des débits de boissons ou dans des magasins de vente au détail ou dans des locaux y attenant» (art. 2).— La Chambre vota dans la loi sur les règlements d'atelier une disposition ainsi conçue : « Les patrons sont tenus de régler leurs ouvriers dans la fabrique ou le chantier ». (art. 6).— Le texte voté par le Sénat est le suivant : « Les paiements ne peuvent être faits que dans l'usine ou dans l'un de ses bureaux et non dans les débits de boissons ou dans des magasins de vente au détail » (art. 3). Cette rédaction nous paraît la meilleure. Mais il faut remarquer que c'est une simple défense ainsi édictée par la loi, sans aucune sanction, ni civile comme dans le projet de la commission extra-parlementaire, ni pénale. — C'est là du reste un défaut commun aux projets de loi français sur la réglementation du paiement des salaires.

CHAPITRE III

Époque et jour du Paiement

Époque du Paiement

Le salaire est généralement payé à époques fixes. Mais la périodicité du paiement peut avoir lieu à intervalles plus ou moins rapprochés : une semaine, une quinzaine, ou un mois, plus longtemps parfois. Quel est l'intérêt de l'ouvrier? Est-ce de toucher son salaire fréquemment et par petites sommes? Ou bien au contraire par sommes assez importantes, mais à intervalles espacés ? Les partisans de cette dernière opinion [1] estiment que, payer l'ouvrier à époques rapprochées, c'est lui donner le moyen d'aller davantage au cabaret puisque l'occasion de fêter la paye se représenterait plus souvent, l'empêcher par suite de faire des économies et même de réserver de l'argent pour les dépenses périodiques qu'il pourrait avoir à effectuer, comme le paiement du loyer, l'achat de provisions, etc. Il peut y avoir dans ces observations une part de vérité. Cependant, ce n'est pas l'absence d'argent qui empêchera l'ouvrier d'aller au cabaret s'il en a l'envie; seulement il soldera son compte au moment de la paye, au lieu de payer immédiatement, et peut-être le

[1] V. Hubert-Valleroux; *Contrat de travail*, pag. 196-197.

total sera-t-il plus élevé dans le second cas que dans le premier. Le paiement à intervalles espacés présente du reste de grands inconvénients. Il a, à nos yeux, un vice capital, c'est d'obliger l'ouvrier à recourir au crédit, ce qui le rend imprévoyant et l'oblige à subir des conditions plus onéreuses pour ses achats. En Angleterre, il venait se combiner avec le Truck-System dont il était le plus ferme appui. M. le comte de Paris avait déjà signalé ce point[1]. « Le paiement à longue échéance usité en Angleterre dans l'industrie houillère et métallurgique donne aux compagnies le moyen de contraindre les ouvriers obligés d'obtenir des avances, à fréquenter le Truck shop. » La Commission d'enquête de 1871 y insiste : le paiement à longue échéance, dit-elle, favorise le Truck, le rend même presque indispensable. — Il est aussi très fréquent dans les mines de soufre de Sicile, où le paiement a lieu par semestre ou par trimestre ; il y contribue beaucoup à la pratique du Truck-System[2].

En outre les paiements espacés ont l'inconvénient de mettre à la disposition de l'ouvrier des sommes trop élevées, dont il sera incité à dépenser une part importante. Il y a quelques années par exemple, quand le paiement mensuel était encore d'un usage général en France, on pouvait voir, le jour de la paye, une véritable petite foire s'installer dans les centres industriels quelque peu importants ; depuis que la paye est devenue hebdomadaire ou bi-mensuelle, ces faits ont cessé. A tous ces points de vue

[1] M. le Comte de Paris signale des compagnies où le paiement n'a lieu que tous les deux ou trois mois (Rhymney Cie), d'autres où il n'a lieu que tous les deux ans (mines de plomb de Wanlockhead). — V. Comte de Paris, *loc. cit.*, pag. 273.

[2] V. Bodeux ; *loc. cit.*, pag. 102.

il importe donc que l'ouvrier soit payé à intervalles rapprochés; des paiements fréquents sont le seul moyen de lui éviter l'obligation de recourir au crédit.

Mais à ces raisons pratiques vient s'ajouter un motif théorique qui doit lever les doutes qui pourraient subsister. Le contrat de salaire est, on le sait, un contrat à forfait qui remplace l'association de fait entre l'employeur et l'ouvrier. Il laisse à l'employeur la direction et le bénéfice de l'entreprise; mais il met l'ouvrier à l'abri des risques. « Il présente pour lui ces deux avantages: le dégager de l'inconnu des résultats de la production, lui permettre, sans attendre ces résultats, de satisfaire ses besoins qui sont immédiats. — Régulièrement le salaire devrait être payé soit chaque jour, soit à l'achèvement de chaque unité d'ouvrage, suivant qu'il est à la journée ou à la tâche; mais du moins, il doit l'être chaque semaine ou, au plus tard, chaque quinzaine. Si le paiement n'a lieu que chaque mois, surtout sans acomptes, on fausse la notion du salaire[1] » Nous n'avons rien à ajouter à ces paroles de M. Leroy-Beaulieu, qui mettent fin à toute discussion.

La plupart des législations s'occupent de la question, mais ne la résolvent pas de façon identique. Trois systèmes en effet sont en usage qui laissent tous aux intéressés une certaine liberté. Le premier fixe l'intervalle maximum qui peut s'écouler entre deux paiements, tout en laissant aux parties le droit d'établir une durée moindre. Le second se contente de déterminer la périodicité des paiements par une disposition purement interprétative de la volonté des parties, mais sans limiter en aucune manière le droit qu'elles ont de fixer une périodicité différente. Le troisième laisse aux intéressés liberté absolue.

[1] Leroy-Beaulieu; *loc. cit.*, tom. II, pag. 221.

Le premier système est suivi aux Etats-Unis, en Russie, en Belgique et en Suisse. « Aux Etats-Unis, » dit M. Levasseur, « il a été longtemps d'usage de ne régler qu'une fois par an avec les ouvriers, ce qui les enchaînait à la fabrique et équivalait en réalité à une dépréciation du salaire. Le paiement par quinzaine ou par semaine, qui est beaucoup plus normal, a fait des progrès avec l'abondance des métaux précieux et la puissance du parti ouvrier, il est énergiquement réclamé par les syndicats[1]. » Aussi de nombreux États de l'Union ont édicté des dispositions impératives fixant à huit ou à quinze jours l'époque du paiement des salaires, par exemple la Pennsylvanie, dont la loi du 23 mai 1887 s'applique non seulement aux ouvriers industriels, mais aux ouvriers agricoles et aux employés occupés d'un travail intellectuel : « Le salaire doit être payé bi-mensuellement, le premier paiement étant fait avant le 15 et le second avant le 30 de chaque mois ; dans le cas où le patron serait en retard pour ces paiements, ses ouvriers ou employés auraient contre lui une action judiciaire pour l'obliger à payer. » De même, la loi de New-York du 21 mai 1890, modifiée par celle du 17 mai 1893, édicte le paiement hebdomadaire des salaires sous peine d'amende, mais seulement de la part des sociétés anonymes et des sous-traitants avec lesquels la société aurait contracté pour la livraison de marchandises déterminées[2]. — En Russie, « la paye doit être faite

[1] Levasseur ; *Les causes régulatrices du salaire*, *loc. cit.*, pag. 230.

[2] Stocquart, *loc. cit.*, pag. 170-173, énumère 14 États ayant promulgué des lois ordonnant le paiement par semaine ou par quinzaine : Massachussetts (1886-1891) ; Maine (1887) ; Ohio (1887-1890) ; New-Hampshire (1887) ; Pennsylvanie (1887-1891) ; Virginie (1887) ; Connecticut (1888) ; Arkansas (1889) ; Missouri (1889-1891), Wisconsin (1889) ; New-York (1890-1893) ; Californie (1891) ; Kansas (1893) ; Illinois (1891). — Cette

aux ouvriers, au moins une fois par mois, si le louage est fait pour un terme de plus d'un mois, et deux fois au moins par mois si le louage est fait pour un terme indéterminé » (art. 12). — La loi belge contient une disposition à peu près analogue[1] : « Les salaires ne dépassant pas 5 fr. par jour doivent être payés à l'ouvrier, au moins deux fois par mois, à 16 jours d'intervalle au plus. Pour les ouvrages à façon, à la pièce ou par entreprise, le règlement partiel ou définitif sera effectué au moins une fois chaque mois » (art 5)[2]. — C'est aussi le système adopté par la loi luxembourgeoise d'août 1895, qui ordonne le paiement par quinzaine ; par le projet hollandais ; et par le projet italien : les salaires non supérieurs à 2 lires par jour devront être payés au moins chaque semaine, les salaires supérieurs à 4 lires se paieront au moins chaque quinzaine, les travaux à forfait donneront lieu à des avances hebdomadaires proportionnées au travail fourni. — En Suisse, le paiement a lieu par quinzaine, sauf convention spéciale entre patron et ouvriers ; mais le paiement doit avoir lieu au moins tous les mois, et « la partie du salaire portée à compte nouveau le jour de la paye ne doit pas excéder le salaire de la dernière semaine ; pour le travail aux pièces, les conditions de paiement jusqu'à l'achèvement de l'ouvrage seront fixées de gré à gré par les intéressés.» (art. 10[3]) La disposition permettant de

dernière loi, qui ne s'appliquait comme la loi de New-York, qu'aux paiements faits par les sociétés à leurs ouvriers, fut déclarée inconstitutionnelle par la cour suprême de l'Illinois, comme contraire à l'article de la Constitution disant qu'il ne peut être dérogé aux statuts des sociétés par des lois particulières.

[1] Le ban de 1280 dont nous avons déjà parlé rend obligatoire le paiement par quinzaine.

[2] La sanction est toujours une amende de 50 à 2.000 fr. (Art. 10).

[3] La sanction est une amende de 5 à 500 fr. (Art. 19).

n'effectuer qu'un paiement mensuel a été trouvée trop libérale par le canton d'Unterwald, qui a ordonné le paiement par quinzaine (loi du 24 avril 1887)[1].

Le second système se rencontre dans les lois hongroise, autrichienne et norvégienne, qui établissent le paiement par semaine sauf convention contraire, et sans fixer de délai maximum (art. 118 de la loi hongroise; — art. 77 de la loi autrichienne ; — art. 30 de la loi norvégienne).

Le troisième système est celui des pays qui n'ont pas encore de législation sur le mode de paiement des salaires. — Mais c'est aussi, il faut le noter, le système usité en Allemagne. L'Allemagne laisse, en effet, à la libre convention des parties, le soin de déterminer l'époque du paiement[2]; toutefois la loi permet aux communes ou associations communales de « décider, pour toutes les entreprises industrielles ou pour certaines catégories d'entre elles, que les paiements de salaires ou d'acomptes doivent avoir lieu par périodes fixes dont la durée ne doit être ni supérieure à un mois ni inférieure à une semaine. » (art. 119 a). On a fort peu usé de cette disposition insérée dans la loi pour tenir compte des usages et des besoins locaux.

En Angleterre règne également la liberté des conven-

[1] La motion Comtesse du 9 avril 1891 réclamait aussi l'obligation du paiement par quinzaine ; le Conseil fédéral s'y est opposé.

Dans le deuxième arrondissement d'inspection (cantons de Vaud, du Valais, de Genève, du Tessin, de Berne, de Fribourg, de Neufchâtel), la périodicité du paiement était ainsi répartie en 1892-1893 : 1.083 établissements étaient soumis à la loi ; dans 503, soit un peu moins de la moitié, la paye était bi-mensuelle ; dans 322, soit les trois dixièmes, elle était mensuelle ; dans 258, soit un peu plus des deux dixièmes, elle était hebdomadaire. — Les nouveaux établissements paient à intervalles très rapprochés (V. Bodeux, *loc. cit.*, pag. 241).

[2] Le paiement hebdomadaire est la règle (Bodeux, *loc. cit.*, pag. 310) V. cependant Morisseaux ; *La législation du travail*, tom. I, pag. 413-415.

tions quoique la commission de 1871 ait recommandé la fréquence des paiements comme le meilleur moyen de supprimer le Truck. Un bill avait été déposé en 1872 rendant obligatoire le paiement par quinzaine ; mais il n'a jamais été discuté [1]. On ne peut signaler qu'une loi du 16 septembre 1887 relative à la protection des ouvriers dans les mines de Cornouailles et de Devon qui ordonne le paiement par semaine.

En France, la question est à l'étude comme toutes celles relatives au mode de paiement des salaires [2]. Le conseil supérieur du travail avait, après une assez vive discussion, voté la disposition suivante : « Le paiement des salaires devra être effectué au moins deux fois par mois ». Le projet de loi Jules Roche était ainsi conçu : « Les salaires des ouvriers doivent être payés au moins deux fois par mois à 16 jours au plus d'intervalle ». Dans la loi relative aux règlements d'atelier, la Chambre a voté la disposition suivante : « Les patrons sont tenus de régler leurs ouvriers au moins toutes les quinzaines. — Lorsqu'il n'y aura pas de règlement d'atelier, ou lorsqu'il sera muet sur ce point, le paiement devra avoir lieu toutes les semaines. — Pour le travail aux pièces, les conditions de paiement jusqu'à l'achèvement de l'ouvrage

[1] Le 10 avril 1888, la Chambre des communes a rejeté en deuxième lecture le Wages bill pour l'Irlande ordonnant le paiement par quinzaine.

[2] A Paris et dans la banlieue, 41 % des établissements paient tous les 8 jours, 44 % tous les 10 jours, tous les 15 jours ou 2 fois par mois à dates fixes ; 15 % tous les mois à jour fixe mais à date variable, tous les mois à date fixe (*Enquête de l'Office du travail. — Salaires et durée du travail dans l'industrie française*, tom. I, Seine). — En 1890, 3 grèves ont eu lieu pour réclamer le paiement par quinzaine : elles ont abouti toutes trois à une réussite ; en 1893, on en compte 9, dont 6 ont réussi et 3 échoué (*Office du travail. Statistique des grèves*).

seront fixées de gré à gré par les intéressés » (art. 6). — Dans le projet du Sénat sur le mode de paiement des salaires, la rédaction est la suivante : « Les salaires des ouvriers doivent être payés au moins deux fois par mois, à 16 jours au plus d'intervalle, à moins de conventions écrites contraires. Pour le travail aux pièces, les conditions de paiement jusqu'à l'achèvement de l'ouvrage seron fixées de gré à gré par les intéressés » (art. 2)[1]. — Il es un point sur lequel l'accord existe : c'est la nécessité de laisser aux parties la liberté de fixer les conditions du paiement du travail aux pièces ; toutes les législations admettent une disposition analogue, sans inconvénien par suite de l'indépendance relativement grande de l'ouvrier aux pièces : peut-être cependant une prescriptio exigeant un règlement partiel au moins chaque mois comme dans la loi belge, ne serait-elle pas inutile ; elle serait de tout point conforme, croyons-nous, à la pratique. — Quant aux conditions de paiement du travail au temps, nous nous rallions sans hésiter au système qu fixe une durée maxima de quinzaine pour la périodicité des paiements. Nous avons déjà exposé les motifs de cette opinion. Voici un document à l'appui[2] : « Avec le mode

[1] Les clauses et conditions générales imposées aux entrepreneurs de travaux des Ponts-et-Chaussées renferment, depuis le 16 novembre 1866 l'article suivant : « L'entrepreneur paie les ouvriers tous les mois ou à des époques plus rapprochées, si l'administration le juge nécessaire. — En cas de retard régulièrement constaté, l'administration se réserve la faculté de faire payer d'office les salaires arriérés sur les sommes due à l'entrepreneur. » (art. 15).

[2] Voici d'autre part le résultat de l'expérience suisse : « Le paiemen à intervalles rapprochés apparaît comme préférable à tous les points de vue. L'ouvrier voit clairement ce qu'il a, ce qu'il peut gagner et dépenser ; cette claire vue l'encourage au travail et le porte à économiser. Les fournisseurs sont mieux payés : tout est soldé comptant. Le patron

de payer une fois par mois, la plupart des ouvriers sont contraints de demander un acompte à la quinzaine; l'habitude étant prise, ils n'y manquent jamais. Or les sommes ainsi touchées sont dissipées le plus souvent, et l'ouvrier compte sur la grosse partie de son gain qu'il touchera à la fin du mois pour payer les dettes sérieuses. Au contraire, la paye par quinzaine habitue l'ouvrier à ne compter que sur ces paiements pour faire face à ses engagements: il peut, s'il est rangé, acheter et payer comptant; le règlement par quinzaine est donc une bonne mesure, et il convient de la prendre[1] ». Le système du Sénat qui établit le paiement par quinzaine, sauf conventions contraires, ne nous paraît pas suffisant. Il a été du reste l'objet d'une vive discussion[2]. M. Bérenger a protesté vivement contre la clause dérogatoire qui pourrait devenir de style si le patron y avait intérêt, malgré l'obligation d'une convention écrite, et il en a réclamé la suppression, en demandant d'autre part une sanction soit civile soit pénale à l'obligation du paiement par quinzaine. Ses efforts n'ont pas abouti. On lui a objecté qu'il y avait certaines industries où le paiement par quinzaine était fort difficile eu égard au long travail exigé par l'établissement du compte de paye. Nous ne méconnaissons pas la portée de cet argument; c'est la raison pour laquelle nous croyons que le paiement par semaine, préférable au point de vue théorique, ne peut être imposé. Mais nous pensons aussi que le paiement par quinzaine n'en est pas rendu impossible. D'autant plus

trouve un ouvrier gai à la besogne, désireux d'achever le mieux et le plus tôt possible.» (Bodeux, *loc. cit.*, pag. 239).

[1] Opinion de la Chambre de Commerce du Mans (V. Sénat, *Documents parlementaires*, 1893, pag. 108, col. 2).

[2] Séance du Sénat du 24 avril 1894.

qu'aucun des projets français ne renferme de disposition analogue à celle de la loi suisse : la partie du salaire portée à compte nouveau le jour de la paye ne doit pas excéder le salaire de la dernière semaine. Ce serait là, au point de vue théorique, une prescription excellente qui viendrait compléter très heureusement le système du paiement par quinzaine : mais peut-être en pratique, dans les industries où existe ce que l'on appelle le travail à prix fait, qui exige une comptabilité assez compliquée, le délai ne serait-il pas suffisant ! Nous nous en tenons donc à l'obligation du paiement par quinzaine, obligation sanctionnée par une amende[1].

Jour du paiement.

Nous n'avons sur cette question que quelques mots à dire. Elle est même jusqu'à un certain point en dehors de notre sujet, car jamais personne n'a prétendu, et nous ne sommes pas davantage de cette opinion, que la loi eût à intervenir en cette matière. Cependant il nous a semblé qu'elle faisait corps avec celle de l'époque du paiement et que, comme celle-ci, elle pouvait avoir quelque influence sur la situation de l'ouvrier[2].

Le paiement peut avoir lieu, soit à la fin, soit au commencement de la semaine, soit à date fixe et à jour variable. — Le paiement à la fin de la semaine présente l'avantage de permettre à la femme de l'ouvrier de faire ses approvisionnements le dimanche : mais il a le gros

[1] Depuis longtemps, l'époque du paiement des salaires des gens de mer est étroitement réglementée soit en France, soit à l'étranger (V. Lyon-Caen et Renault, *loc. cit.*, tom. V, pag. 246-250).

[2] V. Brice ; *Les institutions patronales*, pag. 54 et 55.

inconvénient d'induire l'ouvrier à la dépense. Que trouve-t-il de mieux à faire le dimanche que d'aller dépenser son argent au cabaret? Toutefois, il y a certaines industries, celles dont les chantiers sont éloignés des bureaux de paiement, les mines par exemple, où le paiement du dimanche est presque obligatoire pour ne pas imposer à l'ouvrier une course trop longue après sa journée de travail. — Le paiement au commencement ou au milieu de la semaine enlève au contraire à l'ouvrier l'occasion de gaspiller. Il nous semble fort recommandable. — Le paiement à date fixe, par exemple le 15 et le 30 de chaque mois, est également un excellent procédé; il empêche l'ouvrier de prendre des habitudes pour le jour de la paye. — Cependant l'habitude de payer le samedi est [illegible] la plus répandue. C'est le jour de paye généralement adopté à l'étranger. A Paris et dans sa banlieue, la paye a lieu le samedi dans 85 p. °/₀ des établissements, à date fixe dans 11 p. °/₀, le dimanche ou le lundi dans 5 p. °/₀[1]. Cette proportion doit représenter à peu près exactement les usages de la France.

[1] *Salaires et durée du travail dans l'industrie française*, tom. I, Seine.

TITRE II

DES RETENUES DE SALAIRES

Nous venons d'étudier les modes de paiement du salaire et la manière dont la loi protège l'ouvrier à cet égard contre les abus auxquels il pourrait être en but. Nous abordons maintenant un nouvel ordre d'idées : des retenues sont souvent opérées sur le montant du salaire pour telle ou telle cause, et c'est seulement la différence que touche l'ouvrier. Que des abus puissent se glisser à la faveur de cette façon de procéder, la chose paraît presque évidente *a priori* : c'est une manière trop facile et trop simple de réduire les salaires pour qu'on ne soit pas tenté d'en user. Il est surtout une catégorie de ces retenues, les amendes, qui prêtent le flanc à toutes sortes de critiques, et qui conduisent à des abus analogues à ceux du Truck. — Mais il en est d'autres au contraire qui, pour présenter certains inconvénients, n'en offrent pas moins de grands avantages. Ce sont des retenues pour paiement de fournitures faites à crédit ou pour remboursement d'avances en argent, ou encore destinées à alimenter les caisses de prévoyance contre les risques. Elles représentent la contribution des ouvriers à des institutions connues sous le nom d'institutions patronales, qui ont eu et qui ont encore aujourd'hui en certains cas une heureuse influence sur la situation des ouvriers. Toutefois elles sont souvent critiquées, et avec juste raison, comme ayant l'inconvénient de porter atteinte à leur indépendance. Le départ entre le bon et le mauvais côté de ces institutions sera donc assez délicat, et il ne sera pas toujours très aisé de déterminer dans quelle mesure le législateur doit intervenir. Cependant, son droit d'intervention ne nous paraît guère contestable. En effet, ainsi que le fait remarquer M. Cabouat, « la protection législative des salaires ne peut être efficace qu'à la condition de proscrire d'une manière générale tout expédient auquel le patron pourrait être tenté de recourir pour se dérober à l'exécution loyale et intégrale de ses obligations. La moindre lacune dans le système de protection des salaires lui enlèverait tout effet. Car il n'est pas nécessaire que le chef d'entreprise dispose d'une grande variété de moyens pour reprendre indirectement une partie du salaire au paiement duquel il est tenu. Un seul lui suffit ; aussi, pratiquement, n'use-t-il jamais concurremment de tous les moyens dont il pourrait disposer. — En fait il opte, suivant les circonstances, entre les Truck-System et les retenues.... Donc, ces deux garanties distinctes, prohibition du Truck-System et règlement des retenues, n'ont par elles-mêmes aucune valeur propre et indépendante ; elles ne valent qu'autant que, par leur réunion, elles se prêtent un mutuel appui [1] ».

Même si les retenues n'avaient pas pour effet de porter atteinte au salaire de l'ouvrier, le législateur aurait cependant encore à intervenir; car elles présenteraient alors, même en ce cas, un défaut commun avec le Truck-System,

[1] Cabouat ; *loc. cit.*, pag. 377-378.

celui de tromper l'ouvrier sur la valeur réelle de son gain. « Ce n'est qu'en proscrivant toute retenue que l'ouvrier peut savoir quel salaire il touche »[1]. Nous savons, d'autre part, que c'est l'ignorance de la valeur de son salaire qui conduit l'ouvrier à l'imprévoyance. — Ainsi, les retenues de salaires ont absolument les mêmes effets au point de vue économique et moral que le Truck, et cela suffit pour légitimer l'intervention de la loi, même en l'absence du premier motif.

Quant au mode d'intervention, cela dépend de l'objet de ces retenues. Si, en effet, le mode de recouvrement est identique, les causes sont essentiellement différentes. On peut les classer en trois catégories: les premières ont pour objet d'imputer sur le salaire le montant de fournitures faites ou de sommes avancées par le patron à l'ouvrier; — les secondes sont destinées à alimenter les caisses de prévoyance fondées en faveur des ouvriers; elles rendent le patron créancier de l'ouvrier; — les troisièmes réalisent des déductions de salaires pour amendes ou malfaçons. — Chacune de ces catégories de retenues est régie par des dispositions diverses. Cependant la plupart des législations qui s'en occupent leur consacrent des règles communes que nous allons examiner, à l'exception toutefois des amendes dont la réglementation est essentiellement distincte de celle des autres retenues.

Les diverses législations qui s'occupent des retenues peuvent être classées en quatre groupes différents. Le premier renferme la Suisse et la Norvège; la loi fait deux catégories de retenues: les unes sont à la disposition du patron, les autres ne sont licites que si elles résul-

[1] *Rapport du Conseil fédéral sur la motion Comtesse*, pag. 15, *in fine*; — Opinion de la fédération ouvrière du canton de Glaris.

tent d'une convention entre le patron et l'ouvrier; — le second, les pays de l'Europe centrale, Allemagne, Autriche, Hongrie : la loi détermine en quels cas et de quelles manières les retenues sont autorisées; — le troisième, l'Angleterre : la loi anglaise est une combinaison des législations précédentes; non seulement elle détermine en quels cas et de quelles manières les retenues sont licites, mais encore elle exige l'autorisation de l'ouvrier; et de plus soumet les comptes à sa vérification; — le quatrième, la Russie, la Belgique et la France : la loi y passe également en revue les diverses causes de retenues; mais elle essaye de faire plus et de fixer une certaine quotité de salaires laissée, quoi qu'il arrive, à la disposition de l'ouvrier.

La Suisse et la Norvège ont sur les retenues une législation identique. « Il est interdit », dit la loi suisse « de faire sur le salaire des ouvriers une retenue pour un but spécial, si cette retenue ne résulte pas d'une convention entre l'ouvrier et le patron » (art. 10 *in fine*). — Et la loi norvégienne : « Il ne sera opéré aucune retenue sur le salaire des ouvriers pour un but spécial sans leur consentement exprès ou sans qu'elle soit justifiée par la loi ou par un règlement » (art. 30 *in fine*). — Les retenues sont donc divisées en deux catégories : celles opérées pour un but spécial et celles qui n'ont pas de but spécial; les premières doivent faire l'objet d'un consentement exprès de l'ouvrier, les secondes sont à la disposition du patron. Mais qu'entend-on par but spécial ? Voici la manière dont cette expression est interprétée par le conseil fédéral suisse : « L'interdiction n'a en vue que les contributions forcées qui pourraient être demandées pour certaines institutions telles que les caisses de secours et d'épargne, contributions au sujet desquelles la loi a voulu garantir la libre adhésion de l'ouvrier[1] ». — Ainsi les retenues pour fournitures, pour avances, pour malfaçons sont licites sans convention avec l'ouvrier ; il en est autrement de celles destinées aux institutions de prévoyance. Il est encore une autre catégorie de retenues que l'on fait rentrer dans ce que la loi désigne par but spécial : ce sont les retenues destinées à payer les créanciers ; c'est, en somme, un système intermédiaire entre la cession et la saisie ; il n'est que juste d'exiger tout au moins le consentement de l'ouvrier à cette pratique[2].

L'Allemagne, l'Autriche et la Hongrie ont des lois qui réglementent les retenues d'une manière à peu près identique pour les trois pays. — Les lois autorisent les retenues pour fournitures, mais en fixant les conditions auxquelles elles sont licites ; elles autorisent également les retenues pour les caisses de secours en cas de maladie, mais elles ne renferment aucune disposition relative aux retenues pour avances qui, de la sorte, sont entièrement libres.

La législation anglaise sur les retenues est formée par la combinaison des lois du 15 octobre 1831 et du 16 sep-

[1] *La loi fédérale commentée par son exécution pendant les dix premières années de son existence*, pag. 64-66.

[2] La motion Comtesse dont nous avons déjà parlé à diverses reprises avait un paragraphe ainsi conçu : « Aucune retenue d'aucune sorte, qui ne serait pas contractuelle, ne pourra être faite sur les salaires ». — On sait que cette motion a été écartée par le Conseil fédéral.

Une loi analogue à cette motion a été votée par l'État de Michigan en 1893 : il est interdit d'exiger d'aucun travailleur aucun engagement de contribuer directement ou indirectement à un fonds d'intérêt charitable social ou de prévoyance, et d'exercer aucune retenue sur un salaire, sans le plein et entier consentement de l'intéressé obtenu sans intimidation ni crainte de renvoi.

tembre 1887. — La loi de 1831 déclare licites les retenues pour fournitures, pourvu que l'ouvrier les ait autorisées par un engagement écrit et en bonne forme et que les fournitures aient été faites au prix courant (art. 23). — Cependant la Commission d'Enquête de 1870 constata de nombreux abus ; elle remarqua que le Truck et les retenues n'existaient pas dans les mêmes établissements ; mais que les abus au moyen des retenues n'avaient rien à envier aux abus du Truck : retenues pour vente des matériaux fournis, pour chauffage, pour loyer, pour location des métiers, tout était matière à abus. Aussi proposait-elle de les supprimer. Un bill fut, en effet, déposé en 1872, qui supprimait toute retenue sauf pour amendes ; il n'aboutit pas[1]. — Mais la loi de 1887 vint ajouter de nouvelles garanties à celles qui existaient déjà ; elle interdit toute retenue pour fournitures de denrées (art. 5), soumit à certaines conditions spéciales les retenues pour frais d'écolage et pour réparation d'outils qui avaient donné lieu à des abus particulièrement graves (art. 7 et 8) et décida enfin « qu'il serait dressé par le patron, au moins chaque année, un compte exact des retenues, compte qui serait soumis à l'examen de deux vérificateurs payés par l'ouvrier ; ces vérificateurs pourront exiger du patron la production de tous titres ou documents de nature à les éclairer » (art. 9). — Ainsi livraison des fournitures au prix-courant, consentement écrit de l'ouvrier, confection d'un compte exact des retenues et vérification de ce compte par des agents des

[1] Cependant une loi du 30 juillet 1874 interdit toute retenue, sauf pour malfaçon, dans l'industrie de la bonneterie (hosiery) où des abus particulièrement graves avaient été constatés ; nous aurons du reste à en parler plus loin.

ouvriers, voilà un ensemble de garanties qui nous semblent devoir mettre fin aux abus, pourvu qu'elles soient exécutées[1]

Les législations russe, belge et française ont ce caractère commun d'embrasser, tout au moins en théorie, l'ensemble des retenues qui peuvent être effectuées ; et en outre, de réglementer les retenues pour avances en fixant la quotité du salaire qui peut être déduit à chaque paye pour leur remboursement.— « Lors du paiement des ouvriers, il est interdit », dit la loi russe, « de leur faire subir une retenue pour dettes. Ne sont pas considérés comme dettes à ce point de vue les comptes faits par l'administration de la fabrique à l'ouvrier pour les avances d'argent à lui faites, pour l'avoir nourri et lui avoir fourni des magasins de la fabrique les objets de première nécessité. Les retenues pour avances ne peuvent dépasser un tiers ou un quart du salaire suivant les cas» (art. 15).—

La loi belge est la plus complète de toutes : « Il ne peut être fait de retenue sur le salaire de l'ouvrier que : 1° du chef d'amendes ; 2° du chef des cotisations dues par l'ouvrier à des caisses de secours et de prévoyance ; 3° du chef des fournitures faites dans les conditions autorisées ; 4° du chef d'avances faites en argent, mais à concurrence du cinquième du salaire seulement » (art. 7). Toutes les catégories de retenues possibles sont ainsi prévues et réglementées par la loi ; aucune n'est laissée de côté. — Quant à la loi française, qui est la loi du 12 janvier 1895 sur la saisie-arrêt, elle laisse de côté les amendes et les retenues pour institutions de prévoyance, qui par suite

[1] Cependant le Truck bill, dont nous avons déjà signalé le vote en première lecture à la Chambre des communes augmentait encore ces garanties en organisant sur les retenues un contrôle officiel.

sont licites, et ne s'occupe que des retenues pour fournitures et pour avances; elle interdit le paiement par compensation pour fournitures, sauf exceptions pour outils et matières premières, et limite à un dixième par paye les retenues pour avances (art. 4 et 5).

Telles sont en leurs grandes lignes les diverses législations relatives aux retenues de salaires. — Il nous faut maintenant pénétrer dans le détail et étudier une à une les causes des retenues et les réglementations dont elles sont l'objet.

PREMIÈRE SECTION

DES IMPUTATIONS SUR LES SALAIRES

Les retenues que nous classons sous cette rubrique ont pour cause des fournitures livrées à crédit ou des avances d'argent. Elles constituent donc un mode de paiement des dettes contractées par l'ouvrier envers son patron, un paiement par compensation. Certes, ce mode de paiement est des plus réguliers, et, si aucune loi ne l'interdit, « la faculté de retenir partie ou totalité du salaire, en paiement de ce qui est dû, constitue pour le patron l'exercice normal d'un droit[1] » ; du moins dans les pays qui, à l'exemple du code civil français, admettent la compensation légale[2]. — Pourquoi donc réglementer la compensation entre patrons et ouvriers ? C'est qu'elle n'opère pas comme à l'ordinaire. Tandis que la compensation s'exerce d'habitude entre personnes qui n'ont entre elles que certains rapports d'affaires, il en est ici tout différemment : l'ouvrier n'a qu'un seul débiteur, le patron. Dès

[1] Cabouat ; *loc. cit.*, pag. 379.

[2] La solution serait la même dans le système de compensation volontaire par déclaration unilatérale de volonté, qui a été adopté, on le sait, par le projet de Code civil allemand (V. Saleilles ; *Essai d'une théorie générale de l'obligation*, pag. 41-58). — La solution n'est différente que dans le système de compensation judiciaire.

lors par des fournitures livrées à crédit ou par des avances, le patron peut devenir créancier de l'ouvrier pour des sommes importantes ; et celui-ci n'a plus de numéraire à toucher au moment de la paye : le paiement en nature est indirectement rétabli. Aussi avons-nous vu que la plupart des législations réglementent le paiement par compensation des fournitures à crédit. Elles procèdent par énumération établissant des systèmes différents suivant les causes des créances et entourant d'une attention toute spéciale les fournitures de vivres, par crainte de voir le Truck prendre une forme nouvelle. — Nous passerons successivement en revue les diverses fournitures qui peuvent être faites par le patron à ses ouvriers; et nous serons ainsi amenés à examiner les diverses mesures prises pour combattre les abus.

Il n'est qu'une loi qui, au lieu de procéder par énumération, établit une règle générale, c'est la loi française du 12 janvier 1895 : « Aucune compensation ne s'opère au profit des patrons entre le montant des salaires dus par eux à leurs ouvriers et les sommes qui leur seraient dues à eux-mêmes pour fournitures diverses, quelle qu'en soit la nature, à l'exception toutefois : 1° des outils ou instruments nécessaires au travail; 2° des matières et matériaux dont l'ouvrier a la charge et l'usage; 3° des sommes avancées pour l'acquisition de ces mêmes objets ». (art. 4). — Quelle est la portée d'application de cette disposition ? Le texte est très précis : sauf exceptions ci-dessus indiquées, aucune compensation ne s'opère, *quelle que soit la nature des fournitures*. Cependant un doute naît des travaux préparatoires : soit au Conseil supérieur du travail, où le projet a été discuté, soit à la Chambre, soit au Sénat, il n'a été question que des fournitures faites par les économats: les autres ne tomberaient-elles pas sous le coup de la loi, la fourniture de logement par exemple? Il est certain que la question n'a pas été examinée; peut-être bien n'a-t-on pas rangé le logement parmi les fournitures, quoique les lois étrangères le considèrent toutes comme tel. — Quelle est la nature de cette disposition? Il n'est pas douteux que ce ne soit une prescription d'ordre public; le texte et l'esprit de la loi concordent en ce sens; mais on en trouve en outre la confirmation dans les travaux préparatoires. « La mesure est d'ordre public », dit M. Martelin dans un rapport au Conseil supérieur du travail. — La question a même donné lieu en séance du Conseil au curieux dialogue suivant:

« M. Martelin. — M. Alphand m'a fait observer que nous n'avions pas stipulé dans un article que tout contrat qui contiendrait des dispositions contraires à celles que nous venons de voter serait considéré comme contraire à l'ordre public et par conséquent nul.

M. Thévenet. — C'est inutile! Tout contrat qui contient des dispositions contraires à la loi est par le fait nul ».

Il paraît que M. Thévenet ne connaît du code que les règles impératives bien que les dispositions purement interprétatives de la volonté des parties soient, croyons-nous, les plus nombreuses. Quoi qu'il en soit, la pensée des rédacteurs de la loi n'est pas douteuse. Ainsi la disposition est d'ordre public, par suite on ne peut y déroger par des conventions expresses ou tacites; le patron ne peut invoquer le consentement plus ou moins libre de l'ouvrier pour opérer la compensation interdite par la loi; tout acte émané de l'ouvrier consentant à une compensation serait donc frappé de nullité absolue, qui pourrait être invoquée non seulement par l'ouvrier, mais encore par tout intéressé, un créancier de l'ouvrier par exemple; et que le juge devrait opposer en tout état de cause, même d'office.

Le patron ne peut donc se payer au moyen de retenues des fournitures par lui faites aux ouvriers; il se trouve dans la situation d'un créancier ordinaire et ne peut, comme tout créancier, que retenir un dixième du salaire si l'ouvrier lui en fait cession (art. 2) et saisir un autre dixième (art. 1er); pour ce dixième saisissable, le patron viendra en concours au marc le franc avec tous les autres créanciers de l'ouvrier. — Si l'on ajoute que le patron peut encore retenir un troisième dixième pour se rembourser des avances (art. 5), on aura parcouru l'ensemble des droits que la nouvelle loi lui confère. — L'ouvrier touchera donc en tout cas, c'est là le but de la loi, au minimum les sept dixièmes de son salaire (il est vrai que la loi ne tient compte ni des retenues pour caisses de prévoyance ni des amendes).

Voilà le droit. Quel sera le fait? Ce que voudra le patron. Les prescriptions édictées pour régler les rapports entre patron et ouvriers ne sont en effet efficaces qu'autant que des dispositions pénales viennent les sanctionner: tout recours d'un ouvrier à la justice n'est que la suite ou le prélude de son renvoi. Le patron peut donc ne tenir aucun compte de l'interdiction du paiement par compensation. Il est vrai que l'on peut se demander si l'ouvrier ne pourrait pas exercer alors contre lui une action en dommages-intérêts. Il nous semble que les conditions requises pour l'exercice de l'article 1382 C. C. se trouveront en effet réunies en certains cas: le patron sera toujours en faute d'avoir violé une prescription de la loi; suivant donc que l'ouvrier aura ou non éprouvé un préjudice du fait du paiement par compensation, l'article 1382 sera ou ne sera pas applicable. — Du reste il est bien simple de tourner la loi, il suffit par exemple de commencer par payer aux ouvriers l'intégralité de leur salaire, puis d'établir à côté du guichet de paiement un second guichet où l'on recevra le montant des fournitures à eux faites; il n'y aura pas eu compensation, la loi aura été observée, et cependant.....

Passons maintenant en revue les diverses fournitures qui peuvent être faites par un patron à ses ouvriers.

CHAPITRE PREMIER

Aliments et Vêtements

On s'étonnera peut-être de nous voir traiter à nouveau une question qui semblait épuisée et dont nous nous sommes déjà longuement occupé en parlant du paiement en nature. Tout au moins aurions-nous pu, nous dira-t-on, rapprocher de l'étude du Truck-System l'exposé des questions relatives au paiement des fournitures délivrées à crédit, paiement qui souvent provoque des abus à peu près équivalents à ceux du Truck. C'est avec intention que nous l'en avons éloigné : le Truck est en effet prohibé, nous l'avons vu, par toutes les législations ; au contraire la vente des aliments dans les magasins institués par les patrons que l'on appelle économats est autorisée par la plupart des législations ; donc il existe, ou du moins le législateur estime qu'il existe, entre le paiement en nature et la vente à crédit des différences essentielles qui lui font approuver ici ce qu'il interdit là. On ne saurait donc trop insister sur ces différences, quelque apparentes qu'elles soient parfois.

Les économats sont des magasins patronaux où l'ouvrier trouve les choses nécessaires à son existence, par exemple à son alimentation et à son habillement. Ils ont été établis en général soit comme les Truck-shops dans les lieux isolés où une industrie se créait, soit dans des localités plus importantes pour améliorer la situation de l'ouvrier. Les économats présentent, en effet, cet avantage de vendre généralement des fournitures de bonne qualité et à bon marché, ils facilitent donc singulièrement la vie de l'ouvrier, et en réalité contribuent à une augmentation du salaire réel. — En outre par leur fonctionnement ils permettent à la famille de vivre quelle que soit l'imprévoyance de son chef. Les économats sont en effet presque tous des magasins de vente à crédit : les fournitures sont délivrées contre des bons dont on donne chaque jour à l'ouvrier un certain nombre, ou bien sont inscrites sur un livret dont on règle le compte à chaque paye. Il en résulte que la partie du salaire nécessaire aux besoins de la famille est pour ainsi dire immobilisée et soustraite à la dissipation de son chef ; il aura beau être buveur, joueur ou débauché, il ne pourra jamais dépenser que le supplément de son salaire : la subsistance de la famille sera en tout cas assurée.

Mais ils présentent également des inconvénients. Le plus grave de tous peut tenir à ce fait que l'employeur, bien loin de faire de l'économat une institution favorable à ses ouvriers, ne cherche qu'à en retirer le plus de profits possible. L'économat n'est plus alors que le Truck-System déguisé. C'est justement sous forme d'économats que le Truck-System a été usité en France. Nous pourrons en citer divers exemples; en voici un: «Il y a beaucoup d'industriels dans l'Est qui se font 30,000 à 40,000 fr. de rentes en vendant du mauvais lard à leurs ouvriers; entre autres une aciérie dont l'économat fait de 40,000 à 45,000 fr. de bénéfices par an[1] ». On peut juger par là que truck et économat, du moins en certains cas, c'est tout un.

[1] Discours Doumer dans la discussion du projet de loi sur les sociétés coopératives (*Chambre des Députés*, 7 mai 1894, pag. 723, col. 3).

Mais laissons de côté ces économats. Ne nous occupons que de ceux (et ce sont les plus nombreux, tout au moins en France) où, bien loin de chercher une nouvelle source de gains, le patron s'efforce au contraire d'accroître le bien-être de ses ouvriers. Des inconvénients assez graves n'en existent pas moins. Ces économats se distinguent généralement des précédents en ce que l'ouvrier n'est nullement contraint de s'y approvisionner, mais a toute liberté de prendre ses fournitures où il lui plaît.—Ce n'est là, disent les ouvriers, qu'une liberté nominale ; si nous n'allons pas à l'économat, nous serons traités beaucoup plus durement que les autres ; pour une peccadille, on nous mettra à l'amende ou on nous renverra. Ces griefs sont très exagérés ; ils peuvent cependant renfermer une part de vérité ; ne pas aller à l'économat, en effet, quand il en existe un, c'est faire preuve d'indépendance, c'est attirer l'attention sur soi ; dès lors, involontairement, inconsciemment, le patron et surtout ses subordonnés, amenés à une plus grande surveillance de cet ouvrier, seront plus sévères à son égard. — Il est donc bien vrai de dire que l'économat jouit d'un monopole de fait envers les ouvriers, et que la liberté qu'ils ont d'aller ailleurs n'est qu'une liberté nominale.

Le second inconvénient de l'économat consiste dans la vente à crédit. — Si la vente a lieu au prix de revient, comme la loi l'exige en beaucoup de pays, le vice ne sera pas très grave.— Mais si la vente a lieu au prix du commerce, comme cela existe en France (nous dirons tout à l'heure pourquoi), il n'en est plus de même. — La vente à crédit a, en effet, pour conséquence d'augmenter le prix des objets : les bons payeurs payent pour les mauvais ; dès lors le principal avantage des économats disparaît, et le bénéfice des patrons est d'autant plus grand que pour eux il n'y a pas de mauvais payeurs : le paiement par retenues s'y oppose. Cependant même en ce cas les économats présentent encore un grand avantage, avantage qui s'étend non seulement aux ouvriers, mais encore à l'ensemble des consommateurs, c'est de maintenir les prix à un taux assez bas et d'obliger les commerçants à avoir des marchandises de bonne qualité qui puissent faire concurrence à celles de l'économat. — Mais que la vente ait lieu au prix de revient ou au prix du commerce, elle comporte dans l'un et l'autre cas l'inconvénient que nous pourrions appeler psychologique du crédit, l'imprévoyance de l'ouvrier qui, n'ayant pas à payer comptant, achète quelquefois, outre le nécessaire, du superflu ; c'est là un effet bien connu du crédit qui est de pousser à la consommation.

Le troisième inconvénient provient du mode de paiement des fournitures au moyen de retenues. Il arrive en effet souvent que l'ouvrier dépense à l'économat la plus grande partie de son gain; il est alors tout dépité, au moment de la paye, de ne recevoir qu'une somme d'argent des plus modestes; ce qui est un motif de vif mécontentement [1]. En outre, l'ouvrier est conduit ainsi aux pires pratiques du Truck; car le jour où il n'a plus d'argent, il va chercher à l'économat un objet quelconque dont le prix est imputé sur la paye suivante et qu'il revend. Voici quelques faits, à l'appui de ce que nous avançons, cités dans une séance du Conseil supérieur du travail.

M. Prades. — « Il y a des exploitations minières où les ouvriers ne touchent aucun argent. Tout ce dont ils ont

[1] Une des principales causes de la grève de Decazeville, en 1886, a été que souvent les ouvriers ne touchaient que 6, 8 ou 10 fr. par paye.

besoin leur est fourni par l'économat, et ils demeurent ainsi rivés à l'exploitation ».

M. Jules Simon. — « En effet, dans certaines exploitations, on paie avec des bons qui ne sont acceptés que par l'économat ; les ouvriers sont donc obligés de s'y fournir ».

M. Lamendin. — « Il y a des exploitations où l'on ne donne que des bons, et quand on en a remis un certain nombre à l'ouvrier, s'il les a épuisés et qu'il lui reste deux ou trois jours avant d'en toucher d'autres, on ne lui donne pas d'argent... Si l'ouvrier veut d'autres objets que ceux de l'économat, cela le conduit à contracter des dettes. Nous avons été témoins de faits révoltants ; nous avons vu des ouvriers, afin de se procurer du tabac, vendre 0 fr. 30 ou 0 fr. 40 un pain qu'ils avaient payé à l'économat 0 fr. 80 à 0 fr. 90 [1] ». — De même en Allemagne, où il est des établissements où certains ouvriers ne touchent rien, d'autres trois pfennigs (quatre centimes), d'autres cinq pfennigs (un peu plus de cinq centimes), chaque jour de paye [2]. — Il n'y a qu'un moyen de remédier à cet inconvénient, c'est de fixer un maximum aux achats. C'est ainsi qu'à la compagnie d'Orléans le montant des livraisons est limité aux 2/5 du traitement, et à la compagnie de l'Ouest au 1/3 [3].

Enfin, le dernier et le plus grave de tous les inconvénients de l'économat, qui n'est que la résultante des autres, c'est de lier en quelque sorte l'ouvrier à l'usine. Se met-il en grève par exemple? Son compte à l'écono-

[1] *Conseil supérieur du travail*, 1re session, pag. 83.

[2] Discours de M. Metzner au Reichstag (V. Bellom ; *Bulletin de législation comparée*, année 1891, pag. 300).

[3] Ce remède n'est qu'illusoire : il est écarté par l'action commune des ouvriers, que gêne cette limitation, et des contre-maîtres chargés de l'exécution, qui négligent de faire observer cette prescription.

mat sera immédiatement supprimé ; et peut-être ne trouvera-t-il pas alors chez les commerçants le crédit qui lui sera nécessaire pour vivre! Veut-il quitter l'établissement où il est employé? il lui sera retenu toutes les sommes dont il est débiteur envers l'économat ; et on ne lui remettra que le reliquat de son salaire, somme qui sera souvent insuffisante pour lui permettre de se déplacer.— L'indépendance de l'ouvrier se trouve donc atteinte.

En présence des divers inconvénients signalés, qui rendaient les économats suspects aux ouvriers, on a cessé d'en créer de nouveaux et ceux qui existaient tendent à disparaître. — Mais ils sont presque partout remplacés par des sociétés coopératives de consommation. C'est là une évolution intéressante qui se produit à peu près partout, et qui, en France, est près d'être achevée.

Les économats sont excessivement utiles dans les pays où le commerce est encore arriéré, où le commerçant n'a pas l'habitude de s'adresser directement au producteur et où les marchandises passent par cinq ou six mains avant d'être débitées. L'économat, qui vend des objets de bonne qualité et à un prix inférieur à celui du commerce, rend alors de grands services aux ouvriers, si toutefois, ne manquent pas d'ajouter les socialistes, les patrons, pouvant contrôler la consommation de leurs ouvriers, n'en profitaient pas pour diminuer les salaires [1]. C'est la situation où se trouvait la France il y a

[1] Nous ne prenons pas à notre compte cette allégation socialiste, qui repose sur la théorie de la loi d'airain, abandonnée aujourd'hui même par les socialistes. — V. cependant le discours de Jules Guesde dans la séance de la Chambre des députés du 7 mai 1891 : l'économat, dit-il, est à la fois un instrument de servitude, car il supprime la liberté ouvrière ; et un instrument de famine, car il permet un contrôle sur la consommation ouvrière.

une cinquantaine d'années, quand ont été créés les premiers économats, c'est la situation où se trouvent encore aujourd'hui certains pays, particulièrement la Russie, où des économats bien dirigés ont sensiblement amélioré la condition des ouvriers.

Mais en France surtout (le même fait ne paraît pas s'être produit ailleurs), la vente au prix de revient a dû bientôt cesser. Les commerçants lésés par la concurrence insoutenable des économats ameutèrent contre eux les ouvriers. Les économats furent alors obligés soit de fermer, soit de payer leurs marchandises au prix du commerce (on sait que c'est également le seul moyen pour les sociétés coopératives d'être tolérées). — De nouvelles difficultés se produisirent alors, attisées du reste par les marchands; que deviendrait le bénéfice réalisé par l'économat ? irait-il grossir le gain du patron ? La chose était difficilement admise par les ouvriers et a été généralement peu pratiquée. Il ne restait donc plus, ce qui a été fait dans la plupart des économats, qu'à employer ce bénéfice à une œuvre de bienfaisance en faveur des ouvriers. — D'où nouveaux débats : les ouvriers demandent, en effet, à examiner le chiffre exact des bénéfices, à vérifier les livres; la plupart des patrons refusent. — La lutte se termina presque toujours par la fermeture de l'économat; c'est ainsi que le Creuzot, la Compagnie de Bességes et bien d'autres encore ont supprimé devant l'hostilité constante des ouvriers des économats prospères et florissants. Dans certains cas, la disparition a été pure et simple ; mais dans d'autres l'action patronale s'est continuée et a présidé à la transformation de l'économat en société coopérative de consommation[1], de même que souvent elle s'est servi de la

[1] Dans les endroits où les économats ont été supprimés purement et

participation aux bénéfices pour préparer les voies à une société coopérative de production. On a commencé par associer les ouvriers à l'administration, puis on leur a donné peu à peu une part d'influence de plus en plus grande jusqu'au jour où l'économat s'est trouvé transformé en société coopérative, c'est-à-dire en société se dirigeant elle-même sans intervention patronale.

Beaucoup d'économats en France en sont encore à cette période d'évolution où l'administration est partagée entre les ouvriers et le patron, par exemple, l'économat de la Compagnie des chemins de fer d'Orléans, où la direction est aux mains des ouvriers, mais où les achats sont faits par la Compagnie. — Mais il en est qui, tout en étant gérés par le patron ou par des employés désignés par lui portent le titre de sociétés coopératives; c'est une véritable usurpation de nom. Les socialistes s'en plaignent et avec juste raison[1]. Le projet de loi en discussion sur les sociétés coopératives mettra fin à cet usage abusif : pourront seules être désignées sous le nom de sociétés coopératives de consommation les sociétés dans lesquelles les administrateurs seront élus par les intéressés (art. 1 et 11).

Les sociétés coopératives de consommation présentent avec les économats cet avantage commun que les objets vendus y sont de bonne qualité et à prix modéré. Mais elles ont sur ceux-ci plusieurs supériorités. D'abord, dans la plupart des sociétés coopératives, dans toutes pourrions-nous dire, la vente a lieu au comptant, tandis que dans les économats elle se faisait à crédit; après

simplement, les prix du commerce ont été souvent relevés et la qualité des marchandises a baissé.—C'est là un effet fâcheux de cette suppression.

[1] V. discours Basly à la Chambre les 5 et 7 mai 1894.

tous les inconvénients de la vente à crédit par nous signalés nous n'avons pas besoin d'insister. En second lieu, la gestion des sociétés coopératives par les ouvriers est un aliment à leur activité, et c'est là chose excellente au point de vue de la paix sociale. Troisièmement, le fait de participer à une société coopérative procure un avantage économique : les marchandises sont payées meilleur marché ou laissent des bonis à la fin de l'année. Enfin l'ouvrier n'est plus rivé à l'établissement.

Tous ces avantages expliquent la faveur dont jouissent les sociétés coopératives auprès des ouvriers; et même, chose intéressante à constater, auprès des économistes libéraux : « Les économats », dit M. Léon Say, « sont des établissements d'une utilité incontestable, mais on a pu dire, non sans raison, qu'ils ne forment qu'une étape où l'on s'arrête, avant la forme définitive à laquelle il faut tendre et qui paraît devoir être la société coopérative de consommation[1] ». Et M. Leroy-Beaulieu : « Les économats tendent à devenir suspects aux ouvriers. Mieux vaut constituer des Sociétés coopératives pures et simples, gérées par les ouvriers ou leurs représentants directs[2] ».

Telle est cette évolution que nous avons cru inté-

[1] Léon Say : *Rapport général du groupe de l'économie sociale à l'Exposition de 1889*, pag. LXXXVIII. — V., dans le même sens, Cheysson : *Rapport sur les institutions patronales à l'Exposition de 1889.*

[2] Leroy-Beaulieu, l. c, tom. II, pag. 381. — De même, vœu adopté par le Congrès des chemins de fer tenu à Milan en septembre 1887 : « Le Congrès admet que, lorsque, pour une raison quelconque, l'initiative individuelle ne peut avoir son libre cours, les économats et autres institutions semblables sont à recommander, à la condition pourtant qu'ils ne soient jamais obligatoires et que toutes les mesures à adopter tendent à dégager les administrations d'une tutelle qui n'est pas sans danger et à développer l'action des sociétés coopératives dégagées de toute ingérence directe des administrations; desideratum auquel doivent tendre nos efforts incessants. »

ressant de retracer; il est curieux de voir comment, sans que la législation soit intervenue, par le libre jeu des forces en présence, par la supériorité aussi du principe coopératif qui réalise les avantages des économats sans en présenter les inconvénients, la transformation s'est opérée et le passage de l'une de ces formes à l'autre s'est effectué. — C'est là sans aucun doute un argument qui pourrait être invoqué par les partisans de la non-intervention de l'Etat. Toute réglementation des économats n'aurait-elle pas eu pour effet de retarder la marche de cette évolution? Si en France l'évolution peut être considérée comme terminée, la cause n'en réside-t-elle pas justement dans ce fait qu'elle n'a jamais été entravée, tandis que dans les pays de l'Europe centrale des lois sont venues la cristalliser à un moment donné et l'empêcher de poursuivre sa route? Ces critiques sont peut-être fondées; mais ceux qui les font, et qui, de notre exemple particulier, pourraient les étendre à toutes les matières où nous reconnaissons le droit d'intervention de l'Etat, oublient que ce n'est pas sans de nombreuses crises, sans de nombreuses grèves, que le résultat a été atteint, qu'à Decazeville, par exemple, M. Watrin a trouvé la mort dans une émeute causée justement par cette question; et qu'à une transformation rapide, mais accidentée, est préférable une évolution lente, mais pacifique.

Ayant ainsi rapidement retracé l'histoire des économats, il importe de voir la situation que la législation leur fait. — Trois systèmes, en somme, leur sont appliqués: un premier groupe de pays leur laisse liberté complète; un second groupe n'autorise leur fonctionnement qu'en les réglementant étroitement; un troisième supprime le paiement par compensation.

Le premier groupe renferme tous les pays qui n'ont pas encore de loi sur le paiement des salaires : les Pays-Bas, l'Italie, l'Espagne, etc. — La Suisse et la Norvège, nous l'avons vu, rentrent aussi dans cette catégorie : ils laissent liberté complète aux économats. Cependant certains cantons Suisses sont moins libéraux : une loi d'Argovie du 16 mai 1862 interdit la vente des denrées aux ouvriers sans une autorisation de l'autorité cantonale ; — il en est de même, avons-nous dit, dans le canton d'Unterwald, pour les entreprises de travaux publics (Loi du 24 avril 1887).

Le second groupe est le plus important : il comprend l'Allemagne, l'Autriche, la Russie et la Belgique. Les économats y fonctionnent tels que nous les avons décrits avec le système de la vente à crédit, mais ils sont soumis à une réglementation variable suivant les pays, destinée à prévenir les abus et à compléter le système répressif du Truck. — C'est en Allemagne qu'a pris naissance la réglementation. La première loi sur l'industrie, en 1869, n'autorisait que la vente au comptant; mais la loi du 17 juillet 1878 vint déclarer que la vente des aliments à crédit était permise, pourvu qu'elle fût faite au prix d'achat; la vente des vêtements et autres fournitures qu'on peut se procurer dans les économats ne semble autorisée qu'au comptant : « Les patrons ne doivent pas vendre à leurs ouvriers de marchandises à crédit ». (art. 115[1]). — La loi autrichienne de 1885 contient une pres-

[1] Voir sur les effets de cette loi les discours de Metzner et Bebel au Reischtag au cours de la discussion de la loi sur l'industrie en 1891, rapportés par Bellom, *loc. cit.*, pag. 300. — L'économat, dans la pratique, sert à tourner la prohibition du paiement en nature : les ouvriers sont payés en bons ou jetons sur l'économat : ils ne touchent pas d'argent.

cription analogue : « La fourniture d'aliments dont le prix est prélevé sur le salaire peut faire l'objet d'une convention entre l'industriel et l'ouvrier, à condition que le prix ne soit pas supérieur au prix d'achat. Les industriels n'ont pas le droit de fournir à crédit aux ouvriers, en prélevant le prix sur le salaire, d'autres objets et marchandises et notamment des boissons spiritueuses ». (art. 78). — En Russie on ne se contente pas de la vente au prix de revient : les prescriptions y sont plus sévères à raison des graves abus constatés. L'ouverture d'un économat n'est permise qu'avec l'autorisation de l'inspecteur, en outre la liste des objets pouvant être vendus est approuvée par l'inspecteur ; et le prix en est affiché dans le magasin (art. 28 *in fine* du règlement sur les fabriques). La pratique paraît avoir encore ajouté à ces prescriptions : « Les prix doivent être approuvés par l'inspecteur et sont affichés chaque mois. Si le fabricant ne fait pas approuver les prix mensuels des marchandises, sa boutique est fermée pour toujours ; les prix ne doivent pas dépasser les prix du marché[1] ». Aussi, les résultats ont-ils été excellents : « On est parvenu à fournir les produits à meilleur marché qu'en ville. Quelques-unes de ces boutiques font maintenant des affaires considérables. Dans celle qui est annexée à la manufacture de Bogorodski-Gloukhow, où il y a plus de 9,000 ouvriers, la vente a été de 1.140.000 roubles en 1889 ; dans la fabrique Struve, elle a été de 600,000 roubles ; dans le Ramenskoé de 406,825 roubles ». Dans ce pays où le commerce est arriéré et les sociétés coopératives peu répandues, les économats sont fort utiles ; cependant la loi cherche

[1] *Rapport sur les conditions du travail en Russie*, pag. 86-87.

à favoriser les sociétés coopératives en les dispensant de toute autorisation préalable. — En Belgique également, la vente dans les économats est soumise à de multiples prescriptions eu égard à l'usage fréquent du Truck. 1° Il faut une autorisation de la députation permanente qui prend l'avis du conseil local de l'industrie et du travail (art. 3, § 1 et 3) ; 2° les fournitures doivent être faites au prix de revient (art. 3, § 1)[1] ; 3° la fréquentation de l'économat doit être libre (art. 6). Enfin, l'autorisation est révocable pour cause d'abus (art. 3). En présence de ces garanties, il a semblé au législateur qu'il pouvait se montrer plus large quant aux fournitures à faire ; aussi autorise-t-il la fourniture à crédit, non seulement des denrées, mais aussi des vêtements (art. 3, § 1)[2].

Le troisième groupe comprend l'Angleterre, la Hongrie et la France : les économats y sont permis, mais le paiement par compensation est interdit, la vente a lieu au comptant. — La loi anglaise est la plus dure de toutes : « Le patron ne peut déduire des gages dus à un ouvrier le prix des denrées qui lui auraient été livrées dans un magasin appartenant à lui patron ou à quelque personne dépendant de lui, et de telles livraisons, si elles ont eu lieu, ne donnent au patron ou à son agent aucune action contre l'ouvrier (art. 5, § 1) ». Ainsi non seulement les retenues sont prohibées, mais on refuse au patron toute action en paiement. Cette sévérité s'explique dans un pays où l'on faisait au Truck une guerre

[1] Mais la vente est permise au prix du commerce pourvu que les bénéfices soient répartis entre les ouvriers (circulaire ministérielle du 19 décembre 1887). — V. Bodeux, *loc. cit.*, pag. 115.

[2] M. Magnette, député de Liège, a déposé le 8 janvier 1895 une proposition portant abrogation de l'article 3, et par suite suppression des économats.

acharnée ; les économats sont possibles ; mais on est à peu près sûr que la vente n'y aura pas lieu à crédit[1]. — La loi hongroise est analogue à la loi anglaise : « Le fabricant n'a pas le droit de fournir à crédit aux ouvriers des marchandises ou des boissons spiritueuses (art. 118)» ; le paiement des fournitures faites à crédit à l'ouvrier ne peut être poursuivi par le chef de la fabrique ni par les voies judiciaires, ni par prélèvement sur le salaire (art. 119). — La loi française déclare, nous l'avons déjà vu, qu'« aucune compensation ne s'opère au profit des patrons entre les salaires dus par eux à leurs ouvriers et les sommes qui leur seraient dues à eux-mêmes pour fournitures » (art. 4) ; mais, à la différence des lois anglaise et hongroise, elle ne refuse pas au patron l'exercice d'une action en paiement. — Cette disposition a fait l'objet de longs travaux préparatoires que nous allons rappeler.

M. Maxime Lecomte, dans sa proposition sur le règlement des salaires du 20 janvier 1890, avait essayé de remédier aux inconvénients des économats par une réglementation très minutieuse. Ou bien les fournitures devaient être faites à prix de revient, ou bien les bénéfices être intégralement répartis chaque année entre les ouvriers proportionnellement au compte de chacun d'eux à l'économat (c'était une application des principes coopératifs). En outre, une délégation de trois membres nommée chaque année par les ouvriers devait vérifier l'accomplissement de ces conditions et pouvait demander la publication dans un journal des comptes et du bilan de l'économat. Nous n'examinerons pas en détail cette proposition, qui n'a qu'un intérêt rétrospectif ; nous ferons sim-

[1] Le Truck bill, adopté en première lecture par la Chambre des communes, soumettait les économats à un contrôle sévère.

plement remarquer que la vente au prix de revient aurait soulevé de la part du commerce de nombreuses protestations ; et que l'institution légale d'une commission ouvrière de surveillance aurait été fort probablement une nouvelle source de conflits. M. Lyon-Caen, dans le rapport dont nous avons déjà parlé à diverses reprises, se prononçait pour la liberté absolue des économats, et déclarait entre autres qu'on ne pouvait imposer la vente au prix de revient, ce qui serait mettre à la charge du patron les frais généraux de l'économat. La question fut ensuite reprise par le Conseil supérieur du travail dans sa session du mois de février 1891, et longuement étudiée par lui. Voici en quels termes M. Jules Simon résumait en séance les motifs qui avaient guidé la commission d'études dans le choix de la solution adoptée par elle : « La question des économats a beaucoup préoccupé la commission. Au fond, la commission préfère les associations coopératives aux économats ; mais elle reconnait que les bons économats rendent des services considérables et que, dans certains cas, ils sont d'autant plus nécessaires qu'une association coopérative ne peut pas se fonder. D'autre part, on ne peut pas se dissimuler que l'économat peut être une branche d'industrie ajoutée par le patron à son industrie principale ; c'est-à-dire qu'il peut avoir fondé un économat pour, en tant que marchand, en retirer des bénéfices qu'il ajoutera à ceux qu'il réalise comme industriel. Nous ne pouvons pas empêcher les ouvriers de nourrir quelque suspicion contre ces établissements, même quand ils sont bien gérés, et c'est là un inconvénient assez sérieux. Par conséquent, nous n'avons pas voulu faire d'exception en faveur des économats..... Le principe qui nous a guidé est celui-ci, faire rentrer les économats sous le régime du droit commun et ne pas leur accorder un régime exceptionnel »[1].

La solution proposée par le Conseil du travail a été adoptée par le Parlement : le paiement par compensation est interdit ; le patron, du moment qu'il joue le rôle de commerçant, est assimilé aux autres commerçants et n'a plus vis-à-vis d'eux ni vis-à-vis de ses ouvriers, la situation privilégiée dont il jouissait ; il cumulait sur sa tête deux qualités distinctes, il remplissait deux rôles essentiellement différents ; on ne s'y oppose pas, mais on le traite comme si ces rôles étaient tenus par deux personnes distinctes : ce n'est que justice. — Mais, dit-on, interdire la compensation, c'est supprimer les économats. — Nullement, c'est modifier leur mode de fonctionnement ; il est certain que l'inscription des fournitures sur un livret réglé au moment de la paye n'est plus possible et que l'avantage que nous avions mis au compte des économats d'immobiliser une partie du salaire au profit de la famille est supprimé ; si la vente continue à avoir lieu à crédit, le patron pourra être exposé à tous les déboires des autres commerçants, et en sera réduit à poursuivre en justice son débiteur récalcitrant. Mais pourquoi l'économat ne subsisterait-il pas en exigeant le paiement au comptant ? « Nous envisageons », dit M. Jules Simon, « cette conséquence sans aucun effroi ; nous croyons le procédé du comptant préférable au crédit ; nous pensons que l'habitude de payer ses dépenses en même temps qu'on les fait est d'ordre moral, et qu'à tous les points de vue il est du plus grand intérêt pour l'ouvrier qu'il en soit ainsi. Nous ne regrettons donc pas qu'il se trouve placé en face de cette obligation »[2].

[1] *Conseil supérieur du travail*, 1re session, pag. 81-82.
[2] *Loc. cit.*, pag. 82.

Ainsi interdiction du paiement par compensation ; suppression de la vente à crédit dans les économats ; d'où acquisition par l'ouvrier de qualités de prévoyance et par suite possibilité pour lui de conquérir son indépendance, voilà les effets de la loi française.

Cependant elle n'a pas paru suffisante aux socialistes qui, dans la discussion du projet de loi sur les sociétés coopératives, ont déposé l'amendement suivant : « Les économats des Compagnies de chemins de fer, de mines et de toutes sociétés industrielles sont interdits, même lorsqu'ils prennent le titre de coopératives. Les propriétaires et directeurs d'usines, de fabriques et de toutes industries ne pourront directement ou indirectement participer à l'administration d'une société coopérative de consommation». L'amendement fut repoussé par la Chambre. Cependant il résulte d'un article du projet, ainsi que nous l'avons déjà indiqué, que les administrateurs doivent être élus par les coopérateurs et pris parmi eux ; — d'autre part, il est une catégorie d'économats placés dans une situation spéciale, les économats des Compagnies de chemins de fer : « Les économats des Compagnies de chemins de fer jusqu'au jour de leur transformation seront tenus aux obligations imposées à ces sociétés et jouiront des avantages qui leur sont accordés par la présente loi, à la condition de ne se livrer à aucune opération de commerce et de ne procurer aucun bénéfice aux Compagnies. Ces économats seront soumis à la surveillance de l'État.» (art. 30, § 4, voté dans la séance de la Chambre du 27 avril 1893) [1]. Dans la séance du 7 mai 1894, la Chambre a ajouté

[1] Du reste, il ne subsiste déjà plus que quatre économats des Cies de chemins de fer : l'Etat en possède un à La Rochelle, l'Ouest à Paris l'Orléans à Ivry, et le Midi à Bordeaux. Ils sont tous en voie de transfor-

la pres :ption suivante : « La transformation aura lieu dan. le délai d'un an [1] ».

Ainsi la transformation des économats en société coopératives se poursuit assez rapidement ; c'est là chose excellente que tout le monde est heureux de constater [2].

mation. Dans les Cies de l'Est et du P.-L.-M., il n'y a plus d'économats, il n'y a que des sociétés coopératives gérées par les employés. — V. du Maroussem ; *Halles centrales de Paris et commerce de l'alimentation*, pag. 194-199, la description de l'économat de la Cie d'Orléans.

[1] On sait que le projet de loi relatif aux sociétés coopératives vient encore d'éprouver un échec au Sénat, qui a voté une disposition refusant d'exonérer les sociétés coopératives de la patente (V. *Revue d'économie politique* de mai 1896 : Charles Gide ; *Chronique économique*, pag. 501-503). — Du reste, il se produit en ce moment un grand mouvement contre les sociétés coopératives dans le but de protéger le petit commerce. C'est ainsi qu'une loi interdisant de vendre aux personnes non sociétaires vient d'être votée en Allemagne.

[2] Voici un tableau des résultats obtenus par les sociétés coopératives de consommation dans les principaux pays de l'Europe :

	DATE de la statist.	NOMBRE des sociétés exist.	NOMBRE de celles qui ont fourni un rapport	NOMBRE des membres	CHIFFRE des ventes	BÉNÉFICES nets
Angleterre	1893	1655	1655	1.298.587	1.260.000.000f	116.900.000f
Allemagne	1895	1412	417	268.380	97.086.431	9.382.863
France ...	1894	1089	393	219.805	73.959.100	
Italie.....	1889	681	174		11.027.153	333.297
Autriche..	1894	127	116	45.327	14.227.850	839.554
Suisse....	1894	120	38	35.000		
Pays-Bas.	1894	60	25	12.733	3.379.000	

Ce tableau a été fait en prenant les derniers résultats statistiques de nous connus. V. *Almanach de la Coopération française*, années 1893, 1894 et 1895, et *Bulletin de l'Office du travail*, février et mars 1894, mars 1895, février 1896. — La coopération est très développée en Belgique, mais nous n'avons pu trouver de statistique relative à ce pays.

V., sur cette question, Ch. Gide ; *Le mouvement coopératif en France dans les dix dernières années* (*Revue d'économie politique*, janvier 1893) : Ch. Gide ; *La première statistique des sociétés coopératives de consommation en France* (*Revue d'économie politique*, septembre-octobre 1894). — Paul Leroy-Beaulieu ; *loc. cit.*, tom. II, pag. 567-588. — Cauwès ; *Cours d'économie politique*, tom. III, pag. 299-307. — Nombreux articles dans la *Revue d'économie politique*.

Nourriture.

Il est d'usage en beaucoup de pays de nourrir les ouvriers de la fabrique ou du moins de leur faciliter les moyens de se nourrir, en mettant à leur disposition soit des cuisines-réfectoires, où ils préparent eux-mêmes leurs aliments, soit des cantines ou des pensions alimentaires, où ils peuvent à bas prix, 1 fr. par jour par exemple, se procurer une nourriture saine. Cette coutume, très favorable surtout aux célibataires, est répandue dans toute l'Europe centrale, particulièrement en Suisse, où des cantines existent dans de nombreux établissements [1]. Elle ne semble pas avoir donné lieu à des abus, car toutes les législations l'autorisent, à condition que le prix de la pension ne soit pas supérieur au prix de revient moyen : loi anglaise (art. 5), loi allemande (art. 11), loi hongroise (art. 118), loi autrichienne (art. 78), loi russe (art. 15). A plus forte raison est-elle admise dans les pays où la loi ne s'en occupe pas. Cependant une loi sur les auberges du canton de Bâle-Ville du 19 décembre 1887 exige une autorisation spéciale pour l'ouverture des cantines de fabriques établies pour les seuls ouvriers d'un établissement industriel (art. 10).

En France, l'usage des cantines est très peu répandu. C'est à peine si on pourrait en citer quelques exemples dans des endroits écartés où elles constituent une nécessité, dans des chantiers de construction de chemins de fer par exemple. Il semble évident que cette fourniture tombe sous le coup de la loi du 12 janvier 1895 et

[1] V. Hubert Brice ; *Les institutions patronales*, pag. 218-219.

que le paiement par compensation est interdit. Mais cela n'empêche nullement l'institution de cantines : le patron, au lieu de retenir le montant de la nourriture fournie, n'aura qu'à en exiger le paiement au comptant[1].

[1] Ceci était déjà écrit quand nous avons lu dans le rapport de M. Aubert, Consul de France à Pretoria, sur la situation des mines du Transvaal en 1895, les lignes suivantes qui viennent à l'appui de tout ce chapitre : « Dans nombre de mines, il existe, à proximité de l'exploitation, des cantines et des magasins, patronnés par les compagnies, où l'on pousse les nègres à dépenser tout leur argent pour les empêcher de s'amasser un petit pécule, afin de les retenir plus longtemps ; ou bien on les oblige, dans le même but, à se pourvoir à des prix excessifs, dans les magasins des compagnies qui les emploient, de tous les objets qui sont nécessaires. Au lieu de favoriser l'épargne et l'économie chez les nègres, on les exploite de toutes les façons, et, après quelques mois de travail, ils s'en retournent dans leurs tribus à peu près aussi pauvres que quand il sont venus. Si le gouvernement intervient, on l'accuse de despotisme et d'atteinte à la liberté du commerce. »

CHAPITRE II

Logements

Le patron fournit souvent aussi le logement à ses ouvriers. La question du logement est à la fois une des plus importantes et des plus délicates dont nous ayons à nous occuper. Examinons d'abord l'intérêt qu'elle présente à divers points de vue. Nous nous occuperons ensuite des solutions qui lui ont été données.

Le rôle que joue le logement est des plus importants, soit au point de vue physique, soit au point de vue moral, soit au point de vue économique. — Au point de vue physique, est-il nécessaire de rappeler l'influence de la plus ou moins grande salubrité du logement, du plus ou moins grand nombre d'habitants par pièce sur le développement des épidémies, de la mortalité ? M. Bertillon, directeur de la statistique municipale de la ville de Paris, a fait d'intéressantes études sur la question du surpeuplement de l'habitation. En général, la mortalité s'accroît dans les quartiers où la population est dense: dans l'arrondissement du Temple par exemple, où l'on compte 764 habitants par hectare, la mortalité annuelle est de 21 décès par 1,000 habitants; tandis que dans l'arrondissement de l'Elysée, où il y a 280 habitants par hectare, la mortalité n'est que 13 par 1,000. — Mais ce qui importe surtout, c'est l'encombrement de l'habitation encore plus que l'encombrement du quartier; c'est ainsi, par exemple, que dans l'arrondissement de Ménilmontant, qui n'a que 269 habitants par hectare, mais dont, sur 1,000 habitants, 227 sont plus de deux par pièce de logement (M. Bertillon considère comme surpeuplé tout logement dont le nombre d'habitants est supérieur au double du nombre de pièces), la mortalité s'élève à 31 décès par 1,000, dont 5,5 décès phtisiques; l'arrondissement de l'Elysée, dont la population est cependant un peu plus dense, 280 habitants par hectare, mais dont les logements sont très peu surpeuplés (40 habitants seulement sur 1,000 sont plus de deux par pièce), n'a qu'une mortalité de 13 décès par 1,000 dont 1,7 décès phtisiques. D'après M. Bertillon, 14 % de la population parisienne reste ainsi en état d'encombrement, ce qui est très peu par rapport aux autres grandes villes de l'Europe : 28 % à Berlin et à Vienne; 31 % à Moscou; 46 % à Saint-Pétersbourg et 71 % à Budapest[1]. Ces logements ainsi encombrés, et malsains par cela seul, sont aussi ceux où règnent les plus mauvaises conditions hygiéniques : ils manquent d'air et de lumière, d'eaux et de cabinets d'aisance; ils sont sales et répandent des odeurs nauséabondes. Aussi, le docteur du Mesnil a-t-il pu dire : «Ce n'est pas seulement de la vertu, c'est de l'héroïsme qu'il faut à l'homme, forcé de loger dans ces bouges, pour ne pas y contracter la haine de la société »[2].

Si l'importance du logement est grande au point de vue hygiénique, non moindre est l'influence qu'il exerce

[1] Bertillon : *Le surpeuplement des habitations à Paris.*

En Angleterre, le surpeuplement n'est que de 11, 23 %, mais on ne considère comme surpeuplés que les logements qui ont plus de 3 occupants par pièce (*Bulletin de l'Office du travail*, janvier 1895, pag. 47).

[2] Dr du Mesnil; *L'habitation du pauvre à Paris.*

au point de vue moral. Le logis est-il désagréable? l'ouvrier rentrant de l'atelier n'aura qu'une pensée, s'en éloigner le plus vite possible, et aller chercher un peu de confort au cabaret, où il se livrera en compagnie de camarades à la boisson et deviendra la proie de l'alcoolisme : « Le logement hideux », a dit M. Jules Simon, « est le pourvoyeur du cabaret »[1]. Sur l'enfant, il a une influence analogue, il ira vagabonder dans les rues pour y trouver un peu d'air et de lumière. Enfin quel meilleur pourvoyeur de la prostitution que le logement étroit où la famille vit dans une promiscuité honteuse et où la jeune fille ayant perdu tout sentiment de pudeur se trouve prête à devenir la proie du premier venu[2]. — Pour peu, au contraire, que le logement soit sain, aéré, suffisamment vaste, on y vit avec plaisir. L'ouvrier trouve un intérieur propre et agréable ; il est moins tenté d'aller au cabaret ; la famille, au lieu de se désagréger, voit ses liens se resserrer : l'enfant ne va plus vagabonder, la morale se relève, le bien-être augmente et l'ouvrier se trouve heureux dans sa médiocrité.

Enfin au point de vue économique aussi la question du logement mérite d'être examinée. — Le loyer représente une part importante des dépenses de chacun ; mais cette part est peut-être plus grande encore pour les ouvriers que pour tous autres ; elle est, d'après les évaluations, du sixième au quart, ce qui représente certainement dans les budgets ouvriers une proportion bien

[1] Il serait superflu de rappeler les beaux travaux de M. Jules Simon sur les logements ouvriers. Voir particulièrement l'*Ouvrière*.

[2] M. Siegfried rapporte qu'en Belgique on a trouvé dans une même chambre le père, la mère et huit enfants dont quatre garçons et quatre filles ; trois filles étaient enceintes de leurs frères (*Conseil supérieur du travail*, 2e session, pag. 23).

supérieure à la moyenne. La charge est d'autant plus sensible pour les ouvriers que le terme ne revient qu'à intervalles plus ou moins longs; et qu'ils n'ont pas toujours la prévoyance de mettre de côté à chaque paye la somme destinée au loyer.

Tous ces inconvénients, bien loin de diminuer, ne font que s'accroître à raison de l'agglomération de la population dans les villes: la population urbaine qui, en 1846, représentait un peu moins du 1/4 de la population de la France (24, 42 p. %), en représente aujourd'hui un peu plus du tiers (35 %). L'entassement dans les maisons devient alors de plus en plus considérable, et l'ouvrier paie de plus en plus cher des logements toujours plus restreints. Le remède semble assez simple : élever des maisons saines, propres, aux appartements suffisamment grands et à bas prix.

Ce sont les patrons qui l'ont mis les premiers en pratique. Le problème du logement a été résolu par eux de trois manières différentes. Le patron peut louer des logements à ses ouvriers, ou bien leur vendre des maisons, ou bien leur faire des avances pour leur permettre de s'en faire construire. Le système de la location est un des plus usités : le patron fait bâtir soit de vastes maisons pouvant abriter plusieurs ménages, soit, ce qui est préférable, des maisons individuelles, puis les loue à ses ouvriers à des prix généralement très modiques, 4 à 5 fr. par mois. Au procédé de la location on peut substituer celui de la vente : pour faciliter aux ouvriers l'achat d'une maison, on ne leur demande pas le paiement immédiat, mais le versement de mensualités représentant à la fois le loyer et l'amortissement du prix de vente. Enfin dans d'autres cas c'est l'ouvrier lui-même qui se construit sa maison, et le patron se contente de lui avancer l'argent nécessaire à l'achat du terrain et à la construction. Ce système se rapproche beaucoup du précédent, bien qu'il lui soit supérieur, en ce que l'ouvrier fait preuve de plus d'initiative.

Ces divers modes de réalisation de l'habitation ouvrière par l'initiative patronale ont un inconvénient commun que nous avons déjà signalé du reste à propos des économats, et que nous retrouverons dans toutes les institutions patronales, c'est la dépendance où se trouve l'ouvrier à l'égard de son patron. « Ce grand nombre de maisons construites par les patrons constituent un système qui présente des inconvénients très fâcheux, en ce sens que la liberté des ouvriers est aliénée. Nous avons vu empêcher la distribution des journaux dans les cités ouvrières. Nous avons vu également les propriétaires de ces maisons organiser une police locale..... Les propriétaires des cités ouvrières pourront empêcher la distribution des bulletins de vote[1] ». Ce tableau est malheureusement trop souvent l'expression de la vérité. Voilà une des faces de cet état de dépendance dans laquelle l'ouvrier se trouve ainsi placé vis-à-vis de son patron. — Mais il en est d'autres, variables suivant qu'il s'agit d'une simple location ou d'un achat. L'ouvrier simplement locataire aura à tout moment la liberté de quitter l'usine, mais en cas de grève sera impitoyablement mis à la rue[2]. L'ouvrier propriétaire ou en train de le devenir est au contraire assujetti à l'usine par un lien puissant : il sacrifiera sa liberté au désir de conserver sa maison, et, contraint de quitter par suite de

[1] Lamendin (*Conseil supérieur du travail*, 2e session, pag. 16).

[2] Le 3 septembre 1894, à la suite d'une grève, 129 familles furent expulsées des locaux qu'elles occupaient à la verrerie Richarme, à Rive-de-Gier, et l'on pourrait citer bien des faits analogues.

renvoi ou de chômage, il se trouvera obligé de vendre, souvent à perte, le foyer à la constitution duquel il avait consacré toutes ses économies. Tels sont les inconvénients d'ordre moral que présentent les systèmes de location et de vente des maisons ouvrières dues à l'initiative patronale.

On a cité aussi quelques inconvénients d'ordre économique : en Angleterre surtout, il arrive que les patrons spéculent sur les logements ouvriers et font payer des loyers hors de toute proportion avec l'importance de l'habitation. D'autre part, il peut aussi arriver, dans le cas de vente, que l'achat se trouve interrompu par suite du départ ou du décès de l'ouvrier, ou de toute autre cause qui l'empêche de continuer ses versements : or, il arrive parfois que la partie des annuités payées représentative de l'amortissement n'est pas remboursée ; c'est là un usage tout au moins fâcheux.

Quels que soient ces inconvénients, nous estimons cependant que les avantages de ces habitations ouvrières, si elles sont véritablement édifiées dans des conditions d'hygiène et de salubrité satisfaisantes, et si le prix en est restreint, sont tels que les inconvénients signalés sont secondaires. C'est en France, croyons-nous, que l'idée a pris naissance. Dès 1835, M. André Kœchlin, maire de Mulhouse, faisait construire de petites maisons louées ensuite à bas prix à ses ouvriers. Depuis lors, l'institution a pris un assez grand développement. Des habitations ouvrières ont été construites dans les grandes compagnies industrielles : au Creusot, à Anzin, à Baccarat, à Blanzy, etc. ; et partout elles ont grandement amélioré la situation morale et économique de l'ouvrier. A l'étranger également, les habitations ouvrières patronales sont très répandues : aux États-Unis, on cite Pullmam City, bâtie près de Chicago, par le grand constructeur de wagons de luxe, et qui est peut-être la plus considérable de toutes les cités ouvrières.

Toutes les législations autorisent les retenues pour le loyer: les lois hongroise (art. 118) et autrichienne (art. 78) sans spécifier de conditions spéciales; la loi allemande (art. 115), au prix des loyers de la localité; la loi russe (art. 27 du règlement), en exigeant l'approbation préalable du tarif par l'inspecteur des fabriques. La loi anglaise soumet ces retenues aux règles ordinaires : convention écrite entre le patron et l'ouvrier, prix courant, vérification annuelle des comptes (art. 5 et 9). — La loi belge autorise également les retenues pour loyer, pourvu toutefois que les baux aient été librement conclus entre patrons et ouvriers (art. 2 et 6), et ce n'est pas là une formule vaine, car la justice déclare « qu'il appartient au patron d'établir la convention et les conditions dans lesquelles elle s'est opérée[1] ». La loi s'occupe en outre du cas où la maison est construite par suite d'une avance faite par le patron. Si l'avance est en argent, on applique les règles ordinaires : la retenue ne peut être au maximum que du cinquième du salaire. Mais il arrive parfois aussi que le patron vende à l'ouvrier un terrain à bâtir : la loi considère le prix de ce terrain comme une avance, et comme telle limite à un cinquième la quotité possible de la retenue (art. 7).

Quelle est la législation française à l'égard du logement? Les retenues pour paiement du loyer sont-elles licites? Nous ne le pensons pas en présence du texte

[1] V. Bodeux ; *loc. cit.*, pag. 114 : jugement du tribunal correctionnel de Verviers du 7 mars 1895.

formel de la loi du 12 janvier 1895 : « Aucune compensation ne s'opère au profit des patrons entre le montant des salaires dus par eux à leurs ouvriers et les sommes qui leur seraient dues à eux-mêmes» (art. 4).— Nous avons toutefois indiqué nos doutes : le logement rentre-t-il dans ce que l'on appelle vulgairement une fourniture? Mais il est si facile de tourner la prescription de la loi que la question en perd toute importance : l'ouvrier paiera son loyer immédiatement après avoir touché son salaire, il y aura simple modification de comptabilité. Il en sera de même pour le paiement des mensualités pour l'achat soit d'une maison, soit d'un terrain à bâtir. Quant aux avances consenties par le patron pour l'achat d'un terrain et la construction d'une maison, le patron ne peut s'en rembourser comme toute avance que par retenues successives d'un dixième du salaire (art. 5).

De même que nous avons vu les économats céder la place aux sociétés coopératives de consommation, de même en est-il pour les habitations ouvrières; ce ne sont plus les patrons aujourd'hui qui les font édifier, mais bien des sociétés privées ou des sociétés coopératives composées d'ouvriers qui se proposent, les unes et les autres, de créer des maisons salubres et à bas prix.

Ces habitations n'ont certes pas l'inconvénient que présentaient les cités patronales. Elles ne mettent pas l'ouvrier sous la dépendance de leur employeur. Mais elles ont toutefois, dit-on, le défaut d'augmenter l'antagonisme des classes. Voici en quels termes s'est exprimé M. Keufer sur ce point quand la question des habitations ouvrières a été discutée au Conseil supérieur du travail[1] : « Je considère

[1] M. Keufer est un ouvrier typographe et en même temps un des chefs de l'école positiviste. Les paroles qui suivent n'en ont que plus d'importance, sorties de sa bouche.

comme étant très mauvais pour l'avenir ce parcage des ouvriers (qu'on me passe le mot, mais il est exact). Ce système d'habitations exclusivement occupées par des ouvriers serait très funeste par ses conséquences sociales. On dit qu'il n'y a plus que deux classes : la bourgeoisie et les ouvriers. Eh bien ! il est regrettable, dangereux, funeste, d'empêcher le frottement, entre ces deux classes. Autrefois, des familles aisées vivaient avec les travailleurs à côté d'eux dans la même maison ; elles connaissaient leur vie privée, intime, elles savaient que ces travailleurs étaient des gens honorables, et elles venaient à leur aide quand la maladie, le malheur les frappaient. Il y avait alors de la solidarité sociale entre ces deux classes. Par votre système, vous arrivez à la séparation, à la division de ces deux classes : bourgeoisie et travailleurs, qu'il faudrait au contraire laisser toujours en contact. J'adresse donc à votre système le reproche de faire la division [1] ». Le mal signalé est indéniable : il y a aujourd'hui des quartiers nobles, des quartiers bourgeois, des quartiers ouvriers. Mais quelle en est la cause ? Il faut en chercher l'origine, croyons-nous, dans les grands travaux faits pour donner aux villes de l'air et de la lumière : les maisons construites en bordure des rues nouvelles ne contenaient plus de logements à assez bas prix pour les ouvriers ; ceux-ci obligés d'émigrer se réfugièrent dans des quartiers encore intacts ; c'est ainsi que la démarcation s'est effectuée, la bourgeoisie allant habiter les quartiers neufs, les ouvriers refoulés vers les faubourgs dans des maisons malsaines et chères, où ils se trouvent cependant encore en contact avec des commerçants, de

[1] *Conseil supérieur du travail*, 2e session, pag. 29.

petits employés. La construction de maisons ouvrières a pour effet d'écarter ces derniers ; les ouvriers restent isolés. Certes, c'est chose très fâcheuse ; mais est-ce suffisant pour les laisser dans des logements insalubres. Nous ne le pensons pas ; on peut toutefois essayer de pallier le mal de la manière proposée par le Conseil supérieur du travail : « Le conseil, frappé des inconvénients qui résultent au point de vue social et moral de l'agglomération des maisons ou logements ouvriers, émet le vœu : que les habitations ouvrières soient en général construites, en ce qui concerne les maisons individuelles, par petits groupes isolés répartis sur divers points de la commune, et, en ce qui concerne les maisons collectives ou cités, en constructions ne comprenant qu'un petit nombre de logements d'importance variée [1] ». C'est certainement là une précaution qui n'est pas à dédaigner.

Quant à l'union des classes, c'est par d'autres moyens qu'il faut la réaliser : il faut « aller au peuple », se mêler à lui, se préoccuper de ses besoins, faire en somme œuvre de solidarité ; et le contact perdu se produira de nouveau [2].

Cette question préalable résolue, il nous faut en examiner une autre qui n'est guère moins importante : à quel système doit-on donner la préférence, à la location où à la vente ? [3] La controverse est des plus vives. Il ne suffit pas, dit-on, que l'ouvrier soit locataire d'une maison salu-

[1] *Conseil supérieur du travail*, 2e session, pag. 248. — Dans le même but, le Conseil du travail a également émis le vœu, qui a été réalisé, que la loi portât le titre de loi sur les habitations à bon marché et non de loi sur les habitations ouvrières.

[2] C'est là une idée que nous ne faisons qu'indiquer ; nous ne pouvons examiner cette question, qui est trop en dehors du cadre de ce travail.

[3] Ces réflexions s'appliquent également aux maisons ouvrières patronales.

bre. Il doit en devenir propriétaire; il doit se donner pour but de se constituer un foyer, un « home ». Le moyen d'y arriver est simple : il suffit de payer des annuités représentant à la fois le loyer et l'amortissement; c'est le système du « loyer acquéreur » que les socialistes voudraient voir appliquer à tous les logements, pour mettre fin à la rente du propriétaire. Dès lors, les ouvriers « seront affranchis de ces terribles échéances qui sont pour tant de ménages une sorte de crise trimestrielle et comme une périodicité de désespoir[1] ». De plus, les ouvriers se sentiront rehaussés d'être ainsi devenus propriétaires. En outre, quel meilleur stimulant à l'épargne? N'est-il pas bien facile de se priver de quelques soirées au café, lorsqu'on habite un logement agréable? Mais ce n'est pas encore tout : l'achat d'une maison est aussi le meilleur mode de placement, le meilleur moyen pour l'ouvrier de se constituer une retraite; devenu vieux, il pourra offrir le logement à un de ses enfants qui en échange l'admettra à sa table, ou bien vendre sa maison, et cette vente s'effectuera généralement avec plus-value, du moins si la maison est dans la périphérie d'une ville importante. Ainsi, bien-être pour le présent, sécurité pour l'avenir, tels sont les avantages de l'achat d'une maison.

Mais cette solution rencontre de nombreux adversaires. C'est une mauvaise chose, dit-on, pour l'ouvrier, que de devenir propriétaire. D'abord cet achat par le système du « loyer acquéreur » exige un temps fort long, variable sans doute suivant l'importance des annuités, mais qui est presque toujours de 15 à 20 ans. Pendant cette période le

[1] V. Jaurès dans le journal *La Dépêche* du 3 octobre 1893, et Gide; *Le Néo-Collectivisme* (*Revue d'économie politique* de mai 1894).

décès peut survenir et l'œuvre rester interrompue. En outre l'ouvrier est absolument immobilisé: lui offrirait-on ailleurs des conditions plus favorables, il ne peut les accepter, enchaîné qu'il est dans la ville où il habite; il peut même être amené à subir des diminutions de salaire sans pouvoir y échapper. — Ce n'est pas là à nos yeux un vice rédhibitoire; si l'achat a été spontané et libre de sa part, s'il a été l'effet d'un acte réfléchi, l'ouvrier a dû en envisager le bon et le mauvais côté; s'il a préféré la stabilité à tout autre avantage, qu'importe!—Les autres arguments invoqués nous paraissent plus graves. Ce n'est pas là, dit-on, un bon moyen de se constituer une retraite: l'ouvrier qui achète une maison y emploie généralement toutes ses économies; dès lors il n'a plus un sou vaillant au moment de sa vieillesse et est complètement à la discrétion de ses enfants, ce n'est plus l'indépendance tant rêvée par lui pour ses vieux jours. Si d'autre part il est obligé de vendre, cette vente, bien loin d'avoir lieu avec plus-value, peut s'effectuer à perte [1]. — Enfin à la mort du propriétaire le foyer si péniblement constitué est détruit : les droits de succession sont élevés, le partage

[1] « Il n'est pas toujours prudent » dit M. Leroy-Beaulieu, « de pousser les ouvriers à devenir acquéreurs des maisons qu'ils habitent. Dans les très grandes villes où il y a beaucoup d'industries diverses et où toutes ne peuvent être atteintes à la fois, l'acquisition de maisons par les ouvriers n'a que des avantages, parce qu'ils peuvent toujours les vendre et en retirer la valeur. Dans les villes plus restreintes au contraire et qui dépendent d'une seule industrie, il advient fréquemment qu'une crise peut forcer l'ouvrier à partir définitivement, et, si cette crise est intense, si elle porte une atteinte définitive à l'industrie de la localité, ce qui n'est pas sans exemple, la population peut diminuer d'un tiers ou de moitié et les maisons ouvrières devenir invendables. » (Leroy-Beaulieu, *loc. cit.*, tom. II, pag. 380). — On ne peut que souscrire à ces conseils de prudence.

est indispensable, la vente devient obligatoire, la liquidation s'effectue alors dans des conditions déplorables.

Tels sont les arguments invoqués ; et certains faits paraissent leur donner raison. La question a fait l'objet d'une discussion des plus intéressantes au Congrès de la participation aux bénéfices en 1889. Or M. Dumergue, ouvrier de la papeterie coopérative Laroche-Joubert, a déclaré que ceux de ses camarades qui avaient ainsi placé leur épargne s'en étaient généralement mal trouvés ; — et M. David Schloss a fait une déclaration encore bien plus catégorique :«Ce serait une grande erreur de pousser les ouvriers dans cette voie. On ne fera plus de maisons particulières en Angleterre[1] ». Quoi qu'il en soit de ces appréciations, nous estimons qu'être propriétaire d'une maison ouvrière est au point de vue moral et social tout autre chose que d'en être locataire : c'est la forme la plus commode de l'accession de l'ouvrier à la propriété; et c'est là le but commun que se proposent aujourd'hui individualistes et collectivistes[2]. Ainsi le système de la location et celui de la vente se partagent la faveur et des économistes et aussi des ouvriers ; le mieux est de leur laisser libre choix, et c'est ce que font la plupart des sociétés qui se sont fondées pour la construction des habitations ouvrières.

Ces questions de principe discutées, nous allons maintenant passer en revue les solutions apportées dans les principaux pays à la question des logements ouvriers par les sociétés privées, les sociétés coopératives, l'Etat.

C'est en Angleterre que la lutte contre les logements insalubres a été la plus vive, et que les moyens les plus

[1] *Congrès de la participation aux bénéfices*, pag. 176 et 179.

[2] Voir articles précités de MM. Gide et Jaurès.

divers ont été employés, chose assez naturelle du reste, puisque c'est le pays où la population est la plus agglomérée dans les villes. 1° En 1864, Miss Octavia Hill, avec un capital très restreint, 19,000 fr. à l'origine, s'occupa de l'aménagement des logements existants, et en une vingtaine d'années arriva à avoir 3,000 locataires; elle avait transformé les logements insalubres et chers en logements sains et à bas prix, dont elle surveillait la propreté; elle s'était donné pour but de faire l'éducation à ce point de vue des ouvriers. 2° A la même époque, M. Peabody créait une fondation perpétuelle destinée, capital et revenus, à la construction de maisons ouvrières; d'une valeur totale de 12,500,000 fr. à l'origine, le capital atteignait 28,750,000 fr. le 31 décembre 1894. Toutes ces sommes servent à l'édification de maisons ouvrières à Londres ; en 1894, il existait 5,073 logements dans lesquels vivaient 19,918 personnes; la moyenne du loyer hebdomadaire d'un logement ressortait à 6 fr. 95 ; le nombre des naissances y était supérieur à la moyenne de Londres (36,3 pour mille contre 30) et le nombre des décès y était inférieur (15,7 pour mille au lieu de 18); c'est le meilleur éloge qu'on puisse en faire[1]. 3° D'autre part, il se créait des sociétés pour construire et louer des maisons ouvrières rapportant un intérêt assez élevé, 4 à 5 %, tout en étant salubres et à bon marché : il existe en Angleterre cinq grandes sociétés anonymes ayant dépensé plus de 12 millions en constructions[2].

[1] V. *Bulletin de l'Office du travail*, septembre 1895, pag. 539.

[2] Les principales sont : l'Association métropolitaine pour l'amélioration du logement des classes ouvrières, fondée en 1845 ; — la Cie des logements industriels améliorés (*Improved industrial dwellings Company*, fondée en 1863) ; — et la Cie des habitations d'artisans, d'ouvriers et des logements en général (*Artizans', labourers', and general dwellings Company*).

4° Enfin, et c'est là la meilleure solution du problème, il s'est fondé en Angleterre de nombreuses Sociétés coopératives de construction (*Building Societies*) ou plutôt de prêts : car elles prêtent au coopérateur le capital avec lequel il fera construire lui-même sa maison, selon son goût; en 1892, il existait 2,752 petites sociétés coopératives, comptant 605,000 membres et possédant un capital de 1500 millions; c'est par milliers que ces sociétés ont fait surgir des maisons ouvrières en Angleterre. 5° Mais tout ceci n'a pas paru suffisant au gouvernement anglais; le 18 août 1890 a été votée une loi venant codifier tout un ensemble de lois antérieures (de 1851 à 1885 non moins de 15 *acts* avaient été votés sur la question), en matière d'hygiène de l'habitation[1]. Elle impose aux municipalités la destruction des logements insalubres, mais les oblige à trouver auparavant, à construire, si besoin est, des habitations pour les familles qui se trouveraient privées de logis. En outre, en dehors de toute question d'hygiène, les municipalités ont le droit d'acheter ou de louer des maisons ou des terrains en vue de construire, d'aménager, de meubler des maisons ouvrières. Les villes de Glascow, de Birmingham, de Liverpool, de Manchester, etc., ont usé de la faculté qui leur était ainsi accordée. Voilà du socialisme municipal contre lequel protesteraient bien fort tous les libéraux français,

[1] Nous laissons de côté, dans cet exposé, toute la législation relative à l'hygiène de l'habitation proprement dite. Dans tous les pays existent des lois plus ou moins bien appliquées sur les logements insalubres (On sait qu'en France existe une loi relative à l'assainissement des logements insalubres, du 13 avril 1850, mais qui ne reçoit aucune application. — Une loi destinée à renforcer ses prescriptions a été votée par la Chambre des Députés au mois de juin 1893; — elle est en ce moment à l'étude au Sénat).

bien qu'il nous vienne de la libérale Angleterre.— Enfin, la loi autorise le gouvernement à faire des prêts à toute société commerciale ou industrielle et à tout propriétaire foncier pour l'amélioration des logements ouvriers : c'est du pur socialisme d'Etat[1].

Les autres pays n'ont fait en général qu'imiter une ou plusieurs des solutions adoptées par l'Angleterre.

Aux Etats-Unis, il s'est fondé de nombreuses *Cooperative building and Associations*; en 1894 leur nombre était de 6,000 et leur capital de plus de 2 milliards de francs : 450,000 à 500,000 ouvriers sont ainsi propriétaires de leur maison[2].

En Italie, c'est également par la coopération que le problème a été résolu ; mais d'une manière un peu différente de celle employée en Angleterre et aux Etats-Unis. La société coopérative, au lieu de prêter de l'argent à ses membres, fait construire elle-même la maison, puis la vend. C'est ainsi qu'en 1889 existaient en Italie 69 sociétés composées de plus de 9,000 actionnaires et ayant un capital de 20 millions 640,000 fr. ; les banques populaires et les caisses d'épargne leur prêtent en outre des capitaux[3].

En Allemagne, c'est par des cités patronales d'abord que de notables améliorations ont été apportées au logement ouvrier. Puis les communes se sont préoccupées de

[1] Le 4 mars 1896, la Chambre des communes a adopté en première lecture un bill autorisant les autorités locales à faire des prêts aux ouvriers pour l'achat et la construction de leurs habitations, à condition qu'ils habitent personnellement leur maison.

[2] Les sociétés des Etats-Unis sont en même temps que des sociétés de prêt foncier mutuel des sociétés d'épargne ; leur fonctionnement est assez compliqué (V. *Bulletin de l'Office du travail*, août 1894, pag. 424, et décembre 1894, pag. 643-644).

[3] V. Luigi Sbrojavacca ; *Des sociétés coopératives en Italie* (*Revue d'économie politique*, décembre 1892, pag. 1268).

la question. Depuis quelques années il s'est créé des sociétés de construction d'habitations ouvrières : à Magdebourg, Flensburg, Altona par exemple. Les sociétés coopératives de construction commencent aussi à se former; il en existe 124. Enfin, tout récemment, une loi du 5 août 1895 a consacré 5 millions à la construction, pour les ouvriers et petits employés de l'Etat, d'habitations à bon marché destinées à la location.

En Autriche, existent de nombreuses cités ouvrières patronales dans lesquelles des logements sont fournis aux ouvriers gratuitement ou loués à très bas prix. Une loi du 9 février 1892 est venue favoriser la construction de maisons ouvrières en les faisant jouir d'exemptions fiscales.

En Suisse, des maisons ouvrières ont été construites par des patrons, des sociétés de construction, et la ville de Berne; en 1894 il en existait 2,029, comprenant 5,910 logements, et abritant 29,560 personnes; 1,697 de ces maisons avaient été construites par les patrons, 356 par les sociétés de construction, 66 par la commune de Berne[1].

En Belgique, les patrons d'une part, des sociétés philanthropiques d'autre part, avaient créé des cités ouvrières. Mais les résultats acquis étaient insuffisants. Une loi du 9 août 1889 est venue considérablement développer le mouvement en faveur des logements salubres. Ses dispositions se résument en trois points : 1° organisation dans chaque circonscription administrative d'un comité de patronage chargé de s'occuper des intérêts ouvriers, non seulement des habitations ouvrières, mais aussi des institutions d'épargne et de prévoyance; 2° faculté donnée

[1] V. *Bulletin de l'Office du travail*, janvier 1895, pag. 48-49.

à la caisse générale d'épargne et de retraite de Belgique de consentir des prêts en faveur de la construction ou de l'achat de maisons ouvrières, comme aussi de traiter des opérations d'assurance mixte sur la vie, ayant pour but de garantir le remboursement à une échéance déterminée ou à la mort de l'assuré si elle survient avant cette échéance des prêts consentis pour la construction ou l'achat d'une maison d'habitation ; 3° octroi de faveurs fiscales aux maisons nouvellement construites. Cette loi, destinée à écarter certains des obstacles qui empêchent l'ouvrier de devenir propriétaire d'une maison, a donné la plupart des résultats qu'on en attendait; entre la caisse d'épargne et l'ouvrier sont venues s'interposer soit des sociétés de construction qui font bâtir des logements à bon marché, soit des sociétés de crédit qui se contentent de fournir à l'ouvrier les fonds nécessaires à la construction de maisons. En 1894, il existait 67 sociétés ayant contracté des emprunts à la caisse générale d'épargne et de retraite belge ; le montant total des prêts en cours s'élevait, au 31 décembre, à 8,078,104 fr., ainsi répartis[1] :

Nature des Sociétés		Nombre de Sociétés	Sommes avancées
Sociétés de crédit	Anonymes..	41	6.419.814 fr.
	Coopératives	6	727.840
Sociétés de construction	Anonymes..	16	910.300
	Coopératives	1	20.150

En France, pendant très longtemps, on s'en est tenu aux institutions patronales qui, il est vrai, ont pris un grand développement, surtout dans les villes purement

[1] V. *Bulletin de l'Office du travail*, 1895, pag. 590.

industrielles: le Creusot, Anzin, Blanzy, etc. Mais ce n'est que depuis peu que l'initiative privée s'est occupée de la question. Sans doute, déjà en 1851 une Société des cités ouvrières s'était fondée à Mulhouse, sous les auspices de M. Jean Dollfus et avait organisé la vente des maisons par annuités. Mais pendant près de vingt ans cette tentative resta isolée. Aux environs de 1870, trois nouvelles sociétés se créèrent : à Lille (1867), à Reims (1870), au Hâvre (1871); et la société de Reims (fait à noter) était une société coopérative. De nouvelles sociétés prirent naissance à Bolbec (1878), Orléans (1879), Paris (1882), Reims (1882). Mais c'est surtout depuis 1885 que l'attention s'est portée vers la question des logements ouvriers; depuis lors, chaque année, des sociétés se fondent dans la plupart des grandes villes. à Rouen, à Lyon, à Marseille, etc.; dans ces deux dernières villes, les caisses d'épargne ont largement contribué à l'œuvre en souscrivant des actions avec leur fonds de réserve. A Paris, on a essayé à la fois le système des grandes maisons destinées à être louées et celui des petites maisons séparées, destinées à la vente. Le système fut expérimenté par la Société philanthropique, à qui M. Heine offrit, en 1888, un don de 750,000 francs Sur la proposition de M. Georges Picot, il fut décidé de consacrer cette somme à la création de maisons ouvrières. Quant à l'administration des fonds, on imita la fondation Peabody : les rentes et intérêts sont employés au développement de l'œuvre; en 1892, trois grandes maisons à sept étages existaient déjà et on en construit de nouvelles. Le second système avait été employé, dès 1882, par la Société des habitations ouvrières de Passy-Auteuil qui a construit déjà une cinquantaine de maisons. En 1889, une troisième société est venue apporter son concours, la Société anonyme des habitations économiques de Paris [1].

[1] Voici le tableau des sociétés de construction existant en France en 1894 avec la date de leur fondation.

Il est emprunté au Bulletin de la société française des habitations à bon marché, année 1895, pag. 410-411.

Villes	Date de fondation	Nom des Sociétés	Nature des maisons
Mulhouse.	1851	Société Mulhousienne des cités ouvrières	Petites.
Lille......	1867	Société immobilière de Lille............	—
Reims....	1870	Union foncière de Reims (coopérative).	—
Le Hâvre.	1871	Société Hâvraise des cités ouvrières....	—
Bolbec....	1878	Société des cités ouvrières de Bolbec...	—
Orléans...	1879	Société immobilière d'Orléans..........	—
Paris.....	1882	Soc. des habit. ouvr. de Passy-Auteuil.	—
Reims....	1882	Soc. Rémoise des habitat. à bon marché	—
Rouen....	1885	Société immobilière des petits logements	Collectives.
Rouen....	1887	Soc. Rouennaise des habit. à bon marché	Petites.
Lyon	1888	Société de logements économiques......	Collectives.
Paris.....	1888	Société philanthropique (fondat. Heine).	—
Epinal....	1889	Société des habitat. ouvrières d'Epinal..	Petites.
Marseille .	1889	Soc. des habit. salubres et à bon marché.	—
Paris.....	1889	Soc. anonyme des habit. écon. de Paris.	Collectives.
Belfort....	1890	Soc. Belfortaine des habit. à bon marché	Petites.
Xeulley...	1890	Société foncière de Xeulley.............	—
St-Denis..	1891	Soc. et habit. économiques de St-Denis.	Pet. et col.
La Rochel.	1891	Soc. Rochelaise des habit. à bon marché.	Petites.
Oullins ...	1891	Cottage d'Oullins......................	—
Rosendael	1891	Cité Gabrielle..........................	—
Marseille .	1891	La Pierre du foyer (coopérative)........	—
Nancy....	1892	Société immobilière Nancéienne........	Collectives.
Sens......	1892	Société d'habitations à bon marché.....	Petites.
Beauvais..	1892	Cottages de la rue Tétard..............	—
Bordeaux.	1893	Soc. Bordelaise des habit. à bon marché.	—
Athis.....	1894	Cottage d'Athis (coopérative)...........	—
Longwy. .	1894	Soc. et habit. à bon marché de Longwy.	—
Valentign.	1894	Soc. immob. de Valentigney (coopérat.).	—
St-Denis..	1894	Le Coin du feu (coopérative)...........	—
Roubaix..	1894	Ruche Roubaisienne....................	—

A ces sociétés il faut ajouter les Compagnies de l'Est, du Nord, de l'Orléans et du P.-L.-M.; — Anzin, Baccarat, Blanzy et la Vieille-Montagne; — plus vingt manufacturiers ou particuliers qui ont aussi fait construire des habitations ouvrières; et le tableau est, croyons-nous, fort incomplet encore pour ces derniers.

Un dernier pas restait à faire, c'était d'acclimater en France les sociétés coopératives de construction. Sans doute, l'Union foncière de Reims existait depuis 1870 ; mais le souvenir s'en était perdu. C'est à Marseille, grâce à l'initiative de M. Rostand, que fut fondée une nouvelle société, la Pierre du foyer, qui fonctionne depuis 1891 ; elle construit elle-même les maisons, puis les loue à ses membres qui, pour devenir propriétaires, doivent prendre autant d'actions de la Société qu'il en faut pour solder la maison. — Depuis lors, trois nouvelles sociétés se sont constituées : le Coin du feu à Saint-Denis; la Société immobilière de Valentigney, Beaulieu et Terre-Blanche (Doubs); le Cottage d'Athis. — La Société de Valentigney a été fondée par les ouvriers de l'usine des « fils de Peugeot frères » ; elle est une marque de cet esprit nouveau que nous avons déjà signalé à propos des économats ; au lieu de créer des cités ouvrières, les patrons incitent leurs ouvriers à « *fara de se* » et à prendre eux-mêmes l'initiative des améliorations qui peuvent être apportées à leur vie.— Le Cottage d'Athis a été créé à Athis-Mons (Seine-et-Oise) en avril 1894 par de petits employés de la Compagnie des chemins de fer d'Orléans ; déjà dix-neuf maisons ont été construites et sont habitées; vingt-cinq autres sont en construction.

Tels sont quelques-uns des résultats acquis depuis une dizaine d'années. Mais il a paru bon de venir en aide à l'initiative privée, d'imiter l'exemple de la Belgique, de l'Angleterre, de l'Autriche, qui, par des lois appropriées, ont favorisé la création d'habitations à bon marché. C'est dans ce but qu'a été proposée et votée la loi du 30 novembre 1894 sur les habitations à bon marché. Les dispositions de la loi peuvent être rangées sous cinq chefs différents : 1° création de comités de patronage; 2° autorisation accordée à certains établissements publics de prêter des capitaux aux sociétés de construction; 3° réduction d'impôts ; 4° création d'assurances sur la vie destinées à garantir le paiement de la maison ; 5° modification des règles relatives au partage.

1° Il peut être établi dans chaque département un ou plusieurs comités des habitations à bon marché. Leur mission est d'encourager la construction de maisons salubres et à bon marché ; ils peuvent aussi distribuer des prix d'ordre et de propreté, et employer tous les moyens de nature à provoquer l'initiative en faveur de la construction et de l'amélioration des maisons à bon marché (art. 1, 2, 3, 4).

2° Il importe de mettre des capitaux à la disposition des sociétés de construction. Sans doute, il y a les capitaux privés ; mais ils ne paraissent guère familiarisés avec ce mode de placement. On aurait pu aussi comme en Angleterre, s'adresser aux budgets de l'Etat et des Communes [1] ; une disposition semblable aurait certainement empêché le vote de la loi. On a donc songé à employer les fonds de quelques établissements publics. Voici ce qu'on a pu obtenir : (A) La Caisse des Dépôts et Consignations est autorisée à employer jusqu'à concurrence du cinquième la réserve provenant de l'emploi des fonds des caisses d'épargne en *obligations négociables* des sociétés de construction et des sociétés de crédit qui, ne ne construisant pas elles-mêmes, ont pour objet de faciliter l'achat ou la construction de ces maisons (art. 6, § 2).

[1] Des propositions ont été déposées à diverses reprises au Conseil municipal de Paris, entre autres le 15 mars 1896, pour demander l'édification de maisons ouvrières ; elles n'ont jamais abouti.

(B) Les Caisses d'Epargne privées peuvent employer la totalité du revenu de leur fortune personnelle et le cinquième du capital de cette fortune en *acquisition ou construction* d'habitations à bon marché, en *prêts hypothécaires* aux sociétés de construction ou de crédit, et en *obligations* de ces sociétés ; pourvu toutefois que les institutions existent dans le département où les caisses fonctionnent (art. 10, § 2 de la loi du 20 juillet 1895 sur les caisses d'épargne). (C) Le même emploi en *prêts hypothécaires* ou en *obligations* peut être fait avec autorisation du préfet jusqu'à concurrence du cinquième de leur patrimoine par les bureaux de bienfaisance, hospices et hôpitaux. Ils peuvent aussi, comme les caisses d'épargne, et toujours dans la limite du cinquième de leur fortune, *construire* eux-mêmes des maisons à bon marché (art. 6, § 1). Cette dernière disposition, des plus intéressantes, a été adoptée à l'exemple de la Belgique, où les bureaux de Mons, de Wavre et de Nivelles ont pratiqué cette idée avec succès.

3° De nombreuses exemptions fiscales sont destinées à favoriser la construction d'habitations à bon marché. (A) Pendant cinq ans, les maisons sont affranchies des contributions foncières et des portes et fenêtres, pourvu que ce soient des maisons à bon marché, c'est-à-dire qu'elles répondent à certaines conditions fixées par la loi (art. 9). (B) Les droits de mutation peuvent être perçus en cinq annuités (art. 10). (C) Les sociétés de construction ou de crédit sont dispensées des droits de timbre et d'enregistrement pour les actes nécessaires à leur constitution et à leur dissolution (art. 11) ; elles sont exemptées de la patente et partiellement de l'impôt sur le revenu (art. 13), pourvu que les dividendes annuels soient limités à un chiffre maximum de 4 °/₀ (art. 11, § 2).

4° Nous avons vu qu'un des plus grands obstacles à l'acquisition de maisons par l'ouvrier était la durée nécessaire à l'amortissement (elle est en moyenne de 20 ans); pendant ce long espace de temps, le décès peut survenir et le but espéré n'est pas atteint. Pour parer à cet inconvénient, la loi « autorise la Caisse nationale d'assurances en cas de décès de passer, avec les acquéreurs ou les constructeurs de maisons à bon marché, qui se libèrent du prix de leur habitation au moyen d'annuités, des contrats d'assurances temporaires ayant pour but de garantir à la mort de l'assuré, si elle survient dans la période d'années déterminées, le paiement des annuités restant à échoir (art. 7)[1] ». De cette façon, le père est sûr de laisser à ses enfants un foyer dont la constitution a été probablement la préoccupation constante de sa vie : les sacrifices qu'il s'est imposés pour l'acquérir, n'auront pas été vains.

5° Le foyer une fois constitué, il importe que la mort du père ne vienne pas en provoquer la destruction. Or, notre régime successoral est destructif du foyer domestique : il édicte le partage en nature (art. 826) ; au décès, la maison doit donc être vendue, et, s'il se trouve des mineurs parmi les héritiers, vendue en justice (art. 827), ce qui provoque, on le sait, des frais énormes ; on ne peut même maintenir l'indivision jusqu'à la majorité que du consentement de tous les héritiers (art. 815). La loi remédie à ces divers inconvénients. (A) L'indivision peut être maintenue par le juge de paix pendant cinq ans à la demande des descendants ou de l'époux survivant ; et s'il

[1] La loi belge est plus large : au lieu d'une assurance sur la vie, elle autorise des assurances mixtes ayant aussi pour but de garantir le paiement à une échéance déterminée ; mais les primes de cette assurance sont plus élevées.

y a des mineurs, pendant cinq années à partir de la majorité de l'aîné des mineurs, sans que sa durée totale puisse excéder dix ans, à moins d'un consentement unanime ; le partage entre héritiers mineurs peut être ainsi supprimé. (B) D'autre part, et c'est là la plus grave atteinte au code civil, chacun des héritiers, et le conjoint survivant, s'il a un droit de copropriété, a la faculté de reprendre la maison sur estimation [1] : le partage en nature n'est plus indispensable.

Ces deux dispositions sont des plus heureuses et peut-être serait-il bon de les étendre. Leur domaine est, en effet, singulièrement limité ; sans doute elles sont applicables à toute maison, quelle que soit la date de sa construction [2], dont le revenu net imposable à la contribution foncière n'excède pas les limites fixées par la loi [3], aussi bien par conséquent à la maison d'un agriculteur que d'un ouvrier industriel [4] ; mais ce n'est qu'au décès

[1] Lorsque plusieurs intéressés veulent user de cette faculté, la préférence est accordée d'abord à celui que le défunt a désigné, puis à l'époux, s'il est propriétaire pour moitié au moins. Toutes choses égales, la majorité des intéressés décide. A défaut de majorité, il est procédé par voie de tirage au sort (art. 8, 2°).

[2] Des doutes s'étaient élevés sur ce point. L'article 3 de la loi du 31 mars 1896 est venu y mettre fin. Cette loi a également modifié certains points de détail des articles 5 et 11 de la loi de 1894.

[3] Le revenu net maximum varie d'après la population des communes.

[4] La loi n'est pas très explicite à cet égard ; nous pensons cependant pouvoir l'interpréter ainsi. Elle s'applique en effet aux maisons construites « soit par des particuliers ou des sociétés, en vue de les louer ou de les vendre à échéance fixe ou par paiements fractionnés à des personnes n'étant propriétaires d'aucune maison, notamment à des ouvriers ou employés vivant principalement de leur travail ou de leur salaire, soit par les intéressés eux-mêmes pour leur usage personnel. » (art. 1). — La seule qualité exigée est donc que l'acheteur ou le constructeur ne soit propriétaire d'aucune maison.

de l'acquéreur ou du constructeur qu'on peut s'en prévaloir ; à la seconde génération, le code civil reprend son empire. — Ce n'est donc là qu'une mesure essentiellement transitoire et qui, à ce titre, nous paraît insuffisante; il est vrai qu'il ne serait guère possible de l'étendre qu'en la rendant générale ; cette modification au code civil ne rencontrerait pas, croyons-nous, grande opposition. — Telle est cette loi destinée à favoriser la construction et surtout la vente des habitations à bon marché, elle supprime les principaux inconvénients qui résultaient de l'achat par un ouvrier d'une maison; nous ne pouvons qu'y applaudir. Nous écrivions au moment du dépôt de la proposition à la Chambre : « Cette loi nous paraît excellente : l'élément de stabilité qu'elle créera dans le pays, si les ouvriers profitent des faveurs qu'elle édicte pour se faire construire des maisons, contribuera certainement à la paix sociale [1] ». Telle est encore notre opinion [2].

[1] *Revue d'économie politique*, mai 1893, pag. 458 ; *Chronique économique*, par Ch. Gide et M. Lambert.

[2] Sans entrer dans l'étude de tous les problèmes que soulève cette nouvelle législation, en particulier des moyens qui ont été proposés pour supprimer les inconvénients résultant des articles 815 et 826 du code civil, nous tenons à comparer les nouvelles dispositions de cette loi avec deux institutions qui ont le même but, favoriser la conservation du foyer : l'une, le *Höferecht*, existant dans les pays allemands; l'autre, le *Homestead*, aux Etats-Unis. Elles ont ce caractère commun d'être des institutions locales, et par suite ne peuvent être étudiées que dans leurs caractères généraux, car elles varient d'un Etat à l'autre.

Le Höferecht ne s'applique qu'aux propriétés rurales de moyenne étendue. Le père soumet son bien, s'il le désire, au régime du Hof, en le faisant inscrire sur un registre spécial (Höferolle). Le Hofgut est dès lors indivisible : il est recueilli par l'Anerbe, héritier privilégié désigné par le père, par la coutume ou par la loi. Il reçoit le domaine sur estimation, et est tenu de payer des indemnités à ses cohéritiers ; mais il jouit généralement d'un préciput.

Le Homestead au contraire s'applique à la fois aux petites propriétés

TERRAINS A CULTIVER

Généralement on adjoint au logement, soit loué, soit vendu, toutes les fois qu'il s'agit d'une maison individuelle, un petit morceau de terrain qui peut être cultivé en jardin. C'est là une nouvelle amélioration très sensible au sort de l'ouvrier. Au point de vue pécuniaire, les produits de son jardin lui permettront de vivre à meilleur marché. Au point de vue physique et moral, il trouvera dans la culture une occupation au grand air qui ne pourra

rurales et urbaines; il a aussi pour but la conservation du foyer; mais ce n'est pas contre le partage, mais bien contre la saisie et la vente qu'il est dirigé. Le « Homestead exemption » exige généralement pour sa constitution la qualité de propriétaire ou d'usufruitier, celle de chef de famille, et la résidence effective. — Tantôt c'est un droit, tantôt il exige une déclaration préalable. — Il a pour effet de rendre le domaine insaisissable, tant que celui-ci reste aux mains du fondateur, de son conjoint survivant et de ses enfants mineurs. La vente et l'hypothèque sont soumises à de nombreuses formalités et restrictions destinées à les rendre difficiles. Souvent elles sont possibles avec le consentement de la femme. — Telle est en ses grandes lignes cette législation du homestead (V. Levasseur, Le Homestead en Amérique, *Revue d'économie politique*, 1894, pag. 701).

Diverses propositions tendant à introduire le homestead en France ont été déposées à la Chambre des Députés, entre autres par M. Léveillé, qui a reproduit la plupart des dispositions que nous venons d'indiquer. Cette institution viendrait très utilement compléter les dispositions relatives au droit successoral. Elle ruinerait, dit-on, le crédit de ceux qui en useraient. — Sans doute, mais le crédit réel est toujours une mauvaise chose pour les ouvriers ou les petits agriculteurs; c'est donc un mal dont nous nous consolerions facilement. — Elle aura pour les petits le même effet que présente pour les riches le régime dotal, et toutes les objections qu'on pourrait lui adresser viendront, croyons-nous, se briser contre cette constatation. Elle aurait, dit M. Léveillé, « ce double résultat: diffusion et conservation de la petite propriété; elle donnerait plus de stabilité aux familles et par là contribuerait à la grandeur et à la puissance de l'Etat. »

que lui être favorable s'il sort d'un atelier à l'atmosphère viciée, une distraction qui sera bien préférable à celle que lui procurerait le cabaret. Enfin la culture même d'un petit jardin peut être excessivement utile en certains cas de chômage partiel. On sait en effet qu'en raison de l'instabilité actuelle de l'industrie, il arrive fréquemment que, si l'on ne veut pas renvoyer d'une usine un certain nombre d'ouvriers dont la présence pourrait du reste être nécessaire plus tard, on est obligé de réduire à 4 ou 5 par semaine le nombre des journées de travail. Or la possession d'un jardinet est très utile pour aider l'ouvrier à traverser cette crise momentanée. En voici un exemple tiré d'un fait qui s'est passé en Belgique dans les mines de Mariemont et Bascoup : « On venait de diminuer les salaires à cause de la baisse des prix. Par suite de la diminution des ventes il fallait s'attendre à devoir restreindre la production, en chômant un jour par semaine. Tout ce que pouvait faire l'administration de la mine, c'était de retarder le plus possible ce chômage inévitable. — Mais ne le retardez pas, faites-nous chômer tout de suite, dirent les ouvriers. — Comment, leur fut-il répondu, malgré la réduction de salaires qui vient d'être convenue, vous désirez chômer dès maintenant ? — Oui, répondirent-ils, car nous pouvons très bien utiliser nos loisirs à la préparation de nos jardins ; c'est le bon moment[1] ! » Ce simple fait montre l'utilité de cette association du travail industriel et du travail agricole pour parer aux inconvénients du chômage partiel[2].

[1] Julien Weiler ; *La conciliation industrielle et le rôle des meneurs*, pag. 32.

[2] Cette union des deux genres de travaux est assez répandue, surtout dans les mines. V. pour l'Allemagne : *Ouvriers des deux mondes*,

La plupart des législations qui autorisent les retenues pour le logement les permettent également pour location d'un terrain à cultiver, par exemple : la loi allemande (art. 115), pourvu qu'elle ait lieu au prix des fermages de la localité ; la loi hongroise (art. 118) ; la loi autrichienne (art. 78) ; la loi belge (art. 2, 2° et 6). Quant à la loi française, elle est muette sur la question et nous adopterions la même interprétation que pour le logement : la retenue est interdite ; mais cette prescription est facilement tournée.

2e série, vol. II : *Mineurs du bassin de la Ruhr* ; *Ouvriers européens*, tom. III : *Mineurs du Haut-Hartz* ; — pour l'Angleterre, de Rousiers : *La question ouvrière en Angleterre*, pag. 310-318. — La chose est fréquente aussi en France, à Anzin, Brassac, etc.

CHAPITRE III

Fournitures diverses

CHAUFFAGE, ÉCLAIRAGE

Il ne suffit pas aux patrons de fournir à leurs ouvriers l'alimentation et l'habitation ; beaucoup encore leur procurent le chauffage et l'éclairage. Le fait est que la plupart des industriels ont le charbon à des prix assez bas et ils font profiter leurs ouvriers des réductions qui leur sont faites.

La retenue pour fourniture des moyens de chauffage, bois ou charbon, est autorisée dans presque tous les pays (loi allemande, art. 115; loi autrichienne, art. 78; loi hongroise, art 118; loi anglaise, art. 5, aux conditions habituelles; loi belge, art. 3, mais sous condition de vente à prix de revient et avec autorisation préalable comme pour les aliments et vêtements). Elle est certainement interdite par la loi française, il est vrai que très souvent le chauffage est fourni en France comme complément de salaire.

Si presque toutes les législations autorisent les retenues pour fournitures de chauffage, seule au contraire la loi allemande les autorise pour fournitures d'éclairage (art. 115); elles paraissent donc interdites dans tous les autres pays, tels que l'Angleterre, l'Autriche, la Hongrie, la Belgique qui réglementent soigneusement le système des retenues. Nous faisons pour la France les mêmes réflexions que précédemment.

INSTRUCTION.

Voilà les dispositions contenues dans les lois industrielles de l'Europe relativement aux retenues que peuvent faire les patrons pour les fournitures par eux livrées aux ouvriers dans leur intérêt. Il en est cependant une autre que l'on trouve dans la loi anglaise et qu'il nous faut signaler : elle est relative à la retenue pour frais d'école. « Est admise la déduction sur les salaires des frais d'école payés par le patron pour les enfants de l'ouvrier, mais à condition qu'il s'agisse d'écoles inspectées par l'Etat, à condition aussi que l'école ait été choisie par l'ouvrier et que la retenue faite par chaque enfant soit la même pour tous les ouvriers qu'occupe le patron (art. 7) »[1]. On voit que la loi prend toutes les précautions possibles pour que la liberté de conscience de l'ouvrier soit respectée.

Aujourd'hui, dans presque tous les pays de l'Europe, l'instruction primaire, obligatoire et gratuite, est un service d'Etat ; aussi n'y a-t-il rien d'étonnant à ce que les législations de ces pays ne prévoient pas le cas où il pourrait y avoir lieu à retenue pour frais d'école des enfants de l'ouvrier.

[1] Les retenues pour frais d'école avaient été l'objet de nombreuses plaintes lors de l'enquête de 1871. — En certains points, les retenues avaient lieu sur tous les salaires, même sur ceux des ouvriers célibataires. On réclamait aussi contre l'obligation pour les enfants de fréquenter certaines écoles déterminées.

En France, il existe encore une assez grande quantité d'écoles entretenues par les patrons, bien que le nombre en ait diminué depuis la loi de 1882 sur l'instruction primaire obligatoire. Toutes ces écoles sont gratuites et à la charge des compagnies qui les ont créées et qui les entretiennent ; la question des retenues ne se pose donc pas. Le reproche qu'on pourrait leur faire est d'entraver peut-être la liberté de conscience de l'ouvrier ; la plupart, en effet, sont des écoles congréganistes, et, bien que nulle part, à notre connaissance, il n'y ait obligation pour l'ouvrier d'y envoyer ses enfants, il peut y avoir tout au moins obligation morale : c'est la seule légère critique que nous puissions leur adresser.

MATÉRIEL ET MATIÈRES PREMIÈRES

A côté des retenues pour fournitures faites à l'ouvrier dans le but de permettre de subvenir à ses besoins, les lois industrielles s'occupent encore des retenues pour fournitures nécessaires à son travail, telles que celles d'outils ou de matières premières. Il est évident que partout où l'usage est de laisser ces fournitures à la charge de l'ouvrier, il faut donner aux patrons la possibilité de leur en faire l'avance et de se récupérer ensuite par des retenues. Ce n'est pas qu'il ne puisse se produire des abus, que le patron ne puisse réclamer pour la vente ou la location des outils un prix exagéré. C'est à chaque législation d'y parer dans la mesure des abus constatés.

En Autriche (art. 78), en Hongrie (art. 118), les retenues sont autorisées sans condition pour fournitures d'outils et de matières premières, si l'ouvrier est tenu par son contrat de se les procurer à ses frais. — En Belgique, les retenues pour fournitures d'outils, de matières premières et du costume spécial de travail sont possibles, mais à un prix ne dépassant pas le prix de revient (art. 2, 3°, 4° et 5°). — La loi allemande distingue suivant que l'ouvrier travaille au temps ou à la tâche : « Est licite la retenue pour fourniture aux ouvriers des outils et des matières premières nécessaires aux travaux dont ils sont chargés, au prix de revient moyen. La fourniture d'outils et de matières premières pour les travaux à la tâche est permise à un prix plus élevé, s'il n'excède pas le prix de la localité et a été convenu d'avance »(art. 115 *in fine*).—En Angleterre aussi, la loi autorise les retenues pour fournitures d'outils et de matières premières aux conditions ordinaires: c'est-à-dire au prix-courant, et avec autorisation écrite et formelle de l'ouvrier (art. 5). Mais il est des industries où des abus particulièrement graves avaient été signalés: «Dans l'industrie de la bonneterie, à Nottingham, les patrons louent les métiers aux ouvriers qu'ils emploient; ou bien, le plus souvent, ces métiers sont loués par des *middlemen* (intermédiaires ou marchandeurs) qui, après avoir pris un ouvrage à l'entreprise, le distribuent aux ouvriers. Les *middlemen* ont fini par établir un monopole qui leur permet d'exercer sur les ouvriers la pression la plus tyrannique. La location des métiers est fixée à un prix si exorbitant qu'elle n'est plus que la suppression déguisee d'une partie du salaire [1] ». On cite, en effet, les faits suivants : une femme, travaillant à la machine à coudre pour faire des chemises, gagne 5 à 7 shellings (6 fr. 25 à 8 fr. 75) par semaine ; mais on lui retient 9 pences (0 fr. 90) pour la fourniture du coton et 2 shellings 6 pence (3 fr. 10) pour le loyer de la machine, de sorte que la moitié de son

[1] Comte de Paris ; *De la situation des ouvriers en Angleterre*, pag. 34.

salaire en est absorbée. Aussi une loi du 30 juillet 1874 est-elle venue interdire, dans cette industrie (hosiery), les retenues pour prix de location de métiers ou machines. — En Russie il est probable que de nombreux abus devaient s'être produits, car la loi interdit purement et simplement «de faire payer aux ouvriers l'usage des instruments qu'ils emploient pour les travaux de la fabrique» (art. 17).

Quant à la loi française, qui interdit en principe les retenues, elle se montre au contraire très large pour tout ce qui concerne les fournitures relatives au travail. Elle autorise, en effet, les retenues pour : «1° outils ou instruments nécessaires au travail; 2° matières et matériaux dont l'ouvrier a la charge et l'usage; 3° sommes avancées pour l'acquisition de ces mêmes objets» (art. 4 *in fine*). Interdire les retenues aurait, en effet, peut-être incité les patrons à ne plus fournir les outils et matériaux nécessaires à l'ouvrier, ce qui l'aurait mis dans un singulier embarras; leur autorisation ne nous paraît causer aucun inconvénient. Il résulte tant des travaux préparatoires que du texte même de la loi que dans ce cas la retenue peut s'exercer sur la totalité des salaires, et non sur une quotité déterminée; mais cette retenue n'est nullement privilégiée, et par suite le patron est soumis au droit commun : sur la partie cessible, il ne peut prétendre à rien, si une cession lui a été signifiée antérieurement à la fourniture; sur la partie saisissable, il vient en concours avec les autres créanciers pour toute fourniture postérieure à la saisie. Mais il lui est facile de se récupérer de sa dette, puisqu'il est seul à pouvoir prétendre quelque droit sur les huit dixièmes du salaire, sauf cependant au cas de saisie ou cession pour obligation alimentaire (art. 3).

Telles sont les dispositions législatives relatives aux fournitures de matériaux et d'outils[1]. La loi belge et la loi anglaise s'occupent encore des retenues pour entretien des outils : la première les autorise (art. 2, 3°) ; la seconde les interdit à moins d'un arrangement spécial et qui ne peut être écrit dans le contrat initial d'engagement (art. 8).

Enfin il est une autre catégorie de retenues singulièrement abusives ; ce sont les retenues pour éclairage de l'atelier. Elles devaient être usitées en Russie, car la loi les interdit (art. 17). Mais elles existent également en Allemagne, où elles sont tolérées[2] ; en Suisse, où on les a supprimées comme tombant sous le coup de l'article qui interdit les retenues pour un but spécial[3] ; en France même, où elles peuvent être considérées comme autorisées par la disposition ci-dessus : elles sont du reste peu usitées[4].

[1] Ici aussi, on a essayé de se passer de l'intermédiaire du patron ; et des sociétés coopératives pour l'achat des matières premières et le louage de l'outillage industriel ont été fondées, particulièrement en Allemagne, où il en existait 143 en 1865, mais 110 seulement en 1891 (V. Cauwès, *loc. cit.*, tom. III, pag. 308).

[2] « Dans l'industrie horlogère de la Forêt-Noire, on déduit généralement 30 pf. par mois, et ces retenues sont tellement passées dans le fait que dans une fabrique où l'on a remplacé le pétrole par l'électricité, on opè.. encore la retenue sous l'ancienne rubrique pour le pétrole. » (Bodeux, *loc. cit.*, pag. 339).

[3] V. Bodeux ; *loc. cit.*, pag. 249.

[4] Cependant diverses grèves ont éclaté en 1893 pour réclamer la suppression de retenues pour chauffage, éclairage, balayage de l'atelier (ouvriers en chaussures de Joinville, Meurthe-et-Moselle), pour éclairage (ouvriers en chaussures d'Angers ; malletiers de Paris : la retenue était de 0 fr. 90 par semaine pour le gaz).

CHAPITRE IV

Avances en argent

Jusqu'à présent nous ne nous sommes occupés que de fournitures en nature faites par le patron à ses ouvriers, fournitures de toutes sortes, les unes dans l'intérêt matériel de l'ouvrier, les autres nécessaires à son travail. La plupart des lois étrangères ont étroitement réglementé leur mode de paiement, de crainte que sans cela il ne fût facile de tourner les lois prohibant le paiement en nature. Au contraire, la plupart d'entre elles laissent liberté complète sur le mode de rembourser les avances en argent. D'abord pareille crainte n'était pas à redouter ; en outre l'ouvrier peut bien demander une avance, mais n'est jamais contraint de la subir. Ce sont sans doute les raisons de leur abstention. Cependant des abus peuvent se glisser en matière d'avances. Nous allons les examiner.

L'avance est un prêt d'argent fait par le patron à un de ses ouvriers. Demander une avance à son patron est généralement le moyen dont se sert l'ouvrier quand il a besoin de recourir au crédit. Il ne pourrait s'adresser en effet à un banquier, dont il serait probablement inconnu et à qui il ne pourrait offrir aucune garantie. Le patron est la seule personne qui ait une garantie : elle est constituée par le salaire dont il pourra retenir une portion plus ou moins forte jusqu'à complet paiement. — Cette combinaison est fort avantageuse pour l'ouvrier obligé de recourir au crédit. Elle ne va pas cependant pour lui sans quelques inconvénients.

De même, en effet, qu'en Grèce, à Rome, en Germanie, le débiteur insolvable à l'échéance devenait l'esclave de son créancier et remboursait par son travail la dette qu'il n'avait pu payer, de même l'ouvrier tenu de rembourser des avances se trouve dans un état de dépendance particulièrement étroit à l'égard de son patron, pour peu surtout que la loi l'oblige à travailler dans l'usine jusqu'à complet paiement. Il peut, en outre, arriver que le patron abuse de l'obligation dans laquelle se trouve l'ouvrier de recourir à lui pour exiger un intérêt assez élevé : ce second inconvénient ne se rencontre cependant que dans des cas particuliers que nous aurons à examiner; généralement les avances se font sans stipulation d'intérêt.

La question des avances est particulièrement intéressante à étudier, car c'est en France surtout que le législateur s'en est occupé; c'est en France également que les avances ont causé le plus grand nombre d'abus, que la loi, du reste, favorisait.

Quatre systèmes successifs ont été appliqués aux avances. Dans une première période, qui s'étend de 1749 jusqu'à la loi du 14 mai 1851, avec un intervalle pourtant pendant la Révolution, la loi garantit au patron la restitution de sa créance, et ce de la manière la plus efficace, en lui donnant le droit de retenir tout ouvrier qui ne se sera pas acquitté de sa dette. — Dans une seconde période, du 14 mai 1851 au 2 juillet 1890, le patron qui a perdu ce droit exorbitant, conserve cependant encore un privilège pour le remboursement de ses avances. — Dans une troisième période, du 2 juillet 1890 au 12 janvier 1895, aucune loi ne s'occupe de la question : le droit commun est appliqué. — Enfin la loi du 12 janvier 1895 vient limiter les retenues que le patron peut faire subir à ses ouvriers pour se rembourser des avances.

La première trace de législation relative aux avances se trouve dans les lettres patentes sur arrêt du 2 janvier 1749[1]; c'est dans ces lettres, dues à d'Aguesseau, que l'on trouve les premières dispositions réglementaires générales relatives aux compagnons et ouvriers des fabriques et manufactures: l'article 2, qui est tout en faveur des ouvriers, puisqu'il leur permet de se pourvoir devant le juge de police, pour obtenir de lui leur congé en cas de refus injuste de la part du patron, n'autorise cependant pas leur départ « qu'ils n'aient acquitté les avances qui auront pu leur avoir été faites ». C'est là le premier germe de cette législation que nous verrons se développer après la Révolution et qui tend à faire du salariat un nouveau servage en donnant au patron le droit de refuser à son ouvrier le congé qu'il lui demande. — Les lettres patentes du 12 septembre 1781, qui constituent en quelque sorte le code ouvrier de l'époque, confirment cette disposition: « Dans le cas où les engagements n'auront pas de terme fixe, les ouvriers ne pourront quitter les maîtres chez lesquels ils travailleront qu'après avoir

[1] Déjà auparavant un règlement de 1669 renfermait certaines dispositions relatives aux avances : le maître qui congédiait un ouvrier ne pouvait réclamer du nouveau maître le paiement de sa créance qu'à proportion du huitième du salaire ; si au contraire l'ouvrier quittait le maître, celui-ci avait le droit de réclamer le paiement intégral de la dette (Morisseaux, *La législation du travail*, tom. I, pag, 168).

remboursé les avances qui auront pu leur être faites[1] » (art. 3).

La Révolution vient brusquement modifier cette législation. La loi du 2-17 mars 1791 proclame la liberté du commerce et de l'industrie et la suppression des règlements antérieurs. Dès lors les ouvriers sont libres de quitter leur maître quand et comme bon leur semble : ils ne peuvent plus être retenus contre leur gré pour le remboursement d'avances. Mais cette législation libérale va bientôt disparaître avec l'avènement du Consulat ; et il faudra près d'un siècle pour qu'elle retrouve place dans la loi française.

Un arrêté du 9 Frimaire an XII, faisant suite à la loi du 22 Germinal an XI, vient déterminer les règles relatives aux avances (art. 7, 8 et 9). La législation antérieure à la Révolution est remise en vigueur ; l'ouvrier, qui avait recouvré son indépendance, est replacé en chartre : il ne peut plus quitter son patron qu'après l'acquittement de ses avances ; celui-ci, s'il consent à le laisser partir, perd alors le gage de sa créance, mais conserve un privilége qu'il fait valoir en inscrivant sa créance sur le livret de l'ouvrier[2].

[1] Marc Sauzet ; *Essai historique sur la législation industrielle de la France* (*Revue d'économie politique*, 1892, pag. 391).

[2] Toute la législation relative aux avances fait corps avec la législation du livret. « Le livret d'ouvrier est », dit M. Sauzet, « une garantie d'un ordre spécial, mais très énergique, imaginée dans l'intérêt du patron, et du patron seul, pour lui assurer le paiement par l'ouvrier, débiteur d'ordinaire peu solvable, de sa dette de travail en première ligne, et aussi, éventuellement, de la dette d'argent qu'il a pu contracter en obtenant des avances sur son travail. » (Sauzet ; *Le livret obligatoire des ouvriers* ; *Revue critique*, 1890, pag. 29). — Créé par les arrêts du Conseil des 24 mars 1744, 2 janvier 1749, 12 septembre 1781, supprimé par la Révolution, le livret fut rétabli par les articles 12 et 13 de la loi

L'article 7 s'exprime, en effet, en ces termes : « L'ouvrier qui aura reçu des avances sur son salaire ne pourra exiger la remise de son livret et la délivrance de son congé qu'après avoir acquitté sa dette par son travail si son maître l'exige ». Ainsi, la liberté de l'ouvrier est de nouveau, comme avant la Révolution, aux mains du patron qui, par le droit de rétention du livret, acquiert une garantie exorbitante de sa créance d'avances, puisqu'il peut contraindre l'ouvrier à s'acquitter en travail. Si la chose était encore admissible avant la Révolution, elle ne paraissait guère en harmonie, à ce moment, avec la législation qui allait entrer en vigueur[1]. Cette disposition était contraire, en effet, à l'article 1142 du Code civil, qui déclare que personne ne peut être tenu à exécuter lui-même une obligation de faire et que toute obligation de faire se résout en obligation de donner ; ici, au contraire, c'est une obligation de donner qui se résout en obligation de faire. Contraire aussi à l'article 1780 : « On ne peut engager ses services qu'à temps ou pour une entreprise déterminée » ; et à l'article 15 de la loi du 22 Germinal an XI : « L'engagement d'un ouvrier ne pourra excéder un an ». C'est en effet à un engagement perpétuel que l'on aboutissait pour peu que l'on fît à l'ouvrier sur son salaire des avances considérables. Ainsi, cet article 7 constitue une première atteinte au droit commun au détriment de

du 22 Germinal an XI qui le rendent obligatoire pour les ouvriers : le patron peut retenir l'ouvrier jusqu'à ce qu'il ait rempli ses engagements envers lui, nul ne peut recevoir un ouvrier s'il n'est porteur d'un livret portant le certificat d'acquit de ses engagements. — Une loi du 22 juin 1854 supprime pour le patron le droit de rétention du livret ; le livret devient un moyen de surveillance policière. Il est enfin supprimé, du moins en droit, sinon en fait, par la loi du 2 juillet 1890.

[1] Le titre des obligations est en effet postérieur de quelques mois.

l'ouvrier; et un avantage, une garantie exorbitante pour le patron, la constitution pour ainsi dire à son profit d'un droit réel sur la personne de l'ouvrier, qui devient le gage de la créance d'avances : nous en revenons au temps du *nexum*, où la personne du débiteur répondait de la dette.

Mais ce n'est pas la seule atteinte au droit commun qui se trouve dans l'arrêté de Frimaire. L'ouvrier, en effet, a mille moyens de se faire renvoyer par le patron, si celui-ci ne veut pas le laisser partir ; l'esclavage de fait qui peut se produire en certains cas n'étant plus un esclavage de droit, le patron n'a plus de droit de suite sur l'ouvrier, il le conserve cependant sur le salaire de cet ouvrier (cette expression, qui est juridiquement fausse, nous semble exprimer assez exactement la situation de fait). Les articles 8 et 9 s'expriment, en effet, en ces termes : « S'il arrive que l'ouvrier soit obligé de se retirer parce qu'on lui refuse du travail ou son salaire » (le départ de l'ouvrier est donc entre les mains du patron), « son livret et son congé lui seront remis, encore qu'il n'ait pas remboursé les avances qui lui ont été faites : seulement le créancier aura le droit de mentionner la dette sur le livret » (art. 8). « Dans le cas de l'article précédent, ceux qui emploient ultérieurement l'ouvrier feront, jusqu'à complète libération, sur le produit de son travail, une retenue au profit du créancier. Cette retenue ne pourra, en aucun cas, excéder les deux dixièmes du salaire journalier de l'ouvrier ; lorsque la dette sera acquittée, il en sera fait mention sur le livret. Celui qui aura exercé la retenue sera tenu d'en prévenir le maître au profit de qui elle aura été faite, et d'en tenir le montant à sa disposition. » Ainsi le patron qui ne se fait pas payer en travail la créance d'avances conserve cependant une garantie: par l'inscription de cette créance sur le livret, il peut se faire rembourser au moyen de retenues faites jusqu'à entière libération de l'ouvrier. — Cette prescription renferme une double atteinte au droit commun: elle organise une saisie-arrêt de plein droit sans intervention ni du créancier ni de justice, elle crée en outre un privilège pour le patron au détriment des autres créanciers de l'ouvrier.

Elle organise d'abord une saisie-arrêt de plein droit. Le même résultat en effet est obtenu par la mention de la dette sur le livret que par une saisie-arrêt; une partie du salaire de l'ouvrier devient indisponible; mais tandis que la saisie-arrêt est un acte judiciaire, qui exige de nombreuses formalités destinées à permettre au débiteur de se défendre, ici point de formes : l'inscription sur le livret suffit à elle seule; c'est elle qui tient lieu du titre ou de l'autorisation du juge permettant de saisir, c'est elle qui est à la fois l'exploit de saisie-arrêt, la signification au tiers-saisi, etc.; le droit de défense de l'ouvrier est supprimé; il ne peut contester la dette, il n'a qu'à accepter la retenue qu'on lui fait subir.— Elle crée ensuite un privilège pour le patron : il n'a pas en effet à subir le concours des autres créanciers de l'ouvrier, la retenue des deux dixièmes du salaire opérée de plein droit est faite à son profit exclusif; c'est là pour lui une garantie des plus efficaces, un moyen assuré de récupérer le montant des avances effectuées. — Ainsi double garantie pour le patron qui, soit qu'il garde, soit qu'il renvoie son ouvrier, est toujours sûr d'être remboursé, tel est le résumé de cette législation : elle avait sans doute l'avantage de procurer du crédit à l'ouvrier, mais cet avantage était largement compensé par les dérogations au droit commun au détriment de l'ouvrier, qui par la saisie-arrêt de plein droit se voyait privé de tout moyen de défense, qui, par le refus de délivrance du livret, était, suivant une expression énergique, « attaché à la glèbe industrielle ».

Cette législation, si contraire au principe de l'égalité devant la loi, ne fut modifiée ni par l'Empire, ni par la Restauration. Mais les abus s'aggravaient. Ils étaient signalés avec force par M. de Villermé en 1837[1]. Il montrait les ouvriers à qui l'on faisait des avances, et on était très large à cet égard, absolument à la merci de leur patron. Pendant les périodes de travail abondant, le patron payait l'intégralité du salaire sans faire aucune retenue : il aurait été facile à l'ouvrier de trouver du travail ailleurs ; mais dans les périodes de crise, le patron, sûr que l'ouvrier ne pourrait songer à quitter la fabrique, lui imposait alors de fortes retenues pour se rembourser de ses avances et ne lui laissait qu'un maigre salaire qui l'obligeait bientôt à recourir à de nouvelles avances ! « Cet état de choses produit », dit M. de Villermé, « un esclavage particulier qui s'aggrave, chaque fois qu'à l'imprévoyance du débiteur se joint la spéculation sans pitié du créancier, et il en résulte une exploitation révoltante de l'homme par l'homme. » Le Gouvernement de Juillet se préoccupa de la question et déposa un projet en 1845 : il n'était que temps d'aviser ; qu'on en juge plutôt par ce tableau de M. Beugnot, rapporteur de la Chambre des pairs : « Un ouvrier dont le travail est chargé d'avances, trouvant difficilement à se placer, reste chez son maître aux conditions qu'il plait à celui-ci

[1] De Villermé ; *Rapport sur l'état physique et moral de l'ouvrier* ; chap. V : *Abus des avances d'argent faites sur les salaires des ouvriers* (Mémoires de l'*Académie des Sciences morales et politiques*, pag. 94-102).

de lui imposer et pour un temps illimité. Le malheureux ouvrier, qui n'a pas craint de faire quelques pas dans la voie des emprunts, ne peut bientôt plus s'acquitter et devient, il faut le dire, l'esclave de son maître... La Chambre comprendra l'étendue de ce mal quand elle saura que, dans plusieurs villes manufacturières, les avances montent à la somme de 3 à 400,000 francs par an. Il en est une où des ouvrières en dentelles, gagnant 0 fr. 40 par jour, reçoivent des avances de 300 francs. Que d'années ne leur faudra-t-il pas pour reconquérir la liberté de leur travail![1]» La question fut vivement discutée, les uns proposaient de restreindre, les autres de supprimer les droits exorbitants du patron. Elle ne put être résolue avant 1848: mais reprise par l'Assemblée législative elle aboutit enfin à la loi du 14 mai 1851.

La loi du 14 mai 1851 constitue un grand progrès sur la législation précédente : des dérogations au droit commun que nous avons signalées, elle supprime la première, elle restreint la seconde. D'abord le patron perd le droit de retenir l'ouvrier jusqu'à remboursement de ses avances : « L'ouvrier qui a terminé et livré l'ouvrage qu'il s'était engagé à faire pour son patron a le droit d'exiger la remise de son livret et la délivrance de son congé, lors même qu'il n'a pas acquitté les avances qu'il a reçues» (art. 2). Ainsi cette sorte de servage auquel pouvait être soumis l'ouvrier par un patron abusant de son imprévoyance est désormais supprimé ; l'ouvrier recouvre sa liberté. Quant à l'autre garantie, elle est maintenue, mais singulièrement réduite: «Les avances faites par le patron à l'ouvrier ne peuvent être inscrites sur le livret de celui-ci et ne sont remboursables, au moyen de

[1] *Moniteur* du 22 mai 1847, pag. 1377. — Duvergier, 1851, pag. 149.

retenues, que jusqu'à concurrence de 30 francs » (art. 4) ; tandis qu'auparavant la retenue s'exerçait pour l'intégralité du montant de la dette. D'autre part « la retenue sera du dixième du salaire journalier de l'ouvrier » (art. 5), tandis qu'elle était des deux dixièmes.

Ainsi par le fait de la loi de 1851, la situation de l'ouvrier se trouvait singulièrement améliorée, d'autant plus même que l'usage de la mention de la dette sur le livret se perdit de plus en plus :pour une somme de 30 fr. au maximum, on trouvait inutile d'entrer en relation avec les patrons ultérieurs de l'ouvrier. — Une enquête eut lieu en 1868; et un projet d'abrogation du livret fut déposé en 1869; il n'eut pas le temps d'aboutir. En 1881, M. Dautresme reprit la question et proposa l'abrogation du livret; elle fut réalisée par la loi du 2 juillet 1890; toute la législation relative aux avances fut supprimée en même temps. Dès lors les avances furent soumises au droit commun : plus de saisie-arrêt de plein droit, plus de privilège du patron. Il ne lui restait que la faculté qu'il avait toujours eue de se rembourser de ses avances par des retenues mensuelles sur le salaire, retenues dont la quotité était fixée par une convention avec l'ouvrier, de retenir la totalité du salaire en cas de départ de l'ouvrier avant le remboursement de l'avance, et enfin d'exercer une saisie-arrêt en cas de besoin (saisie-arrêt qui n'était jamais exercée, les frais en auraient de beaucoup dépassé le bénéfice).

Cependant le Conseil supérieur du travail, dans la discussion du projet relatif au paiement des salaires, se préoccupa de la question des avances. Fallait-il interdire les retenues pour avances comme pour toute autre fourniture? C'était peut-être nuire à l'ouvrier qui, en cas de besoin, avait coutume d'emprunter à son patron et qui s« verrait obligé de s'adresser à un tiers qui exigerai certainement de lui le paiement d'un intérêt. Devait-on au contraire laisser à l'ouvrier liberté complète d« s'entendre avec son patron sur la quotité des rete-nues à effectuer pour le remboursement? On pouvai craindre que l'ouvrier ne fût amené à accepter des con-ditions trop dures. Il y avait là un double écueil à éviter. « Faciliter les avances », dit M. Jules Simon « c'est sans doute augmenter le crédit de l'ouvrier, mai: c'est l'exposer, lui et sa famille à manquer un jour d« nécessaire. Rendre les avances impossibles, c'est réduir« l'ouvrier à la misère immédiate dans le cas de maladie chômage, survenance d'enfant, etc. [1] ». Aussi, pou répondre à cette double préoccupation, le Conseil supé-rieur du travail et à sa suite le Parlement ont-ils autoris« le remboursement des avances « au moyen de retenue: successives ne dépassant pas le dixième du montant de: salaires ou appointements exigibles » (art. 5). On a critiqu« cette limitation comme trop étroite : le crédit de l'ouvrie en sera diminué, a-t-on dit, puisque sa libération ser« moins rapide. — C'est possible, mais nous ferons remar-quer que c'est justement le but que l'on désirait attein-dre : et d'autre part l'ouvrier aura moins besoin de crédi qu'autrefois, puisque la loi lui réserve autant que possibl« les sept dixièmes de son salaire.

Ainsi le patron ne peut se rembourser de ses avance: qu'au moyen de retenues d'un dixième. Cette prescrip-tion n'a absolument rien de commun avec celle de l'ar-rêté de Frimaire an XII ou de la loi de 1851 : elle s'appli-

[1] *Conseil supérieur du travail*, 1re session, pag. 68.

que aux rapports de l'ouvrier et du patron qui a fait l'avance ; l'autre était relative aux rapports de l'ouvrier et des patrons postérieurs de cet ouvrier. Jusqu'à la loi de 1895 le patron qui avait fait l'avance était libre de fixer le quantum des retenues destinées au remboursement; il pouvait, s'il n'était pas remboursé au départ de l'ouvrier, retenir la totalité du salaire encore dû ; cela ne lui est plus possible aujourd'hui; il ne peut retenir qu'un dixième du salaire. Mais ce dixième lui est affecté en propre : « il ne »se confond ni avec la partie saisissable, ni avec la partie »cessible.» (art. 5 § 2). Le patron a donc en réalité un véritable privilège sur ce dixième : aucun des créanciers, ni cessionnaires, ni saisissants, ne pourraient y prétendre, pas même, croyons-nous, les créanciers pour dettes alimentaires. Mais il importe de déterminer nettement au remboursement de quelles avances est destiné ce dixième ; la loi n'y manque pas ; d'une part il ne s'agit pas des avances pour acquisition d'outils ou de matériaux: nous avons vu que dans ce cas la compensation est permise pour le tout (art. 4) ; d'autre part il ne s'agit pas des acomptes : les acomptes sont des sommes à valoir sur un travail en cours, des sommes dues par conséquent à l'ouvrier et qu'on lui règle avant le paiement définitif: « les acomptes sur un travail en cours ne sont pas considérés comme avances.» (art. 5 § 3) [1].

Le dixième est donc affecté au remboursement des avances proprement dites, c'est-à-dire des sommes prêtées

[1] Toutes les lois maritimes ont depuis longtemps réglementé les avances. Mais elles désignent par avances ce que nous appelons acomptes, c'est-à-dire des sommes à valoir sur le salaire, qui n'est payé aux gens de mer qu'à très longues échéances ; aussi n'est-ce pas du remboursement des avances qu'elles s'occupent, mais de leur paiement (V. Lyon-Caen et Renault, *loc. cit.*, tom. V, pag. 247-250).

par le patron à ses ouvriers. Si maintenant l'ouvrier quitte le patron sans l'avoir remboursé, le patron est soumis au droit commun des autres créanciers et ne peut plus qu'exercer ses droits sur le dixième cessible ou sur le dixième saisissable. Telles sont les dispositions relatives aux avances : elles laissent, à notre avis, à l'ouvrier, un crédit suffisant, et nous les approuvons sans réserve[1].

La législation française a donc subi une évolution complète : à l'origine, protectrice à l'excès des droits du patron, en faveur duquel elle avait supprimé la liberté de l'ouvrier et l'égalité devant la loi, elle s'est transformée ensuite en législation protectrice de l'ouvrier. Son point d'arrivée est à l'opposé de son point de départ.

Les lois étrangères se préoccupent tantôt de garantir le remboursement de la créance du patron, tantôt au contraire de protéger les ouvriers.

Dans la première catégorie il faut ranger la loi hongroise. Elle est ainsi conçue : « L'ouvrier qui a reçu une avance sur son salaire ne peut se retirer tant qu'il n'a pas travaillé jusqu'à concurrence de l'avance ou ne l'a pas remboursée » (art. 95). C'est, on le voit, une disposition analogue à celle qui existait dans la loi fran-

[1] Les lois de 1890 et de 1895 ont laissé subsister les articles 20 à 28 de la loi du 18 mars 1806, relatifs aux livrets d'acquit de la fabrique de Lyon : tout chef d'atelier qui travaille pour un négociant-manufacturier doit lui remettre un de ces livrets pour chaque métier. Lorsque le chef d'atelier reste débiteur du négociant pour lequel il aura cessé de travailler : celui qui voudra lui donner de l'ouvrage fera la promesse de retenir le huitième du prix des façons en faveur de ce négociant, si le chef d'atelier quitte ce négociant du consentement de ce dernier ou pour cause légitime ; sinon, il sera tenu de solder celui qui sera resté créancier en compte de matières et le compte d'argent jusqu'à 500 fr. — Mais cette loi, qui rappelle fort celle de 1851, est presque tombée en désuétude.

çaise avant 1851 ; le patron n'a qu'à faire des avances un peu fortes à ses ouvriers pour les retenir indéfiniment dans son usine.

Dans la catégorie des lois protectrices des ouvriers, nous trouvons les lois anglaise, russe et belge. Deux sortes de dispositions se rencontrent dans ces lois : les unes interdisent tout prélèvement d'intérêts ; les autres fixent la quotité des retenues que l'on peut effectuer à chaque paye. Les premières se rencontrent dans les lois russe et anglaise. « Il est interdit aux gérants des fabriques ou des usines de prélever des intérêts sur les sommes prêtées aux ouvriers (art. 16 de la loi russe) ». Il est probable qu'ils ne s'en faisaient pas faute. — La loi anglaise est conçue en termes à peu près identiques : « Lorsqu'un ouvrier, par convention, par coutume ou autrement, a droit à une avance sur son salaire, il est interdit au patron de faire sur cette avance aucune retenue sous prétexte d'escompte, intérêt ou pour tout autre motif (art. 3) ». Cette prescription ne se rapporte pas cependant aux avances proprement dites [1], mais plutôt aux acomptes, dont l'usage était très fréquent avec la coutume de payer les salaires à longue échéance : « on

[1] La loi de 1831 renferme de minutieuses prescriptions relatives aux avances : « Aucune disposition de la présente loi ne s'oppose et ne peut être invoquée pour faire opposition à ce qu'un patron avance à son ouvrier une somme d'argent destinée à être versée à une société de secours mutuels ou à une caisse d'épargne établies conformément à la loi ; — ni à ce qu'il avance de l'argent à un ouvrier pour lui venir en aide en cas de maladie ou pour l'éducation de ses enfants, ni à ce que ces sommes soient déduites du salaire à toucher par l'ouvrier. Celui-ci toutefois devra donner par écrit son consentement à un tel accord. » (art. 24). — La loi n'autorise donc les avances que pour des causes déterminées ; et d'autre part exige un arrangement écrit, de manière à ce que les conditions du remboursement soient bien précisées.

avançait une partie du salaire aux ouvriers en en déduisant un intérêt monstrueux tel que 5 % par mois[1] ».— D'autres dispositions fixent, comme le fait la loi française, le taux maximum des retenues. C'est ainsi que la loi belge n'autorise les retenues du chef d'avances faites en argent que jusqu'à concurrence du cinquième du salaire (art. 7, 4°)[2]. — De même la loi russe qui, à ce point de vue, se montre très protectrice des intérêts de l'ouvrier, édicte que : « Dans les règlements de compte ayant pour objet les avances d'argent reçues par l'ouvrier..., il est permis de lui retenir, à chaque règlement de compte, un tiers au plus de la somme qui lui revient, s'il est célibataire, et un quart au plus s'il est marié ou veuf avec enfants » (art. 15 de la loi russe, modifié en 1891)[3].

Les autres pays, l'Allemagne[4], l'Autriche, la Suisse, ne s'occupent pas de la question des avances et laissent liberté complète aux partis. Cependant en Suisse les inspecteurs, qui jouissent d'un pouvoir d'appréciation assez étendu, paraissent vouloir établir une distinction quelque peu délicate en pratique : les retenues pour avances seraient

[1] Comte de Paris ; *loc. cit.*, pag. 272.

[2] La loi belge du 10 juillet 1883, qui a abrogé les dispositions relatives au livret d'ouvrier, a en même temps abrogé l'arrêté du 9 Frimaire an XII.

[3] C'est là une application probablement involontaire de la théorie du *salaire familial*, prônée surtout par les socialistes chrétiens ; il est en tout cas fort intéressant de voir ainsi tenir compte des besoins de la famille. — Dans le même ordre d'idées, la Cie P.-L.-M. donne à ses agents une allocation annuelle de 24 fr. par enfant au-dessus de trois en assimilant aux enfants les descendants, ascendants, et frères et sœurs, neveux ou nièces mineurs de 16 ans, qui sont à leur charge.

[4] M. Pic (*Législation industrielle*, pag. 315) dit le contraire, mais c'est une erreur : la réglementation dont il parle s'applique à une autre espèce de retenues dont nous aurons à parler plus tard, les retenues pour indemnités.

ou non licites, suivant que l'avance serait utile à l'ouvrier ou qu'elle aurait été faite dans le but de l'attacher à l'usine[1]. — Telles sont les diverses législations relatives aux avances.

De même que nous avons vu les sociétés coopératives de consommation remplacer les économats et les sociétés coopératives de construction se charger au lieu et place des patrons de l'édification des habitations à bon marché, de même aussi ce sont les sociétés coopératives de crédit qui paraissent destinées à faire aux ouvriers les avances dont ils auraient besoin. Ces sociétés de crédit ont pris naissance en Allemagne sous l'influence de deux hommes de grand mérite, Schulze-Delitzsch et Raiffeisen. Elles y ont acquis un assez grand développement ainsi qu'en Italie[2]. Mais en France, c'est à peine s'il en existe quel-

[1] V. Bodeux; *loc. cit.*, pag. 250.

[2] Nous ne pouvons songer à exposer ici le fonctionnement des sociétés coopératives de crédit ; il nous faut renvoyer sur ce point aux *Traités d'économie politique* (Gide, pag. 353-355 ; Cauwès, tom. III, pag. 309-315 ; Leroy-Beaulieu, *loc. cit.*, tom. II, pag. 598-622) et à la thèse de R. Thesse (*Étude comparée sur l'histoire et le rôle actuel du cautionnement et de la solidarité*, pag. 267-288). Qu'il nous suffise de constater qu'elles reposent sur le principe des sûretés personnelles. — Les Monts-de-piété au contraire sont des institutions de crédit réel. — Le système des avances paraît reposer à la fois sur ces deux bases : les prêts sont souvent proportionnels à la garantie morale que peut présenter l'ouvrier; et d'autre part, le patron créancier trouve dans le salaire une sûreté réelle.

Les sociétés Schulze-Delitzsch et Raiffeisen ont pour base la responsabilité solidaire illimitée de leurs membres ; elles diffèrent l'une de l'autre en ce que les premières ont un caractère économique et les secondes un caractère moral. Les sociétés Raiffeisen pratiquent presque exclusivement le crédit agricole ; les sociétés Schulze-Delitzsch, au nombre de 3,800 environ, le crédit populaire : mais elles ne comptent parmi leurs membres que 12 % de salariés.

En Italie, existent aussi deux sortes de sociétés : les sociétés Wollem-

ques-unes, 24 en tout en 1894; et elles sont de date toute récente[1].

A côté des sociétés coopératives de crédit, et répondant au même but, il faut signaler d'une part les sociétés de prêt gratuit, d'autre part les Monts-de-piété, établissements de prêts sur gage qui prêtent à intérêt assez élevé. Les Monts-de-piété sont en France l'institution de crédit à la disposition de l'ouvrier à qui le patron ne fait pas d'avances[2] : ce moyen est bien inférieur à l'autre, car il exige de l'ouvrier garantie et intérêt. Il importe donc de maintenir le système des avances, au moins jusqu'au jour où les sociétés coopératives de crédit auront acquis un développement suffisant.

borg à responsabilité illimitée, les sociétés Luzzatti à responsabilité limitée au montant de l'action. En 1892, il existait 930 *Banche popolari* ; elles s'occupent surtout, elles aussi, du crédit agricole.

En Suisse, existe une Banque populaire où la responsabilité est limitée au double de la part; mais il n'y a pas 4 % d'ouvriers. — Enfin, en Russie, il y a des *artèles* de crédit fondées sur le même principe.

[1] Parmi ces sociétés, plusieurs ont été fondées d'après les avis des patrons, la « Prudence » par exemple à Montceau-les-Mines : nous trouvons toujours le même esprit, remplacer les institutions patronales par des institutions ouvrières ayant le même but.

[2] A Paris, sur 1.000 emprunteurs au Mont-de-Piété, les ouvriers étaient en 1880 au nombre de 565.

SECTION II

DES RETENUES POUR INSTITUTIONS DE PRÉVOYANCE

Nous venons de nous occuper des retenues ayant pour cause des fournitures livrées à crédit ou des avances d'argent, et pour but le paiement de ces fournitures ou le remboursement de ces avances : il s'agissait d'un paiement par compensation, et nous avons montré les inconvénients résultant de ce mode de paiement. Nous allons maintenant parler des retenues pour institutions de prévoyance; à l'inverse des premières, elles ont pour effet non pas d'éteindre des dettes préexistantes des ouvriers envers leurs patrons, mais bien de donner naissance à des dettes futures du patron à l'égard de ses ouvriers. Examinons en effet le but et le fonctionnement de ces institutions de prévoyance. On sait que cinq risques divers peuvent atteindre l'ouvrier: la maladie, la vieillesse et la mort ; les accidents et le chômage. Or l'ouvrier ne cherche guère à se prémunir contre ces divers risques. Pourquoi ? C'est, dit-on, qu'il est imprévoyant. La chose est bientôt dite ; mais encore faudrait-il expliquer les motifs de cette imprévoyance.

Au point où nous en sommes arrivés de cette étude, nous croyons qu'il nous sera facile d'en déduire les raisons.

La façon dont est organisée la vie de l'ouvrier tend à le rendre imprévoyant. L'ouvrier industriel, en effet, n'a généralement pas d'argent en sa possession; c'est tout au plus s'il possède quelquefois de quoi vivre pendant une ou deux semaines. Mais si (ce qui était à peu près la règle jusqu'en ces dernières années) l'ouvrier n'est payé qu'au bout d'un mois ou même d'un plus long délai, le voilà dès lors obligé de recourir au crédit; la vente à crédit augmente le prix des marchandises, pousse l'ouvrier à des achats inconsidérés: si même ce crédit lui est fourni par le patron, s'il est logé chez lui, s'il est nourri et vêtu par les économats, il ne touche plus un sou vaillant, il ne connait plus la valeur de son salaire: comment épargnerait-il? Que l'ouvrier soit payé au contraire à la semaine ou à la quinzaine, que les retenues soient supprimées; l'ouvrier prendra l'habitude de ne plus recourir au crédit, de payer comptant: et l'on verra alors s'il est réellement imprévoyant. — Ce n'est pas là un raisonnement *a priori*; qu'on en juge plutôt: « Les inspecteurs suisses tracent le parallèle convaincant entre l'ouvrier payé à longs termes, forcé de recourir au crédit ruineux, dont il ne peut sortir, qui lui rend la vie décourageante, coûteuse, et qui le plonge dans les misères sans nombre de l'endettement, et l'ouvrier payé régulièrement et à peu de distance, sachant ce qu'il gagne et à quoi il emploiera son salaire, vivant avec prudence et méthode, épargnant pour les jours de malheur, encouragé par cette certitude et travaillant avec vaillance[1] ». Voilà les faits. On peut par là se rendre compte de l'utilité de la loi française qui a interdit le paiement par compensation: il ne reste plus au législateur, pour

[1] Bodeux; *loc. cit.*, pag. 240.

terminer son œuvre sur ce point, qu'à édicter l'obligation du paiement par quinzaine. L'ouvrier sera dès lors dans des conditions qui lui permettront d'être prévoyant.

Au lieu de rechercher ainsi les causes de l'imprévoyance de l'ouvrier, les patrons se tenant à la simple constatation du fait, tâchèrent d'y porter remède. Pour ce, comme ils avaient déjà créé des économats et des habitations ouvrières, ils fondèrent des institutions de prévoyance destinées à parer aux risques que nous avons indiqués, et principalement à la maladie, aux accidents et à la vieillesse. L'intérêt bien entendu du patron le poussait du reste à organiser ces institutions : il aurait été bien difficile pour lui, en effet, de ne pas secourir un ouvrier malade, blessé ou usé, se trouvant sans ressources après avoir été longtemps à son service. C'est donc dans l'intérêt commun du patron et de l'ouvrier que ces institutions ont été établies. C'est ce qui explique même pourquoi l'action patronale s'est peu exercée en matière d'assurance sur la vie ou contre le chômage. L'ouvrier mort, le patron n'a pas à se préoccuper du sort de sa femme et de ses enfants : on trouve cependant des dispositions en leur faveur dans les statuts d'un grand nombre de caisses de secours. Mais en matière de chômage l'initiative patronale fait absolument défaut[1]. Cela est peu étonnant. En effet, pour le chômage périodique, ce que l'on appelle morte-saison, c'est à l'ouvrier à prendre ses précautions : il a généralement un second métier. S'il s'agit d'un chômage partiel imprévu, nous avons vu que l'on peut y remédier par l'adjonction aux travaux

[1] M. Brice ne cite qu'une caisse patronale d'assurance contre le chômage : celle de la maison Fleckenstein et Schultess dans le canton de Zurich (V. Brice, *loc. cit.*, pag. 246).

industriels de travaux agricoles. Ce peut être enfin un chômage total, une fermeture de l'usine ou de l'atelier ; c'est là une éventualité que l'on ne prévoit jamais et contre laquelle il n'est pas étonnant que les patrons n'aient pas songé à prémunir leurs ouvriers[1].

Nous aurons donc à étudier la manière dont le patron garantit ses ouvriers contre la maladie, la vieillesse ou les accidents. Il organise généralement, du moins pour les deux premiers risques, des caisses de fabriques alimentées soit de ses deniers, soit au moyen de retenues sur le salaire, soit, ce qui est le plus fréquent, par une contribution commune. — Si le patron seul entretient la

[1] Cette question du chômage est une de celles qui préoccupent le plus les esprits en ce moment. Sans en rechercher les causes, qui sont des plus complexes et qui tiennent presque toutes à l'organisation actuelle de l'industrie, indiquons rapidement les principaux moyens d'y porter remède : ils tiennent les uns de l'assistance, l'assistance par le travail, organisée soit par les sociétés privées, soit par les villes (travaux de secours); les autres de la prévoyance, les secours fournis par les unions professionnelles et l'assurance mutuelle officielle. — Le premier de ces deux moyens est surtout pratiqué en Angleterre : les Trades-Unions ont toutes une caisse de chômage destinée à fournir soit des secours à domicile, soit des secours de route et des frais de déplacement ; 14 d'entre elles auraient dépensé, depuis une cinquantaine d'années, plus de 90 millions de cette façon (Howell ; *Le passé et l'avenir des Trades-Unions*). — En France, 66 syndicats comptant 14.600 membres ont distribué, en 1894, 75.440 fr. (V. *Bulletin de l'Office du travail*, 1895, pag. 712). — L'assurance mutuelle officielle n'est guère pratiquée qu'en Suisse : elle existe à Bâle et à Saint-Gall, où elle est obligatoire pour certains métiers ; à Berne, a été fondée une société communale d'assurance facultative (V. Raoul Jay ; *L'assurance dans le canton de Saint-Gall, Revue politique et parlementaire*, tom. I, pag. 267 ; — *Un projet d'assurance dans le canton de Bâle. Revue d'économie politique*, 1895, pag. 368). — La question du chômage est en ce moment étudiée en France par la Commission permanente du Conseil supérieur du travail (V. *Bulletin de l'Office du travail*, 1895, pag. 655 et 711, et *Office du travail : Documents sur la question du chômage*).

caisse, les ouvriers n'ont aucun droit à faire valoir ; il peut augmenter ou diminuer les secours, ou même les supprimer ; personne ne peut protester ; aucun droit n'est lésé. Il est vrai que ce n'est plus une institution de prévoyance, mais une œuvre d'assistance. Si, au contraire, les ouvriers participent par des retenues au fonctionnement de la caisse, ils ont un droit déterminé aux secours promis, dont le patron ne semble pas pouvoir, à son gré, les priver.

Nous nous occuperons successivement des caisses de secours, des caisses de retraite et de l'assurance contre les accidents. Il est une remarque préalable, fort importante, qu'il importe de faire immédiatement ; c'est que l'affiliation à ces caisses n'est pas facultative mais obligatoire ; et que, même sur le principe de la création, les ouvriers sont rarement consultés ; encore bien moins le sont-ils sur le taux des retenues, sur le règlement des caisses, sur la gestion des fonds. Souvent le patron oublie que les fonds proviennent de retenues effectuées sur le salaire de ses ouvriers, qu'il n'en est en quelque sorte que le dépositaire ; et il les emploie à ses propres affaires, dont elles subissent la bonne ou la mauvaise fortune. Aussi, estimons-nous que l'Etat doit intervenir, tout au moins pour surveiller la gestion des caisses et prémunir l'ouvrier contre le danger d'insolvabilité du patron.

Mais les patrons ne sont pas seuls à avoir créé des institutions de prévoyance contre les risques. A côté des caisses patronales on trouve d'abord les caisses fondées par les sociétés de secours mutuels, qui ont surtout organisé l'assurance contre la vieillesse ; puis les sociétés de prévoyance instituées par les unions professionnelles (syndicats ouvriers ou Trades-Unions) ; enfin les compagnies d'assurance qui ont créé l'assurance contre les accidents, l'assurance sur la vie et l'assurance contre la vieillesse. — A l'exemple des compagnies, l'Etat français a créé, lui aussi, des caisses d'assurance : 1° la caisse nationale des retraites pour la vieillesse en 1850; 2° et 3° la caisse d'assurance en cas de décès et en cas d'accident en 1866. — Ces caisses avaient des tarifs très avantageux; on pensait qu'elles allaient provoquer chez les ouvriers un grand mouvement de prévoyance ; il n'en a rien été, la première seule a eu quelque succès[1].

En présence de cet échec de l'assurance facultative, on se pose une autre question, question qui est déjà résolue en Allemagne. Ne doit-on pas rendre l'assurance obligatoire? Si l'on estime, en effet, qu'il est d'intérêt public de garantir l'ouvrier contre les risques qui le menacent et qui, l'empêchant de gagner sa vie, peuvent le précipiter dans la misère; si l'on constate qu'il est incapable de se tirer seul d'affaire, par suite d'imprévoyance ou d'impossibilité matérielle, l'Etat ne doit-il pas intervenir pour rendre l'assurance obligatoire? On répond que l'assurance obligatoire impose d'une part des charges fort lourdes, et d'autre part éteint chez l'ouvrier non seulement tout sentiment de prévoyance, mais encore toute initiative. Nous ne pouvons discuter cette question, qui est hors de notre sujet. Elle nous paraît susceptible de solutions différentes suivant la nature du risque envisagé.

[1] Du 11 juillet 1368 au 31 décembre 1891, on a compté pour l'assurance en cas de décès, 7.916 assurances individuelles et 1.320 assurances collectives contractées par des sociétés de secours mutuels ; — pour l'assurance en cas d'accident, 31.511 assurés ; la caisse a reçu d'eux 195.287 fr. et a payé 135.202 fr. — Au contraire, pour la seule année 1894, la Caisse des retraites pour la vieillesse a reçu 31.045.337 fr. et a payé 31.173.830 fr. en arrérages de rentes viagères et 14.060.911 fr. en capitaux remboursés après décès.

CHAPITRE PREMIER

Caisses de secours

Les caisses de secours sont des institutions patronales dont le but est de fournir aux ouvriers, parfois aussi à leur famille, la gratuité du service médical et pharmaceutique en cas de maladie ou d'accident. Souvent on y ajoute une indemnité de chômage représentant une partie du salaire journalier. Parfois encore, la caisse subvient aux frais d'inhumation de ses membres, et va même jusqu'à accorder des secours à la veuve et aux enfants. Ce sont là les différents services que peuvent rendre ces caisses, mais qu'elles ne rendent pas toutes; beaucoup s'en tiennent aux soins médicaux[1].

Les caisses de secours sont, parmi les institutions de prévoyance patronale, les plus répandues. Le risque contre lequel elles prémunissent les ouvriers, est, en effet, à la fois le plus commun de tous et le plus facile à prévenir, car on peut y parer avec des cotisations assez faibles. — Les caisses sont, en général, alimentées au moyen de retenues prélevées sur le salaire de l'ouvrier,

[1] Nous n'avons pas besoin de rappeler que les patrons n'ont fait que reprendre des usages remontant à la plus haute antiquité : l'assurance contre la maladie est de beaucoup la plus ancienne forme d'assurance. Au moyen âge, les confréries n'étaient guère autre chose que des sociétés de secours mutuels.

auxquelles vient souvent s'adjoindre une contribution du patron. Les patrons ont procédé en ce cas comme en beaucoup d'autres par voie d'autorité: ils ont créé dans leur usine des caisses de secours avec obligation pour leurs ouvriers d'y participer; ils ont fixé eux-mêmes le taux des retenues, déterminé les cas de droit aux secours et le taux des indemnités ; ils ont prétendu seuls assumer la gestion de ces caisses. Mais bientôt les ouvriers réclament: que deviennent leurs retenues ? comment sont-elles employées? Ils demandent à prendre part à l'administration, à avoir communication des comptes pour s'assurer que la totalité des fonds a bien été employée à leur profit. A ces réclamations fort justes il a été souvent répondu d'abord par une fin de non-recevoir, les patrons n'aimant pas à être contrôlés par leurs ouvriers. Mais en présence des défiances provoquées et pour éviter tout soupçon, la plupart d'entre eux ont fini par constituer des conseils de gestion, dans lesquels les ouvriers ont des représentants et souvent même la majorité (généralement ils composent les 2/3 du conseil). Dès lors, il n'y a plus guère d'objections à formuler contre ces caisses, et on ne peut que souhaiter leur développement.

Cependant c'est de plus en plus vers les caisses libres, vers les sociétés de secours mutuels que se portent les ouvriers. Tout lien, en effet, entre eux et le patron, en dehors de celui qui résulte du contrat de travail, paraît être une entreprise contre leur indépendance. Aussi cherchent-ils à se dégager des caisses patronales (et bien souvent les patrons les poussent également dans cette voie[1]). Nous ne saurions les en blâmer, à une condition

[1] La Cie des omnibus de Paris vient ainsi de transformer sa caisse de secours en sociétés de secours mutuels gérées par les employés, à la

toutefois, c'est qu'ils ne détruisent pas ce qui avait été créé, qu'ils le conservent en en changeant seulement la forme ; et que, n'étant plus soumis à l'obligation de subir des retenues pour alimenter des caisses de secours, ils se soumettent à l'obligation de verser leurs cotisations dans les caisses de la société de secours mutuels qu'ils auront créée.

Examinons maintenant la manière dont les diverses législations sont intervenues dans la question. On peut d'abord les classer en deux grandes catégories : celles qui interdisent les retenues, celles qui les autorisent.

Le premier groupe est constitué par la loi russe qui interdit « de faire payer aux ouvriers les secours médicaux » (art. 17). Cette défense est sans doute survenue à la suite d'abus. — C'est aussi ce qui s'est produit aux États-Unis, où, du moins dans le Missouri et l'Illinois, « les ouvriers protestent contre une retenue mensuelle de un ou deux dollars pour le paiement du médecin [1] ». Une loi de l'Indiana de 1885 avait mis fin à des plaintes semblables en interdisant les retenues pour médecin sous peine de 10 à 500 dollars d'amende.

Les autres pays autorisent les retenues pour les caisses de secours, mais à des conditions diverses que nous allons parcourir.

La loi belge se contente d'autoriser les retenues « du chef des cotisations dues par l'ouvrier à des caisses de secours» (art. 7, 2°). Elle n'impose aucune condition pour

grande colère des chefs du syndicat, qui voient ainsi se former des hommes qui apprendront le maniement des affaires et viendront leur disputer la place par eux occupée et qui, au lieu d'accepter les yeux fermés une déclaration de grève, en discuteront l'opportunité.

[1] Rapport de M. Bruwaert, consul à Chicago, pag. 80.

la gestion de ces caisses. Toutefois il faut signaler que depuis 1840, par une clause contenue dans les cahiers des charges des concessions, les caisses de secours ont été rendues obligatoires dans toutes les mines.

La loi suisse et à sa suite la loi norvégienne ont interdit, nous l'avons déjà vu, « de faire, sur le salaire des ouvriers, une retenue pour un but spécial si cette retenue ne résulte pas d'une convention entre l'ouvrier et le patron » (art. 10). Nous savons aussi que cette prescription a été surtout édictée pour laisser à l'ouvrier toute liberté d'adhérer ou non aux caisses de secours. Elle était d'autant plus nécessaire qu'il arrivait aux patrons de détourner à leur profit l'excédent de la caisse. — Mais plusieurs cantons ont trouvé cette disposition insuffisante. Une loi du canton d'Unterwald place les caisses de maladie créées dans les entreprises de travaux publics sous la surveillance du gouvernement, qui doit désigner un lieu où sera placé l'argent de ces caisses (art. 5 de la loi du 24 avril 1887). Une ordonnance du canton de Zurich du 16 février 1889 assimile aux fonds de mineurs les fonds des caisses de maladie et par suite exige une garantie des représentants des sociétés industrielles qui ont les fonds entre leurs mains ; elle ordonne le placement des sommes qui ne sont pas nécessaires aux besoins du service et le dépôt à la caisse de la commune des titres reçus en échange des fonds. Enfin une ordonnance du canton de Thurgovie du 19 mai 1890 décide que les statuts doivent être approuvés par le conseil d'État et ne peuvent s'écarter des règles suivantes : 1° si les ouvriers participent à la caisse, ils doivent aussi participer à son administration ; 2° les comptes doivent être communiqués annuellement aux ouvriers ; 3° en cas de liquidation, les fonds doivent être employés au même objet. Toutes ces mesures destinées à compléter la loi fédérale ont surtout pour but d'empêcher tout détournement de fonds.

La loi anglaise [1] permet également les retenues pour secours médicaux, à condition que l'ouvrier les ait permises par un engagement écrit et en bonne forme. C'est là ce qu'avait édicté la loi de 1831. — Mais l'enquête de 1870 contenait beaucoup de plaintes : les ouvriers réclamaient la liberté de choisir leur médecin ; ils demandaient un contrôle pour le taux de la retenue à opérer et pour la gestion des fonds. — C'est surtout pour répondre à ces réclamations que la loi de 1887 a ordonné que tout patron « devrait, au moins chaque année, dresser un compte exact des retenues opérées, compte qui serait soumis à l'examen de deux vérificateurs payés par les ouvriers » (art. 9).

Enfin les lois allemande, autrichienne et hongroise, qui ont rendu obligatoire l'assurance contre la maladie [2],

[1] L'assurance contre la maladie s'exerce en Angleterre : 1° par les caisses de fabriques ; 2° par les *Industrial Cies*, qui sont des compagnies d'assurance ouvrière : en 1893, elles ont encaissé pour 382.000 fr. de primes et payé aux assurés 380.000 fr. d'indemnités ; 3° par les *Friendly Societies* (sociétés de secours mutuels), qui ont plus de 7.500.000 membres ; il en existait en 1893 plus de 6.000 ; 4° par les Trades-Unions, qui assurent presque toutes à leurs membres la gratuité des soins médicaux et des médicaments, des secours pécuniaires et les frais d'inhumation ; 687 unions comprenant 1.271.000 membres avaient dépensé dans ce but 5 millions et demi de francs en 1893 (V. *Bulletin de l'Office du travail*, 1895, pag. 729).

[2] L'assurance obligatoire contre la maladie existe en Allemagne (lois du 15 juin 1883 et du 10 avril 1892), en Autriche (loi du 30 mars 1888) et en Hongrie (14 avril 1891). Le principe de ces lois est que toute personne à laquelle s'applique l'assurance est soumise à l'obligation de s'affilier à une caisse, mais est libre dans le choix de la caisse dont elle désire faire partie, ce que l'on exprime en allemand de la façon suivante :

ont étroitement réglementé les caisses de fabriques. Voici les principales dispositions de la loi allemande. Les caisses de fabriques sont obligatoires pour tout patron qui occupe 50 ouvriers. La loi détermine la quotité minima des secours à accorder : 1° la gratuité des soins médicaux et des médicaments et un secours pécuniaire égal à la moitié du salaire, du troisième jour jusqu'à la treizième semaine; 2° un secours égal au secours pécuniaire de maladie pour les femmes en couches, membres de la caisse, pendant les quatre semaines au moins qui suivent leur délivrance; 3° en cas de décès d'un membre de la caisse, une indem-

Kassenzwang, nicht Zwangskasse (obligation de la caisse, mais non pas caisse obligatoire). En organisant l'assurance obligatoire, on n'a donc détruit aucune des caisses existantes : on s'est contenté de les réglementer et d'en créer là où il était nécessaire. C'est ainsi qu'il existe actuellement : 1° des caisses industrielles: caisses de fabriques, caisses d'entreprises de construction, caisses minières, caisses de corporations de métiers; 2° des caisses locales créées par les communes renfermant plus de cent ouvriers d'une ou de plusieurs industries ; 3° l'assurance communale pour les communes qui, faute d'un nombre suffisant d'ouvriers, ne peuvent créer de caisses locales ; 4° des caisses libres, sociétés de secours mutuels fondées et gérées par les ouvriers.(Il en est de même en Autriche et en Hongrie, sauf que les caisses locales et les caisses communales sont fondues en une seule et même caisse, dite caisse de district). — En 1893, il y a eu en Allemagne 7.107.000 assurés ; les recettes se sont élevées à 165.172.000 fr. et les dépenses à 157.524.000 fr.; en Autriche, 1.840.000 assurés avec 31.631.370 fr. de recettes et 29.117.240 fr. de dépenses (les caisses minières sont en dehors de cette statistique). L'assurance obligatoire existe aussi dans les cantons suisses de Saint-Gall et d'Appenzell Rhodes-Extérieures, mais seulement pour les « personnes en séjour », c'est-à-dire pour les personnes sans famille qui n'appartiennent pas au canton et n'y ont pas de parents qui puissent les secourir en cas de maladie. — Elle a été également établie en Roumanie, mais seulement pour les ouvriers mineurs, par la loi du 20 avril 1895.

L'assurance obligatoire contre la maladie est projetée en Norvège et en Suisse (V. Bellom ; *Les lois d'assurance ouvrière à l'étranger*, tom. I : *Assurance contre la maladie*).

nité funéraire s'élevant à 20 fois le montant du salaire journalier. Les statuts doivent être établis par le chef d'entreprise après audition de son personnel et homologués par l'autorité administrative, chaque ouvrier reçoit un exemplaire des statuts. Les cotisations doivent être fixées de manière à ce que les recettes balancent les dépenses ; elles incombent pour les deux tiers aux assurés, pour un tiers au patron ; le taux des retenues ne peut dépasser 3 %. — La caisse est administrée par un comité directeur, composé au moins pour 2/3 de représentants des ouvriers nommés en assemblée générale ; le patron peut se réserver, pour lui ou pour un de ses délégués, la présidence du comité et de l'assemblée générale. A l'assemblée générale sont réservées : l'approbation des comptes annuels et le pouvoir de les vérifier préalablement par une commission spéciale, les décisions concernant les modifications à apporter aux statuts, etc. — Les fonds de la caisse doivent être conservés à part, placés en valeurs déterminées et les titres en être déposés. Le patron qui emploierait les fonds dans son intérêt particulier se verrait poursuivi pénalement et astreint à les restituer avec intérêts de 8 à 20 %. — La caisse est soumise à la surveillance et au contrôle de l'autorité. — Telles sont les dispositions les plus importantes de la loi allemande qui, on le voit, règle minutieusement l'organisation des caisses de secours des fabriques.

Quel est en France l'état de la question ? Sauf en ce qui concerne les caisses de secours pour les ouvriers mineurs, la loi est muette[1]. Commençons par examiner les dispo-

[1] Cependant les clauses et conditions générales imposées aux entrepreneurs des travaux des Ponts-et-chaussées renferment l'article suivant : « Une retenue de 1 % est exercée sur les sommes dues à l'entre-

sitions de la loi du 29 juin 1894 sur les caisses de secours des ouvriers mineurs. La participation à la caisse est obligatoire (art. 1). La caisse est administrée par un conseil composé au mininum de 9 membres, dont les deux tiers au moins sont élus par les ouvriers (art. 10). —Le conseil dresse les statuts qui doivent être soumis à l'approbation du ministre des travaux publics. — Les statuts doivent être affichés en permanence et un exemplaire en être remis par l'exploitant à chaque ouvrier ou employé lors de l'embauchage (art. 14). — Le conseil fixe le taux de la retenue, qui ne peut dépasser 2 % du salaire; les cotisations incombent, pour 2/3 aux ouvriers, pour 1/3 aux patrons (art. 6). — Les statuts des sociétés de secours fixent: 1° la nature et la quotité des secours et des soins à donner aux membres participants; 2° en cas de décès des membres participants, la nature et la quotité des subventions à allouer à leurs familles ou ayants droit. — Ils peuvent en outre autoriser l'allocation de secours en argent et de soins médicaux et pharmaceutiques à la famille des membres participants, etc (art. 7). Enfin la caisse est soumise au contrôle du préfet et de l'ingénieur des mines (art. 15); et chaque année les excédents qui ne sont pas nécessaires au service de la caisse doivent être déposés à la Caisse des dépôts et consignations (art. 16).

preneur à l'effet d'assurer, sous le contrôle de l'administration, des secours aux ouvriers atteints de blessures ou de maladies occasionnées par les travaux, à leurs veuves et à leurs enfants et de subvenir aux dépenses du service médical » (art. 16). — Il faut noter que cette retenue est généralement supportée par les ouvriers (Cass, 29 avril 95 ; Sir, 95, 1, 433 et note Lyon-Caen). — D'autre part, le Code de commerce met à la charge de l'armateur les frais de maladie des matelots : « Le matelot est payé de ses loyers, traité et pansé aux frais du navire, s'il tombe malade pendant le voyage ou s'il est blessé au service du navire » (V. Lyon-Caen et Renault, *loc. cit.*, tom. V, pag. 299).

— La loi contient, on le voit, beaucoup moins de prescriptions impératives que la loi allemande, et laisse beaucoup plus de liberté au conseil d'administration de la caisse.

Telles sont les dispositions de la loi relative aux caisses de secours des mineurs. La loi ne devrait-elle pas réglementer également les caisses de secours des fabriques? Aucune disposition ne vient limiter le droit que s'arroge le patron de rendre la caisse obligatoire, de fixer le taux des retenues, de déterminer les secours à accorder, d'admettre ou non les ouvriers à participer à l'administration de la caisse et à vérifier les comptes. N'appartient-il pas au législateur d'intervenir? Nous le pensons. Mais nous croyons que son intervention doit se réduire au minimum, et voici ce qui nous paraît indispensable: 1° En ce qui concerne la participation à la caisse, la loi devrait exiger le consentement non pas de chaque ouvrier, comme le font les lois suisse, norvégienne et anglaise, mais bien de la majorité des ouvriers au moment de la création de la caisse. Si, en effet, l'adhésion des ouvriers à la constitution de la caisse nous paraît nécessaire, il nous semble difficile de laisser ensuite liberté à chacun : on risquerait de rendre impossible le fonctionnement de la caisse. Cependant chaque ouvrier devrait recevoir un exemplaire des statuts indiquant le taux de la retenue ainsi que la nature et la quotité des secours[1]. Mais nous n'estimons pas que la création d'une caisse dans chaque fabrique doive être rendue obligatoire. En fait, la plupart des ouvriers de la grande ou de la moyenne industrie font partie d'une caisse de fabrique, d'une caisse syndicale ou

[1] C'est ce que réclame M. Goblet dans sa proposition de loi (art. 2 et 3).

d'une société de secours mutuels[1]. — 2° Au point de vue de la gestion, nous pensons qu'à l'exemple de l'ordonnance du canton de Thurgovie, on doit décider que si les ouvriers participent à la caisse, ils doivent aussi participer à son administration. La loi pourrait peut-être fixer aux 2/3 des membres la représentation des ouvriers; mais c'est là une disposition accessoire. C'est ensuite au conseil de gestion de déterminer la nature et la quotité des secours, le taux des retenues et le montant des cotisations patronales : peut-être la loi pourrait-elle déterminer, comme elle le fait pour les caisses de secours des mineurs, le taux maximum de la retenue. — 3° Enfin les comptes devraient être communiqués annuellement aux ouvriers, comme le décide la loi anglaise et l'ordonnance de Thurgovie. Mais c'est là disposition presque inutile à édicter. Elle est une conséquence forcée de la précédente. — 4° Quant à l'emploi des fonds, deux systèmes sont possibles : ou bien les laisser dans la caisse du patron ou bien en exiger le dépôt dans une caisse spéciale. Nous avons vu que pour les caisses de secours des mineurs, c'est le second mode qui a été

[1] On n'a aucun renseignement statistique sur les caisses de fabriques. Il existait, au 1er juillet 1894, 336 sociétés de secours mutuels créées par des syndicats, dont 229 par des syndicats ouvriers, 54 par des syndicats patronaux, 38 par des syndicats mixtes et 15 par des syndicats agricoles. — Au 31 décembre 1893, on comptait 9.[illegible]97 sociétés de secours mutuels comprenant 1.313.208 membres participants ; leur fortune s'élevait à 205.770.000 fr.; les recettes avaient atteint 31.239.946 fr. et les dépenses 27.132.578 fr. — Le nombre des sociétés augmente d'année en année : en 1884, il n'y avait que 7.743 sociétés comprenant 1.072 308 membres. — M. Leroy-Beaulieu (*loc. cit.*, tom. IV, pag. 375) craint de voir l'essor de ces sociétés arrêté par la loi du 15 juillet 1893 qui a organisé l'assistance médicale gratuite : cette loi, dit-il, sous le masque de la philanthropie, est une des plus absurdes et des plus nuisibles qui soient. — Nous la croyons au contraire excellente : il suffit de ne pas en abuser.

adopté : il en est de même dans les lois allemande, autrichienne, hongroise. C'est au contraire le premier mode qui est usité en Angleterre, en Belgique, en Suisse ; en France aussi, on paraît plutôt disposé à laisser les fonds aux mains du patron : c'est là du reste question peu importante, car les retenues sont généralement calculées de manière à ne pas laisser d'excédent [1].

Telles sont les dispositions qui nous paraissent indispensables au bon fonctionnement des caisses de secours de fabrique. Il nous semble qu'aucune d'entre elles ne peut gêner en rien leur développement et qu'elles donneraient cependant satisfaction aux justes réclamations des ouvriers [2].

[1] La loi du 27 décembre 1895 sur les caisses de retraite, de secours et de prévoyance fondées au profit des employés et ouvriers, n'exige pas le versement des fonds destinés aux secours en cas de maladie ; ils sont simplement protégés par un privilège.

[2] MM. Defontaine et Charpentier ont déposé à la Chambre des Députés, le 17 février 1894, une proposition relative à l'organisation et à la gestion des caisses de secours à peu près conçue dans le sens que nous venons d'indiquer ; toutefois, les caisses de secours étaient rendues obligatoires.

CHAPITRE II

Caisses de retraite

Se constituer une retraite pour la vieillesse, c'est-à-dire se procurer des ressources suffisantes pour pouvoir vivre sans travailler, quand on est arrivé à un âge où le travail devient souvent impossible, est la préoccupation constante non seulement de l'ouvrier, mais encore de tous ceux, quels qu'ils soient, qui «n'ont pas de rentes». Les industriels, les commerçants, ceux qui exercent des professions libérales, s'efforcent justement de se constituer des rentes pendant la partie productive de leur vie ; et ce souci de la vieillesse est un des plus puissants stimulants de l'épargne. Mais comment le salarié, l'ouvrier qui a déjà tant de peine à gagner sa vie et celle de sa famille pendant l'âge mûr parviendra-t-il à épargner la somme nécessaire pour se constituer une retraite ? Cependant, malgré toutes les difficultés, un grand nombre de salariés arrivent à épargner une certaine somme pour leurs vieux jours, tous ceux qui veulent, pourrions-nous dire, car ce ne sont pas, on en a fait souvent la remarque, ceux qui touchent les plus gros salaires mais bien souvent les plus faibles, qui épargnent le plus.

Mais quel usage feront-ils de leur épargne ? Vont-ils se constituer des rentes ? La chose est bien difficile, pour ne pas dire impossible. On ne peut vivre de ses rentes que lorsqu'on possède un capital assez considérable pour avoir des revenus suffisants. Ils vont donc placer leur épargne de manière à pouvoir vivre sur le capital. Aussi, bien loin de croître à chaque génération, l'épargne n'aura-t-elle pris naissance un moment que pour disparaître plus tard; et le fils après le père sera obligé de s'imposer les mêmes privations pour aboutir à un résultat aussi décevant, et laissera ses enfants dans une situation aussi précaire que celle dans laquelle son père l'avait laissé. Le salarié ne pourrait-il, lui aussi, se constituer un capital ? un capital qui permettrait à ses enfants de continuer l'œuvre entreprise et les dispenserait de rouler constamment ce rocher de Sisyphe qui ne s'élève un moment que pour retomber plus bas. C'est là, en effet, le but à atteindre. On sait que les ouvriers agricoles ont trouvé le moyen de résoudre le problème : toutes leurs épargnes, et on ne peut leur reprocher de ne pas épargner assez, bien au contraire, sont employées par eux à acheter de la terre et à devenir ainsi propriétaires. C'est ce qui explique que le nombre des petites propriétés ne diminue pas et tende plutôt à augmenter; tandis, en effet, que sur un point la moyenne et la grande propriété se constituent, surtout aujourd'hui où les placements mobiliers sont de moins en moins productifs, sur un autre au contraire c'est le morcellement qui se produit, et la petite propriété qui se forme [1].

De même que les ouvriers agricoles peuvent faire et font

[1] « La terre est le véritable placement du paysan, l'objet de ses désirs constants, sa passion dominante, sa maîtresse, disait Michelet ; c'est pour lui la caisse d'épargne par excellence, celle qui garde le plus fidèlement l'argent reçu et qui tôt ou tard en rend l'intérêt » (Comte d'Haussonville ; *Le combat contre la misère. Revue des Deux-Mondes*, 1er juillet 1885).

de leur épargne ce judicieux emploi, de même les ouvriers industriels sont incités aujourd'hui à en faire un emploi sinon identique du moins analogue ; la constitution d'un foyer urbain doit remplacer pour eux la formation d'un patrimoine rural. Nous ne reviendrons pas sur tous les avantages que présente la propriété d'une maison. Mais au point de vue de la constitution l'une retraite, il suffit de comparer la situation de celui qui a placé ses épargnes de cette façon et de celui qui les a placées dans une caisse de retraite. Si les versements, en effet, sont faits à capital aliéné, ce qui est le plus fréquent : l'épargne est entièrement perdue si le décès survient avant l'âge de l'entrée en jouissance ; sinon on jouit de sa retraite sous forme de rente viagère et le capital ne passe pas aux enfants[1]. Il pourrait même arriver avec la baisse du taux de l'intérêt que la caisse ne pût tenir ses promesses. Par l'achat d'une maison tous ces inconvénients se trouvent supprimés. Ce n'est pas un placement à fonds perdu que l'on fait, le capital subsiste: quel que soit le moment du décès, le conjoint survivant, les enfants, profitent des épargnes faites; enfin loin d'avoir à redouter une diminution d'intérêt, on profitera souvent d'une augmentation du capital; sauf, en effet, dans le cas de crise, la valeur des maisons tend plutôt à s'accroître. Nous connaissons déjà les objections que l'on fait à ce mode de constitution d'une retraite, et nous avons vu aussi qu'une loi récente était venue

[1] Cependant les versements à la Caisse nationale des retraites sont également possibles à capital réservé. D'autre part, un projet de loi voté par la Chambre des Députés le 7 mars 1896 et actuellement soumis au Sénat autorise la Caisse nationale d'assurances en cas de décès à passer des contrats d'assurance mixte garantissant le paiement d'un capital aux assurés s'ils sont vivants à une époque déterminée ou à leurs héritiers s'ils meurent avant cette époque.

écarter les principales d'entre elles. Nous ne pouvons donc que renouveler le vœu que nous avions exprimé de voir les ouvriers consacrer de plus en plus leurs épargnes à l'achat d'une maison.

Mais si c'est là une institution destinée à se développer dans l'avenir, du moins nous l'espérons, elle ne fait encore que de naître. Examinons donc les modes habituels de constitution d'une retraite. Ce sont encore les patrons qui semblent avoir joué ici le rôle d'initiateur par la création de caisses de retraite, principalement dans les mines, les chemins de fer et la grande industrie métallurgique. Ces caisses sont alimentées en partie par des retenues sur les salaires des ouvriers, en partie par des contributions volontaires des employeurs. Elles sont souvent assez étroitement rattachées aux caisses de secours contre la maladie et administrées à peu près de même. Nous ne renouvellerons donc pas les remarques que nous avons déjà faites au sujet de la gestion de ces caisses : nous pensons que, si les ouvriers participent aux versements, ils doivent aussi participer à l'administration. C'est là du reste une pratique qui est généralement observée aujourd'hui.

Cependant nous ferons remarquer que les lois étrangères dont nous avons parlé ne s'appliquent qu'aux caisses de secours. Elles sont même muettes en ce qui concerne les retenues; sauf la loi belge qui les autorise « du chef de cotisations dues par l'ouvrier à des caisses de prévoyance » (art. 7, 2°), les lois suisse et norvégienne qui interdisent les retenues pour un but spécial, sauf convention entre l'ouvrier et le patron, et la loi allemande[1]

[1] L'assurance obligatoire contre la vieillesse existe en Allemagne depuis la loi du 22 juin 1889. Les retraites sont constituées: 1° par des

qui a organisé l'assurance contre la vieillesse et rendu les retenues obligatoires. Nous ne pensons pas cependant que les retenues soient interdites; mais les caisses de retraite sont trop rares pour qu'on ait jugé utile d'en parler.

retenues sur les salaires des ouvriers, variables suivant les salaires; 2° par des versements égaux aux retenues, effectués par les patrons; 3° par une contribution fixe de l'Etat de 62 fr. 50. — Pour avoir droit à pension, il faut être âgé de 70 ans et avoir travaillé pendant 30 ans. Le montant de la pension varie entre un minimum de 132 fr. 50 et un maximum de 238 fr. 75. — Au 31 décembre 1893, il y avait 204,791 pensions en cours. — Cette loi n'est pas populaire : le chiffre de la pension est trop faible et l'âge de la retraite trop élevé ; d'autre part elle a provoqué des difficultés administratives et financières par suite de la capitalisation des versements. — Sa réforme est à l'étude.

L'assurance obligatoire existe encore, pour les mineurs : en Belgique, où elle date de 1840 (les six caisses minières comptaient, en 1892, 116,420 membres); en Autriche, où elle a été organisée par la loi du 28 juillet 1889, en France depuis la loi du 29 juin 1894 (déjà auparavant 109,000 ouvriers sur 111,000 profitaient de caisses de retraites établies par les compagnies), et en Roumanie depuis la loi du 20 avril 1895. — On cite parfois aussi, mais à tort, le Danemark comme ayant institué l'assurance contre la vieillesse; la loi du 9 avril 1891 est une loi d'assistance : tout citoyen âgé de 60 ans et ne pouvant subvenir à ses besoins a droit à une pension de retraite, partie à la charge de la commune, partie à la charge de l'Etat (v. Jensen: *Les retraites pour la vieillesse en Danemark. Revue politique et parlementaire*, tom. VI, pag. 21).

Tous les autres pays en sont encore à l'assurance facultative. — Toutefois il est intéressant de signaler aux Pays-Bas deux sociétés qui se sont créées uniquement pour encourager les caisses de retraite : la Société néerlandaise de pensions pour les ouvriers ; l'Union des patrons néerlandais, dont les membres se sont engagés à ne pas prendre à leur service d'ouvriers de plus de 21 ans qui ne soient pas assurés, ce sont du reste les patrons qui supportent les deux tiers de la prime. — En Angleterre, l'assurance contre la vieillesse s'exerce : 1° par les caisses patronales; 2° par les Trades-Unions qui en 1893, ont dépensé près de trois millions de francs en arrérages de pensions ; 3° par les *Industrial Companies* et les *Collecting Societies* qui pratiquent l'assurance mixte. — Mais les résultats

Mais il faut étudier les questions spéciales aux caisses de retraite. — Il en est deux surtout particulièrement importantes : l'organisation financière des caisses, les clauses des statuts.

Les caisses de retraite peuvent être organisées de deux manières différentes : ou bien les retenues faites et les versements effectués par le patron sont capitalisés, et le revenu sert à payer les retraites promises ; c'est là en somme le système théorique. Le système généralement pratiqué est bien différent : le patron est censé recevoir les retenues et y ajouter les versements par lui promis. Mais en fait les retenues ne sont pas perçues, elles vien-

n'ont pas paru suffisants, et divers projets ayant recours à l'intervention de l'Etat ont été présentés au Parlement, entre autres en 1892 par M. Chamberlain qui réclamait de l'Etat une subvention de 375 fr. pour tout ouvrier qui, à 25 ans, verserait une somme de 125 fr. — En France, l'assurance contre la vieillesse s'exerce : 1° par les caisses patronales, 2° par les caisses syndicales (il en existait 44 en 1894 : 32 ouvrières ; 5 mixtes et 7 patronales) ; 3° par les sociétés de secours mutuels (en 1893, 3,886 sociétés approuvées distribuaient des retraites à 32,705 pensionnés ; le total des arrérages payés était de 2,347,232 fr., soit 73 fr. par pensionné ; le montant des fonds de retraite a augmenté en 10 ans de 91 % : il a passé de 54,253,000 fr. à 103,522,000 fr.) ; 4° par la caisse nationale des retraites pour la vieillesse (le nombre des rentes viagères en cours était en 1893 de 189,498 pour une somme de 32,908,258 fr.) — Mais la question des retraites est loin d'être résolue : le 6 juin 1891, le gouvernement déposait un projet de loi organisant l'assurance obligatoire d'après le système allemand ; depuis lors il y a eu de nombreuses propositions de loi, ayant le même objet ; mais les difficultés de toutes sortes que l'assurance contre la vieillesse rencontre en Allemagne n'engagent pas à agir de même. On paraît vouloir essayer de donner une solution à la question en encourageant la prévoyance d'une part (la loi du 29 décembre 1895 affecte une somme annuelle de deux millions à la majoration des rentes viagères constituées au profit de ceux qui auront fait des versements en vue d'une pension de retraite), et en organisant d'autre part l'assistance pour les vieillards (le projet de budget de 1897 prévoit un crédit de 600,000 fr. à ce destiné).

nent en déduction du salaire; les cotisations du patron consistent en une simple passation d'écriture; il n'y a par suite aucune constitution de capital: les fonds participent au mouvement général de l'entreprise. C'est au patron à prélever sur son actif les sommes nécessaires au paiement des retraites acquises. Ce système a sur le précédent l'avantage de ne pas immobiliser de fonds et par suite d'être d'une réalisation plus facile, mais il présente plusieurs graves inconvénients: pour les ouvriers d'une part, qui risquent de voir s'évanouir les promesses faites en cas de mauvaises affaires du patron, pour les patrons d'autre part, qui voient sans cesse augmenter leurs charges au fur et à mesure qu'un plus grand nombre d'ouvriers parviennent à l'âge de la retraite, et qui bien souvent ignorent absolument l'étendue de leurs obligations[1].

Aussi les deux lois des 29 juin 1894 sur les caisses de secours et de retraite des ouvriers mineurs[2], et du 27 décembre 1895 concernant les caisses de retraite, de secours et de prévoyance fondées au profit des employés et ouvriers viennent-elles de mettre fin à cet état de choses en exigeant le versement des fonds dans une caisse spéciale. Nous pouvons en faire une étude com-

[1] Il en est de même pour l'Etat, qui pratique un système analogue pour les retraites de ses fonctionnaires et voit augmenter chaque année le chiffre des pensions.

[2] On sait que cette loi organise l'assurance obligatoire contre la vieillesse: l'exploitant doit verser une somme égale à 4 % du salaire, dont moitié à prélever sur le salaire et moitié à fournir par l'exploitant; l'entrée en jouissance est fixée à 55 ans. — L'assurance est encore obligatoire en France pour les fonctionnaires d'une part; et d'autre part pour les inscrits maritimes, qui ont droit à une pension appelée demi-solde après 50 ans d'âge et 25 ans de service (V. Lyon-Caen et Renault, *loc. cit.*, tom. V, pag. 228-231).

mune, car elles sont rédigées sur ce point dans des termes à peu près indentiques. « Toutes les sommes, qui à l'avenir seront retenues sur les salaires des ouvriers et toutes celles que les chefs d'entreprise auront reçues ou se seront engagés à fournir en vue d'assurer des retraites, devront être versées à la Caisse nationale des retraites pour la vieillesse. Toutefois ce versement pourra aussi être opéré dans des caisses syndicales ou patronales spécialement autorisées à cet effet. Les fonds versés dans les caisses syndicales ou patronales devront être placés en valeurs énumérées par la loi; les titres seront nominatifs. La gestion de ces caisses sera soumise à la vérification de l'inspection des finances et au contrôle du receveur particulier de l'arrondissement du siège de la caisse[1]. » Ainsi l'ancienne organisation financière des caisses est complètement transformée : sans doute on a laissé subsister les caisses patronales, on n'a pas voulu rendre obligatoire le versement des fonds à la Caisse nationale des retraites : mais ces caisses patronales seront bien différentes des anciennes ; elles ne leur ressembleront que de nom ; les retenues sur le salaire et les versements du patron ne seront plus fictifs : ils deviendront réels ; les fonds seront placés en valeurs déterminées ; la caisse sera soumise à l'autorisation préalable et à une surveillance incessante. La pensée du législateur se trouve du reste très nettement exprimée dans une phrase

[1] Il existait, avant la loi de 1894, une Caisse centrale de retraite pour les houillères de la Loire : elle a été supprimée depuis cette loi; on trouve plus commode de faire les versements à la Caisse nationale des retraites. — Il existe depuis le 1er octobre 1894 une Caisse patronale de retraite du Comité des forges de France en faveur des ouvriers occupés dans les établissements appartenant à des membres du syndicat : les versements sont entièrement à la charge du patron.

du remarquable rapport de M. Thézard au Sénat : « Obligation de verser à une caisse différente de celle du chef d'entreprise, et offrant toute garantie, les sommes destinées à assurer les retraites : tel est le principe, tel est en même temps le moyen pratique qui s'impose[1]. » Ce système nous semble bien préférable au précédent : il a le grand mérite de préciser les engagements des patrons et les droits des ouvriers. Néanmoins il ne faut pas se dissimuler qu'il aura pour effet de rendre plus difficile la constitution des retraites ; le patron se verra obligé de retirer de son actif des sommes importantes qui servaient à la fois de gage à ses créanciers et à ses ouvriers. Il sera désormais obligé de les immobiliser et de les placer en valeurs qui ne rapportent qu'un intérêt des plus minimes et allant sans cesse en décroissant. Mais on gagnera en sécurité, et c'est là une considération qui doit primer toutes les autres en matière d'épargne et de prévoyance : il ne faut pas qu'à la fin de sa vie l'ouvrier se trouve privé de ressources sur lesquelles il pouvait légitimement compter.

Après avoir examiné l'organisation financière de la caisse, passons maintenant à son organisation intérieure. La plupart des statuts renferment une clause d'après laquelle, pour avoir droit à la retraite, il faut justifier de certaines conditions d'âge et d'un certain temps de séjour dans l'établissement ; par suite tout ouvrier renvoyé ou démissionnaire avant la liquidation de sa retraite perd tout droit à pension Qui ne voit combien il est dur pour l'ouvrier, alors qu'il a déjà subi de nombreuses retenues, soit d'abandonner son emploi, soit de se voir

[1] Sénat, *Documents parlementaires*, 1893, pag. 52, col. 1.

renvoyé. Nous constatons encore là une véritable atteinte à son indépendance, comme nous avons déjà eu à en constater plusieurs : il se trouvera, en effet, attaché à son employeur par un lien extrêmement puissant ; il perdra de fait une partie de la liberté dont il jouissait de changer d'emploi ; il se trouvera aussi dans un lien de dépendance très étroit au point de vue de sa liberté de conscience, de sa liberté politique, de sa liberté syndicale, si l'employeur peut le renvoyer sans motif et le priver ainsi de l'avantage des retenues opérées sur son salaire pour la constitution d'une retraite[1].

Cette clause est-elle légitime ? Le législateur ne doit-il pas intervenir pour réprimer les atteintes qu'elle peut permettre d'apporter à la liberté des ouvriers ? Il n'est guère contestable que la clause de déchéance, c'est ainsi qu'on l'appelle, soit licite ; elle est appliquée par l'Etat pour les retraites des fonctionnaires : tout fonctionnaire révoqué ou démissionnaire perd les retenues effectuées sur son traitement pour la retraite. Elle est même une conséquence presque forcée de la manière dont sont organisées les caisses de retraite : de deux choses l'une en effet, ou bien les statuts ne renfermeront pas de clause de déchéance, mais alors les retraites seront minimes, ou bien les retraites seront plus élevées, mais alors la clause de déchéance est indispensable : les caisses prennent le caractère de tontines, le malheur des uns profite

[1] Les ouvriers prétendent même que c'est un moyen employé par le patron pour éviter le paiement des pensions de retraite ; nous nous refusons à le croire. Nous tenons cependant à reproduire ici ce passage de M. du Maroussem : « Le renvoi frappe avec une complaisance marquée à la veille de la limite d'âge nécessaire pour la retraite ». (Du Maroussem : *Les grands magasins tels qu'ils sont*, *Revue d'économie politique*, 1893, pag. 958).

aux autres. — On peut faire remarquer, toutefois, que la clause est particulièrement dure pour les ouvriers, qui peuvent être renvoyés par leur patron *ad nutum*, tandis que la révocation d'un fonctionnaire est relativement rare et n'a lieu que pour faute grave. Aussi, sinon sa validité, du moins son opportunité est-elle aujourd'hui battue en brèche, par la plupart des économistes. Voici, par exemple, ce qu'en pense M. Leroy-Beaulieu : « Il est clair que pour les caisses de retraite, l'ouvrier qui quitte l'établissement doit pouvoir recouvrer tout ce qu'il a versé, sauf la partie de ses versements qui doit être considérée comme correspondant à l'assurance effective dont il a bénéficié pour les années écoulées. Les ouvriers ont toujours le droit de renoncer, dans l'établissement des caisses de retraite, à la liquidation intégrale de leur part individuelle dans cette caisse quand ils quittent l'établissement ; mais il faut que les statuts de ces caisses soient l'objet d'un consentement libre de la part des ouvriers, c'est-à-dire d'un examen de mandataires désignés par eux. A notre sens, il faut toujours que l'ouvrier puisse retirer tout ce qui, dans ses versements propres, ne représente pas l'assurance pour les années écoulées » [1]. Ce passage nous paraît très caractéristique ; M. Leroy-Beaulieu com-

[1] Leroy-Beaulieu, *loc. cit.*, tom. II, pag. 379. — En regard de l'opinion de M. Leroy-Beaulieu, il est curieux de mettre celle de M. Glasson : « On ne saurait contester la validité de la clause par laquelle une Cie de chemins de fer stipule que les retenues opérées sur les appointements de ses employés au profit d'une caisse de retraite ne donneront lieu à aucune répétition de la part de ceux qui cesseront de faire partie de ses cadres avant l'ouverture de leurs droits à la retraite, quelle que soit la cause de la cessation des services. — Une pareille clause ne touche pas à l'ordre public et la loi qui la prohiberait serait manifestement attentatoire à la liberté des conventions » (Glasson ; *Le Code civil et la question ouvrière*).

mence par déclarer que la clause est licite pourvu qu'elle résulte de la libre convention des parties : toutefois le consentement ne peut provenir que d'un examen des statuts par des mandataires de l'ouvrier, ce qui, en fait, est excessivement rare : mais il se reprend ensuite pour exprimer l'avis que l'insertion de la clause, même librement consentie, ne peut être que le résultat d'une erreur ou d'une ignorance, qu'elle doit être écartée. Nous aurions mauvaise grâce à nous montrer plus difficile que M. Leroy-Beaulieu. Ainsi, pas de doute pour les retenues en vue d'une retraite, opérées sur le salaire de l'ouvrier : il doit toujours pouvoir les récupérer.

Mais doit-il en être de même pour les versements effectués par les patrons qui contribuent à la constitution des retraites? La question est délicate. Quelle est, en effet, la nature de ces versements? Si c'est une donation, on appliquera la théorie de l'irrévocabilité des donations. Mais à quel moment la donation est-elle réalisée? Est-ce quand la retenue d'une part, le versement de la contribution du patron d'autre part, sont censés effectués? N'est-ce pas plutôt au moment de la liquidation de la pension? Comme il ne peut être question, dans l'espèce, que d'un don manuel, la réponse n'est pas douteuse : la donation ne devient irrévocable que du jour de la liquidation.—Mais le versement du patron n'est pas une donation : c'est une retenue dissimulée sur le salaire. « Il est certain, dit M. Leroy-Beaulieu, que tous les avantages accessoires, quels qu'ils soient, dont bénéficient les travailleurs dans le présent et dans l'avenir représentent en réalité des parties de salaire, parties occultes parfois. — Le cas de savoir s'il peut les revendiquer à son départ dépend de l'importance que l'on attache à favoriser la permanence des engagements ou au contraire à s'en désintéresser »[1]. Nous ne pouvons accepter, pour notre part, ce critérium, ou peut-être influe-t-il sur nous à notre insu, puisque nous ne sommes pas partisan de la permanence des engagements, du moins au sens où l'entend M. Leroy-Beaulieu. Aussi sa prémisse une fois admise, et comment ne l'admettrions-nous pas puisque c'est chose certaine, nous sommes amenés à nous prononcer pour l'affirmative et à déclarer que l'ouvrier, à son départ, doit pouvoir revendiquer aussi bien les versements effectués par son patron que les retenues opérées sur son salaire.

La question dont nous venons de nous occuper a été soulevée dans divers pays. Une loi fédérale suisse du 28 juin 1889, relative à l'organisation des caisses de secours des compagnies de chemins de fer et de bateaux à vapeur déclare que « le remboursement à opérer aux employés quittant le service d'une compagnie doit être calculé en tenant compte dans une proportion équitable des versements effectifs et des risques supportés par la caisse[2] ». — Une loi saxonne du 2 mars 1882, relative aux caisses de retraite des mines contient des dispositions à peu près analogues. La loi n'est pas applicable à tous les mineurs quittant l'établissement, mais seulement à ceux « qui seront restés associés pendant 5 ans au moins à la caisse de secours fonctionnant près de la mine à laquelle ils étaient attachés et qui viennent à être congédiés par leur patron en dehors

[1] Leroy-Beaulieu ; *loc. cit.*, tom. II, pag. 379.

[2] Cette loi déclare que les statuts doivent être soumis à l'approbation du Conseil fédéral, fixe les principes généraux des statuts et décide que le taux des retenues doit être calculé de manière à répondre aux besoins de la caisse, ordonne la présentation de comptes annuels.

des cas prévus par la loi comme motifs légitimes de renvoi, ou qui abandonneront la mine pour une des causes prévues comme motifs légitimes de départ. » Deux systèmes sont proposés par la loi pour atteindre le but proposé : « Les ouvriers auront droit au remboursement des versements qu'ils auront effectués à la caisse, ou bien devront être admis à continuer ces versements à la condition de profiter, le cas échéant, de la pension qui leur était garantie en retour, ou qui était assurée, après leur décès, à leurs femmes et à leurs enfants. Les statuts devront mentionner le système adopté ». De ces deux systèmes le second nous paraît le plus favorable aux ouvriers, surtout s'ils sont près de l'âge de la retraite, mais il nous semble singulièrement incommode au point de vue des versements postérieurs au départ de l'ouvrier.

En France, la jurisprudence d'abord, puis le Parlement ont eu à se préoccuper de cette clause de déchéance particulièrement dans le cas de renvoi d'ouvriers soit par les compagnies de mines, soit surtout par les compagnies de chemins de fer. A l'origine les tribunaux ont déclaré que la clause était illicite et que l'ouvrier renvoyé avait droit au remboursement de ses retenues [1]. Mais les arrêts de la Cour de cassation ont toujours été opposés à cette opinion : « Attendu que cette clause n'a rien d'illicite, et que du moment où elle a été librement acceptée par l'employé, elle doit recevoir exécution [2]. » En présence de cette

[1] V. en ce sens : Nimes, 23 mai 1865, Sirey, 67, 2, 85. — T. C. Chambéry, 31 mai 1875, Sir, 76, 1, 320.— Contrà : Cass, 24 mai 1876, Sir, 76, 1, 320.— Cass. 26 novembre 78, D, 79, 1, 283.— Cass. 4 août 79. Sir, 80, 1, 35.

[2] Encore faudrait-il prouver qu'elle a été librement acceptée par l'employé. C'est un point dont la Cour de cassation n'a jamais voulu admettre la discussion : tout ouvrier qui travaille dans une entreprise est censé en avoir librement accepté tous les règlements, même s'il n'en a pas eu connaissance.

jurisprudence, de nombreuses propositions de loi furent déposées, relatives presque toutes aux caisses de retraite des compagnies de chemins de fer. Elles ont abouti, le 27 décembre 1890 à une loi qui par son article 1er modifie l'art. 1780 du Code civil et par son article 2 déclare que : dans le délai d'une année, les compagnies et administrations de chemins de fer devront soumettre à l'homologation ministérielle les statuts et les règlements de leurs caisses de retraites et de secours. L'article 1er est beaucoup plus large puisqu'il s'applique à tous les salariés. Il décide que « la résiliation du contrat de louage de services fait sans détermination de durée par la volonté d'un seul des contractants peut donner lieu à des dommages intérêts : pour la fixation de l'indemnité à allouer, le cas échéant, il est tenu compte...... des retenues opérées et des versements effectués en vue d'une pension de retraite. » Mais dans quels cas y a-t-il lieu à indemnité ? Une vive controverse s'est élevée sur ce point entre les divers interprètes de la loi. La Cour de cassation y a mis fin récemment en décidant à plusieurs reprises qu'il y avait lieu à indemnité toutes les fois que l'ouvrier aurait été renvoyé sans motifs légitimes, c'est-à-dire quand le patron aurait fait de son droit un usage abusif[1]. — Ainsi dans le cas de ren-

[1] La controverse portait sur le point de savoir en quels cas étaient dus les dommages-intérêts ? Le seul fait de la rupture donnait-il naissance à une indemnité, sauf preuve faite de la légitimité du renvoi ? C'était l'opinion de M. Planiol (Note sous Grenoble, 23 janvier 1893, D., 93, 2, 377). D'autres au contraire (M. Sauzet : *Annales de droit commercial*, 1892, pag. 49 et 97 ; M. Mongin, *Revue critique*, 1893, pag. 342-361) soutenaient que le renvoi ou le départ *ad nutum* était toujours possible comme auparavant, et qu'il n'y avait lieu à dommages-intérêts que tout autant que ce renvoi était abusif. — En somme, l'intérêt de la question est de savoir à qui incombera la preuve en cas de renvoi de l'ouvrier : si c'est au patron, comme il résulte de la première

voi abusif, l'ouvrier aura droit à une indemnité pour la fixation de laquelle on tiendra compte des retenues opérées et des versements effectués en vue d'une pension de retraite. Qu'arrivera-t-il dans les autres cas ? Si par exemple le renvoi est fondé sur un motif légitime ? Il semble résulter des termes de la loi que l'ouvrier n'aura droit à aucune indemnité. Cependant ce n'est pas l'avis unanime. « L'indemnité est toujours due à l'ouvrier en cas de rupture par le patron, lorsqu'il existe une caisse de retraite alimentée par des retenues faites sur le salaire. Mais lorsque la caisse de retraite est alimentée, non seulement par les retenues sur les salaires, mais encore par des versements volontaires effectués par le patron, l'ouvrier pourra-t-il exiger et le remboursement des sommes retenues sur le prix de son travail, et le paiement intégral de celles qu'aura versées le patron ? Il faut distinguer suivant que le contrat est résolu par la faute du patron ou par la

opinion, ou bien à l'ouvrier. La Cour de cassation s'est rangée à la seconde des solutions (21 novembre 1893, Sir, 95, 1, 166; 14 novembre 1894, Sir, 95, 1, 261; 20 mars 1895, Sir, 95, 1, 313); seulement tandis que pour elle la faute s'entendait autrefois d'un acte injuste, c'est-à-dire contraire au droit, elle consiste aujourd'hui en un usage abusif du droit ; elle a appliqué en matière de rupture de contrat le système qu'elle avait adopté au cas de renvoi d'un ouvrier sur la demande d'un syndicat : la chose est logique ; les deux solutions concordent. — Cette solution a provoqué de vives critiques : le premier des droits de l'industriel, celui de composer son personnel à son gré, est, dit-on, violé (V. Hubert-Valleroux : *Economiste français* du 11 mai 1895, pag. 595) ; dans la limite très restreinte où ce droit est soumis à la censure des tribunaux, la chose nous paraît très légitime. Du reste les patrons ont déjà trouvé le moyen de tourner la loi : elle n'est applicable qu'au louage de services sans détermination de durée ; ils engagent l'ouvrier à la journée ; dès lors il n'y a aucune indemnité à payer en cas de renvoi (Cass, 20 mars 1895).— V. sur la question, outre les articles cités, Charmont (*Revue critique*, 1895. *Examen doctrinal de jurisprudence*, pag. 609).

faute de l'ouvrier : dans le premier cas, les versements effectués par le patron doivent être remboursés aussi bien que les retenues, dans le second cas les retenues seules doivent être remboursées, mais les versements ne doivent pas être payés à l'ouvrier[1] ». Cette distinction est fort ingénieuse mais ne fait honneur qu'à l'esprit inventif de ses auteurs ; le texte de la loi y est formellement opposé ; l'ouvrier aura bien droit à ses retenues et aux versements du patron dans le cas de renvoi abusif ; mais dans le cas de renvoi légitime, il n'aura pas plus droit au remboursement de ses retenues qu'au paiement des versements du patron. — Dès lors la loi ne nous semble avoir atteint que partiellement le but qu'elle se proposait[2], d'autant plus qu'elle ne s'applique pas davantage si le contrat est fait pour une durée déterminée, ou bien si c'est l'ouvrier qui donne congé.

Comment donc protéger l'ouvrier dans tous les cas ? « La source du mal », dit M. Mongin, « est dans la clause qui tient en suspens le droit à la retraite, et c'est cette clause même qu'il faut attaquer si l'on veut agir d'une manière utile. Or cette clause doit être frappée de nullité comme contraire à l'ordre public ; l'article 1780 interdit en effet les engagements perpétuels : or cette clause tend à enchaîner étroitement l'ouvrier à son atelier, à lui enlever sa liberté de fait en le privant de sa retraite au cas de départ pour une cause quelconque ; le départ de l'ouvrier n'est-il pas entravé aussi complètement qu'il le serait par

[1] André et Guibourg : *Le Code ouvrier*, pag. 428-430.

[2] Depuis la promulgation de la loi, nous ne connaissons qu'un jugement rendu dans un cas où la question de retraite était agitée : il est du reste sans intérêt, attendu que le jugement constate que les retenues pour la retraite sont remboursées aux ouvriers congédiés (Grenoble, 23 janvier 1893, Sir. 95, 2, 253).

une clause ouverte d'engagement indéfini ? Il n'est guère douteux que l'on ne doive considérer comme perpétuel un engagement qui imposerait à l'employé une clause pénale considérable pour le cas où il viendrait à quitter son patron à quelque époque que ce fût. Or la menace de perdre la retraite constitue une véritable clause pénale, clause extrêmement dure, créant un obstacle aussi puissant que l'obligation de verser une certaine somme d'argent[1] ». Cette thèse admirablement présentée est très séduisante : sans doute toute clause pénale, qui aboutirait à imposer un engagement perpétuel, serait nulle comme contraire à l'ordre public ; et en vertu de l'article 1227 du Code civil, la nullité de la clause n'entraînerait pas la nullité de l'obligation principale. Mais peut-on considérer comme une clause pénale la clause déclarant que par son départ l'ouvrier perd tout droit à la retraite ? Sans doute, elle agit en fait comme clause pénale : mais dans l'intention nous ne disons pas des parties, mais des patrons qui ont créé les caisses de retraite et en ont rédigé les statuts, c'était une clause toute naturelle tenant au caractère tontinier de ces caisses : la part des mourants et des partants accroissait aux autres, comme cela existe du reste encore aujourd'hui pour les retraites des fonctionnaires. Nous ne pensons donc pas que cette thèse ait quelque chance d'être soutenue avec succès devant les tribunaux. M. Mongin, du reste, le reconnait lui-même : « Peut-être trouvera-t-on un peu hardie une théorie qui annule des clauses insérées dans un grand nombre de contrats longtemps acceptés sans contestation. Elle ne fait cependant qu'imposer aux patrons une réforme vivement désirée

[1] Mongin, *Le droit de congé dans le louage de services* (*Revue critique*, 1893, pag. 342-361).

par les défenseurs les plus modérés des classes ouvrières, inspirée par le sentiment d'une impartiale justice ». Nous aussi, nous estimons qu'une réforme est nécessaire, mais nous pensons que c'est par voie législative qu'elle doit être opérée [1]. Elle est du reste à peu près réalisée.

La loi du 29 juin 1894 sur les caisses de secours et de retraite des ouvriers mineurs décide, en effet, que « les versements en vue de la retraite seront inscrits sur un livret individuel au nom de chaque ouvrier ou employé : un décret rendu dans la forme des règlements d'administration publique prescrira les mesures à prendre pour assurer le transfert, soit à une autre caisse syndicale ou patronale, soit à la caisse nationale des retraites pour la vieillesse, des sommes inscrites au livret de chaque intéressé » (art. 2 § 2, et 4 § 2). Ainsi pour les ouvriers mineurs le livret individuel est obligatoire ; il les suit partout où ils vont. — Pour les autres caisses, il n'est que facultatif : la loi réserve en effet aux patrons la faculté de versement à la Caisse des dépôts et consignations : et ce, justement dans le but de ne pas rendre le livret individuel obligatoire : « Les avantages du livret individuel sont tels qu'on serait tenté de substituer absolument la Caisse des retraites à la Caisse des dépôts. — Toutefois et pour respecter, surtout au début, la liberté des combinaisons pratiquées jusqu'ici, il y a lieu d'autoriser les chefs

[1] M. Castelin a déposé à la Chambre des députés le 2 décembre 1893 une proposition de loi dont l'article premier est ainsi conçu : « Si le contrat de louage implique la participation à une caisse de retraite, la rupture du contrat entraine de plein droit, et à quelque époque que ce soit, le règlement de la portion de rente acquise à l'employé ou à l'ouvrier, soit à raison des retenues opérées sur son salaire, soit à raison des versements effectués en vertu de conventions particulières ». Nous approuvons fort cette disposition.

d'entreprise à opter entre les deux caisses que nous avons indiquées[1] ». Mais si les fonds sont déposés dans une caisse syndicale ou patronale, le livret individuel est-il obligatoire ou facultatif? Les travaux préparatoires ne permettent pas de résoudre la question ; et les textes sont plutôt contradictoires : « Les fonds devront être versés soit à la Caisse nationale des retraites pour la vieillesse au compte individuel de chaque ayant droit, soit à la Caisse des dépôts et consignations, soit à des caisses syndicales ou patronales spécialement autorisées à cet effet », dit le § 1 de l'article 3 : il semble bien en résulter que les caisses syndicales et patronales sont mises sur le même rang que la Caisse des dépôts et que par suite le livret est facultatif. — Mais c'est l'opinion opposée qui paraît découler de l'examen du § 2 du même article : « Un règlement d'administration publique prescrira les mesures à prendre pour assurer le transfert, soit à une autre caisse syndicale ou patronale, soit à la Caisse nationale des retraites pour la vieillesse, des sommes inscrites au livret de chaque intéressé ». Il est vrai que l'on peut remarquer que ce texte n'est que la reproduction exacte de celui relatif aux caisses de retraites des ouvriers mineurs : on l'aura transcrit sans se rappeler que cette loi rendait obligatoire le livret individuel. — Il nous semble donc impossible de conclure soit dans un sens soit dans l'autre.

Quelle que soit du reste la solution de droit, le livret individuel se répandra certainement de plus en plus : maintenant que le versement des fonds dans une caisse spéciale est rendu obligatoire, la clause de déchéance devient sans intérêt pour le patron ; et le livret individuel lui évitera beaucoup de difficultés. Du reste, d'ores et

[1] Rapport Thézard, *loc. cit.*, pag. 52, col. II.

déjà, la clause de déchéance n'est presque plus employée. Les compagnies de chemins de fer ont en effet remanié les règlements de leurs caisses de retraite, avant même le vote de la loi de 1890 ; elles se sont ralliées à un des deux systèmes suivants : ou bien le remboursement des retenues opérées à tout agent quittant la compagnie, ou bien le versement des retenues à la Caisse des retraites et la remise de son livret à l'agent au moment du départ[1]. Elles ont été imitées par un grand nombre d'autres caisses, de sorte que la question que nous avons discutée n'est plus guère qu'une question de principe : elle est pratiquement à peu près résolue[2].

Ainsi placement des fonds des caisses de retraite, constitution des retraites par livret individuel, voilà les deux mesures, dont l'une est déjà réalisée, dont l'autre est sur le point de l'être, qui nous paraissent nécessaires au bon fonctionnement des caisses de retraite : elles mettront fin aux nombreuses difficultés qui se sont élevées sur ce point.

[1] La Cie du Midi distingue entre les employés révoqués et congédiés, à qui elle rembourse la totalité des retenues sans intérêt, et les employés démissionnaires à qui elle rembourse les retenues effectuées, moins celles des trois premières années (V. Cass, 13 janvier 1892, 93, 1, 257).

[2] Cette question se pose dans les mêmes termes pour toutes les institutions de retraite fondées sur un principe analogue, c'est-à-dire où les versements effectués ne sont pas inscrits sur un livret individuel. Dans les sociétés de secours mutuels par exemple, les pensions de retraite sont constituées sur un fonds commun ; le projet de loi en discussion n'a pas cru pouvoir imposer le livret individuel : « Les pensions de retraite peuvent être constituées soit sur le fonds commun, soit sur le livret individuel qui appartient en toute propriété à son titulaire ». — Pour les caisses de retraite organisées par les syndicats, la loi de 1884 a pris soin d'obvier à cet inconvénient en décidant que « tout membre qui se retire conserve le droit d'être membre des sociétés de secours mutuels et de pensions de retraite pour la vieillesse à l'actif desquelles il a contribué par des cotisations ou versements de fonds » (art. 7, § 2).

Nous ne pouvons abandonner la question sans dire un mot d'une institution qui a le même but, assurer une retraite à ses membres, nous voulons parler de la participation aux bénéfices à répartition différée [1]. Les mêmes problèmes se posent que pour les caisses de retraite : les fonds de la participation peuvent-ils être employés dans l'entreprise ? la clause de déchéance est-elle licite ?

Il ne semble pas qu'on puisse faire à la première ques-

[1] La participation aux bénéfices est, on le sait, une institution qui tend à faire de l'ouvrier un coparticipant de l'entreprise. Des problèmes très délicats s'y rattachent qui dérivent tous de la nature du droit que l'on reconnaît à l'ouvrier : le droit de l'ouvrier à la participation est-il absolu ? ou simplement éventuel, à la disposition du patron ? Suivant la solution que l'on donne à cette question, d'autres en découlent, par exemple le point de savoir si le contrôle des comptes doit être obligatoire : beaucoup de maisons pratiquant la participation ne veulent pas entendre parler de la vérification des comptes ; le projet de loi relatif à la coopération et à la participation aux bénéfices autorise la renonciation à tout contrôle.

Une des questions les plus délicates est le mode de répartition des bénéfices. La répartition peut être immédiate ou différée : la répartition est immédiate quand elle a lieu à la fin de l'année, après la clôture de l'exercice ; différée quand les bénéfices sont mis en réserve et que l'ouvrier n'y a droit qu'au moment de quitter l'usine ou de prendre sa retraite. Il existe de nombreux systèmes mixtes : une part est immédiatement distribuée aux ouvriers; une autre mise en réserve ou versée à une caisse de retraite, soit individuellement, soit collectivement pour tous les ouvriers. Nous ne nous occuperons pas de ces modes de répartition : ils rentrent dans ce que nous avons déjà dit relativement aux caisses de retraite. — Mais il en est un particulier à la participation aux bénéfices : c'est le versement à une caisse de prévoyance. M. de Courcy, directeur de la Cie des Assurances générales, en a été l'initiateur, et il s'est répandu dans un grand nombre de maisons parisiennes pratiquant la participation. C'est de ce mode de participation que nous nous occupons. — Sans discuter et apprécier ces différents modes de répartition, faisons remarquer qu'ils sont tous éminemment favorables à l'épargne, les uns rendant l'épargne obligatoire, les autres se contentant de la faciliter par la remise annuelle d'une somme prête pour le placement.

tion une réponse différente de celle que nous avons faite pour les caisses de retraite. Les fonds de la participation sont généralement inscrits au compte de chaque participant, qui se trouve avoir ainsi, au bout d'un certain nombre d'années, un pécule d'une importance variable : au moment où le bénéficiaire veut prendre sa retraite, il peut employer ce pécule à son gré, le convertir en rente viagère s'il est célibataire ; en rente viagère réversible sur la tête de son conjoint s'il est marié, en rente perpétuelle ou en patrimoine enfin s'il est père de famille. Ce pécule constitue son unique ressource pour la vieillesse: et il mérite par suite une protection égale à celle attribuée aux pensions de retraite. Cependant on oppose à cette opinion deux arguments : la participation est de la part du patron un acte absolument volontaire : ne faut-il pas redouter que, si on augmente ses charges, en l'obligeant à verser dans une autre caisse les fonds de la participation, il ne renonce à cette institution, éminemment favorable aux ouvriers? — D'autre part, la participation est un moyen parfois employé pour transformer une société en association coopérative de production : c'est ainsi qu'ont procédé Leclaire et Godin : les fonds de la participation sont employés en achat d'actions de la société. Faut-il empêcher cette pratique, que l'on devrait au contraire, semble-t-il, favoriser? La question a fait l'objet d'une ample discussion au Congrès de la participation aux bénéfices en 1889. Les résolutions adoptées nous paraissent avoir tenu compte des divers intérêts en présence : « La création d'une caisse générale des dépôts indépendante des entreprises, pour les épargnes collectives, lorsque les produits de la participation n'auront pas reçu une autre destination, est de nature à donner sécurité et confiance aux intéressés, et elle est à la fois désirable pour le patron et pour les ouvriers. Sans pouvoir conseiller en termes absolus de préférer aux placements de tout repos la commandite de la maison industrielle où les ouvriers travaillent, ce dernier parti, malgré les risques qu'il fait courir est le moyen le meilleur et le plus pratique de réaliser l'avènement des sociétés coopératives de production[1]. » Aussi la loi du 27 décembre 1895 n'a-t-elle pas rendu obligatoire le placement des fonds de la participation ; il est simplement facultatif. La Caisse des dépôts et consignations est autorisée à recevoir, à titre de dépôt, les sommes ou valeurs appartenant ou affectées aux institutions de prévoyance fondées en faveur des employés et ouvriers. Les sommes ainsi reçues porteront intérêt à un taux égal au taux d'intérêt du compte des caisses d'épargne » (art. 2.). Mais c'est là une faculté dont il serait bon que les patrons fissent le plus grand usage.

La question de la clause de déchéance doit être aussi envisagée. Il importe, croyons-nous, que dans la participation aux bénéfices, comme dans tout autre mode de rémunération de l'ouvrier, celui-ci puisse à tout moment retirer ce qui lui appartient ; nous avons estimé injuste le fait par un patron de ne pas rembourser au départ d'un ouvrier les retenues faites sur son salaire en vue de la constitution d'une retraite, nous ne pouvons prononcer un autre jugement quand il s'agit de la participation aux bénéfices : toute somme portée au compte d'un participant doit lui être remboursée au moment où il quitte l'établissement. M. de Courcy n'admettait pas cette solution : les bénéfices sont bien inscrits sur un livret individuel, mais ce livret reste entre les mains du patron, qui ne

[1] Congrès de la participation aux bénéfices : 11e résolution.

le remet à ses employés que lorsqu'il lui plaît ; en cas de révocation, « la compagnie remet généralement le montant du livret, si l'employé a une femme et des enfants qui se trouveraient par suite de cette révocation dans une situation malheureuse » ; mais en cas de départ volontaire, jamais : « remettre le livret, c'est accorder une prime à la désertion : et par là tuer l'institution[1]. » Nous ne savons si vraiment, comme le prétendait M. de Courcy, donner à l'ouvrier un livret individuel sans cesse à sa disposition, serait porter un coup mortel à la participation aux bénéfices. Nous ne le pensons pas : il y a bien des maisons où elle existe de cette façon, la maison Leclaire par exemple, et qui n'en sont pas atteintes dans leur vitalité. Mais peu importe : les partisans de la clause de déchéance en matière de participation aux bénéfices ne s'aperçoivent peut-être pas qu'ils justifient de la sorte les attaques dirigées contre cette institution par les socialistes, qui lui reprochent de n'être qu'un moyen de faire produire à l'ouvrier le maximum possible sans que sa situation s'en trouve améliorée. La participation aux bénéfices doit être pratiquée pour elle-même, dans l'intérêt de l'ouvrier : si le patron en tire profit grâce à l'activité, à l'application de son personnel, ce ne doit être que par surcroît : l'avantage qui peut en résulter pour lui ne doit jamais être le but de cette institution. Dans la participation aux bénéfices, l'ouvrier doit avoir un droit absolu et non un droit éventuel : il doit pouvoir, en toute circonstance, conserver les sommes qui ont été allouées. — Cette question a fait, comme la précédente, l'objet d'une discussion au

[1] *Enquête de la Commission extra-parlementaire des associations ouvrières.* Paris, Imprimerie nationale, 1883, 2e partie, pag. 87 et 89. — Cz de Courcy : *Le droit et les ouvriers*, pag. 165-175.

Congrès de la participation. La suppression de la clause de déchéance a été vivement réclamée par des hommes comme M. Laroche-Joubert, et comme M. David Schloss, qui a déclaré qu'en Angleterre on ne comprendrait pas que la question pût seulement se poser. Cependant la résolution suivante a été adoptée sur la demande de nombreux chefs de maison qui déclaraient ne pouvoir souscrire à cette suppression : « Le Congrès émet le vœu que la déchéance ne soit plus inscrite dans les conventions relatives à la participation. Le Congrès reconnait toutefois que l'organisation d'une caisse de prévoyance ou de retraite peut comporter, dans l'intérêt même du personnel, l'application de cette déchéance, à la condition que son montant reste à la masse et que pour éviter tout arbitraire les cas de déchéance soient déterminés par le règlement[1]. » Quelles que soient les précautions dont on ait entouré la clause de déchéance, nous ne pouvons cependant l'accepter : elle est manifestement destinée à lier les mains à l'ouvrier, elle porte atteinte à son indépendance. A ce titre nous l'écartons. La clause de déchéance n'est pas plus admissible pour une caisse de prévoyance que pour une caisse de retraite : l'ouvrier doit toujours pouvoir récupérer ce qui lui appartient.

[1] *Congrès de la participation*, pag. 152 et 251.

CHAPITRE III

Assurance contre les accidents

La question de l'assurance contre les accidents du travail est tout autre que celles que nous venons d'examiner, car il vient s'y mêler un nouveau problème, celui de la responsabilité qui ne se pose pas pour la maladie et la vieillesse qui sont d'ordre naturel. Quel est en effet celui qui doit supporter les frais de l'assurance? Celui évidemment à qui incombe la responsabilité de l'accident. Suivant donc que la loi fera peser la responsabilité sur le patron ou sur l'ouvrier, c'est l'un ou l'autre qui aura intérêt à s'assurer et qui paiera les frais de l'assurance. Responsabilité et assurance sont donc les deux termes de la question à examiner.

En France, aucune loi n'est spécialement relative à la question des accidents du travail. La jurisprudence applique les règles générales de la responsabilité délictuelle (art. 1382-1384 C. C.) : il en résulte que le patron est responsable du dommage causé par son fait, sa négligence, ou son imprudence, et par le fait de ses préposés ; seulement c'est à l'ouvrier demandeur d'une indemnité à prouver la faute du patron : si la preuve peut être faite, une indemnité est due ; sinon le patron n'est nullement responsable. Or, il résulte d'une statistique allemande souvent citée que, sur 100 accidents, 12 sont dus à la faute du patron, 20 à la faute de l'ouvrier et 68 à des cas fortuits. Ce ne serait donc que dans l'infime minorité des cas que l'ouvrier pourrait obtenir une indemnité, et en définitive c'est lui qui aurait à supporter presque toujours la charge des accidents. — Nous ne savons quelle est la valeur de cette statistique[1], mais ce que nous savons bien, c'est que les conséquences que l'on voudrait en tirer sont singulièrement erronées : tout au contraire M. Hubert-Valleroux rapporte l'opinion d'un industriel d'Eure-et-Loir, fort surpris d'apprendre que le patron qui avait un de ses ouvriers blessés n'était tenu à indemnité que s'il était en faute. « Je croyais, me disait-il, d'après la jurisprudence du tribunal de Chartres, qu'il devait toujours une indemnité : je vois les patrons appelés devant le tribunal par leurs ouvriers invariablement condamnés, quelle que soit la cause de l'accident »[2]. La jurisprudence, en effet, a singulièrement évolué : elle s'en tient certes toujours au principe que l'ouvrier doit prouver la faute de son patron[3], mais en fait elle déclare non seulement que le patron est responsable de la moindre négligence, de la moindre imprudence commise par lui ou par ses employés, des défauts de l'outillage ; mais encore que le patron doit veiller à la sécurité de ses ouvriers et les protéger dans

[1] Il n'est pas de statistiques plus difficiles à effectuer que celles relatives aux causes des accidents du travail : elles ne reposent pas en effet sur des faits, mais sur des appréciations ; elles sont subjectives et non objectives ; aussi diffèrent-elles considérablement les unes des autres, et n'ont par suite qu'une valeur très relative.

[2] Hubert-Valleroux ; *Contrat de travail*, pag. 265-266.

[3] Tribunal d'Evreux, 27 avril 1894. *La Loi*, 23 mai 1894. — Cass., 5 avril 1894, D, 94, 1, 479.

la mesure du possible contre leur imprudence[1]; qu'il doit prendre toutes les mesures de précaution, non seulement prescrites par l'administration[2], mais simplement nécessitées par la nature du travail; qu'il est responsable envers l'ouvrier blessé dans un service périlleux du défaut de surveillance et de précaution imputable au contre-maître[3]. La faute de l'ouvrier n'a même pas pour effet de faire disparaître la responsabilité du patron, mais simplement de l'atténuer : il y a faute commune[4] : les dommages-intérêts dus par le patron en seront simplement diminués[5].

Quels que soient les effets de cette jurisprudence, il n'en reste pas moins que c'est à l'ouvrier qu'incombe la preuve de la faute ou de la négligence de son patron, et qu'il n'a droit à indemnité que s'il peut faire cette preuve ; tous les autres accidents restent à sa charge, il a donc intérêt à s'assurer; et s'il contracte une assurance, c'est lui qui en supportera les frais. D'un autre côté, le patron a également intérêt à s'assurer contre le risque de responsabilité qui pourrait peser sur lui. Voilà donc deux assurances qui vont fonctionner côte à côte : l'assurance-accidents pour les ouvriers, l'assurance-responsabilité pour les patrons.

L'assurance-accidents peut être soit individuelle, soit collective ; individuelle si elle est contractée par un ouvrier prévoyant, collective si elle est conclue par un patron au nom et pour le compte de ses ouvriers. L'assu-

[1] Tribunal d'Orange, 23 décembre 1892, *Gazette du Palais*, 93, 1, 349.

[2] Cour de Montpellier, 14 juin 1890. — Cour de cassation, 5 décembre 1890 (*Annales des Mines*, 1891, 5e livraison).

[3] Alger, 23 mai 1892, *Gazette du Palais*, 1893, 1, 2e partie, pag. 19.

[4] Douai, 6 juin 1887 (*Annales des Mines*, 1888, 4e livraison).

[5] V. cette évolution de la jurisprudence dans les chroniques de jurisprudence de M. Pic (*Annales de droit commercial*).

rance individuelle en France n'existe pour ainsi dire pas chez les ouvriers ; elle est plutôt pratiquée par les petits patrons qui, s'ils sont victimes d'accident, n'ont d'action en responsabilité à exercer contre personne, et encore l'est-elle probablement assez peu. Au contraire, l'assurance collective est très répandue, et elle s'exerce soit par les compagnies d'assurances [1], soit par des caisses patronales d'assurance mutuelle [2], soit par les employeurs qui sont à eux-mêmes leurs propres assureurs (les compagnies de chemins de fer, de mines par exemple). C'est au fonctionnement de cette assurance collective qu'il faut maintenant nous attacher, surtout quand elle s'exerce au moyen d'une compagnie d'assurances. Examinons comment cette assurance est contractée, qui en supporte les frais et qui en retire les bénéfices.

Voici en peu de mots comment les choses se passent. Le patron conclut une assurance au nom et pour le compte de ses ouvriers, à qui il impose l'obligation de s'assurer et de payer les primes au moyen de retenues sur leur salaire. Quant à la compagnie d'assurances, elle contracte avec le patron, mais nullement avec les ouvriers : elle assure le personnel de l'usine, c'est au patron à verser les primes et à payer les indemnités dues aux ouvriers. Mais ce n'est pas tout : le patron qui vient d'assurer ses ouvriers s'assure aussi lui-même ; à côté de l'assurance-accidents, il contracte une assurance-responsabilité pour se mettre à l'abri des actions qui pourraient lui être intentées ; et

[1] Elles ont payé en 1894, pour les victimes d'accidents, plus de 11.000.000 fr.; elles ont de 800.000 à 1 million d'assurés.

[2] Les principales sont : la Caisse syndicale d'assurance mutuelle des forges de France, fondée le 27 juin 1891, qui assure 56.000 ouvriers, et celle des industries textiles de France fondée le 1er mai 1895.

cette assurance contient une clause des plus intéressantes : c'est le mandat donné par le patron à la compagnie d'assurances de plaider pour lui. Tel est le contrat. Voyons comment il fonctionne. L'ouvrier est-il victime d'un accident ? Aussitôt, dit-on, il se verra circonvenu par quelque agent d'affaires qui lui fera exercer une action, souvent à son corps défendant, et sans aucun risque : l'ouvrier obtiendra, en effet, l'assistance judiciaire, jamais refusée en pareil cas ; s'il gagne, il partagera avec l'agent d'affaires l'indemnité obtenue ; s'il perd, il n'aura rien à débourser puisqu'il est insolvable. Nous reconnaissons que, lorsqu'il y a procès, c'est ainsi que les choses se passent. Mais y a-t-il procès, dans la majorité des cas où l'ouvrier pourrait en intenter un ? Nous ne le pensons pas ; nous estimons que l'ouvrier se contente le plus souvent de la somme que lui offre la compagnie d'assurances. Sans doute cette somme est presque toujours inférieure à celle que lui allouerait le tribunal, mais il a du moins l'avantage d'en entrer immédiatement en possession ; tandis que s'il y a procès, outre le risque de se voir débouté de sa demande, il est certain de ne rien toucher pendant les deux ou trois ans qui s'écouleront avant le jugement définitif[1]. Les

[1] Il est encore un autre argument qui a la plus grande influence sur la décision de l'ouvrier, fort bien mis en lumière dans ce passage : « L'ouvrier hésitera avant de s'engager dans un procès qui pourra avoir pour son avenir les plus graves conséquences. Il lui serait, en effet, désormais impossible de rester dans la maison du patron qu'il a fait assigner. Trouvera-t-il du travail ailleurs ? Cela est fort incertain. Il existe souvent une entente entre les patrons de la même industrie, et l'ouvrier qui s'est lancé dans un procès en responsabilité est en quelque sorte mis au ban.... Souvent l'ouvrier aimera mieux renoncer à tout ou partie de l'indemnité qui lui est légalement due plutôt que d'être ainsi forcé d'abandonner le travail qui le fait vivre » (Jay ; *Etudes sur la question ouvrière en Suisse*, pag. 176-177).

compagnies d'assurances en effet, chargées par les polices de soutenir les procès, épuisent d'habitude tous les degrés de juridiction, pour peu que l'affaire en vaille la peine [1]; l'ouvrier ne peut dès lors douter de l'intérêt qu'il a à accepter l'indemnité offerte [2]. Aussi, malgré l'influence indéniable des agents d'affaires, croyons-nous que les procès ne sont pas très nombreux eu égard au nombre des accidents; et que c'est l'assurance-accidents et non l'assurance responsabilité qui joue ordinairement. Telle est la situation. Qu'en résulte-t-il? D'après la jurisprudence actuelle, le patron est, avons-nous dit, responsable de la majorité des accidents: si donc l'assurance-accidents n'existait pas, les ouvriers exerceraient dans la plupart des cas une action en indemnité et obtiendraient gain de cause; les patrons auraient de ce chef une lourde charge à supporter. Or, en fait, ce n'est nullement le patron qui supporte les charges de l'assurance-accidents, mais l'ouvrier; c'est lui qui en paie les primes, et c'est le patron qui en retire le plus grand avantage, puisqu'il serait obligé sans cela de payer de fortes indemnités. Qu'on n'objecte pas que, malgré tout, cela est licite, parce que cette assurance résulte d'un contrat volontaire entre le patron et l'ouvrier. Nous contestons formellement cette allégation; l'assurance n'est jamais volontaire; si elle était volontaire, elle serait facultative, tandis qu'elle est obligatoire pour l'ouvrier à qui elle est imposée par le patron. Ainsi les retenues faites sur le salaire de l'ouvrier pour subvenir aux frais de l'assurance viennent dans une

[1] Les polices d'assurances renferment du reste de nombreuses clauses de déchéance qui fournissent toujours matière à procès.

[2] Ce qu'il y a de plus curieux, c'est que les procès, imposés par les compagnies, sont faits aux frais du patron.

très grande mesure, par le jeu psychologique et mécanique de l'assurance, diminuer les charges que le patron se trouverait sans cela obligé de subir[1].

Mais voici qui est bien plus grave : il arrive parfois que les retenues effectuées sur le salaire servent à payer, non seulement les primes de l'assurance-accidents, mais aussi celles de l'assurance-responsabilité, de sorte que c'est l'ouvrier qui supporte tous les frais de l'assurance. Il ne faudrait pas croire que ce soit là une exception. Voici ce qu'en pense M. Planiol : « Autant qu'on peut le deviner à travers les considérants des arrêts, beaucoup de patrons offrent ainsi leurs services aux ouvriers, et au besoin les leur imposent, non dans une pensée philanthropique, mais avec l'intention d'en tirer personnellement profit. L'assurance collective devient alors un moyen de diminuer les salaires sans en avoir l'air, et un procédé pour faire payer aux ouvriers les frais d'une assurance contractée dans l'intérêt du patron..... La pratique des assurances collectives devient ainsi un moyen de fraude entre les mains de patrons peu scrupuleux[2] ». Dans l'enquête faite par lui en Suisse, M. Jay a constaté des faits analogues et même pires : « Souvent l'ouvrier paie 100% de la prime d'assurance. Il est arrivé quelques cas où le chef d'exploitation n'a laissé parvenir à ses ouvriers qu'une partie seulement des sommes payées par les compagnies d'assurances... ; parfois aussi l'on retenait à l'ouvrier une partie de son salaire dépassant la

[1] A l'appui de cette observation nous ferons remarquer que les compagnies d'assurances refusent absolument de contracter avec un patron une assurance-responsabilité, si celui-ci n'impose pas à ses ouvriers une assurance-accidents.

[2] Note sous Paris, 4 novembre 1892, D. 93, 2, 121.

prime à payer; l'excédent était versé dans la caisse de la maison[1] ». Ces faits se passent de tout commentaire : ils doivent être rangés parmi les abus les plus graves que nous ayons constatés. — Qu'en pense la jurisprudence? Elle a commencé par déclarer que « le patron qui assure ses ouvriers contre les accidents au moyen de retenues opérées sur leurs salaires doit employer au paiement des primes afférentes à leurs risques personnels l'intégralité de ces retenues[2] » ; et ailleurs que « le patron n'aurait pu, sans manquer aux règles de la plus vulgaire probité, faire payer par ses ouvriers une prime d'assurance destinée à le garantir lui-même contre les conséquences de ses propres fautes[3] ». — Cependant un arrêt plus récent de la Cour de Paris est en sens contraire : « Le patron n'est pas obligé de consacrer le montant total des retenues subies par ses ouvriers à la création et à l'entretien d'une assurance dont les ouvriers profiteraient seuls ; — il a le droit de s'assurer lui-même en même temps qu'il assure ses ouvriers, moyennant la retenue qu'il leur fait subir,

[1] Jay, *loc. cit.* pag. 201-203. — Pour essayer de parer à ces abus, la loi fédérale suisse sur la responsabilité civile des fabricants du 25 juin 1881 contient l'article suivant : « Lorsque l'employé ou l'ouvrier tué, blessé ou malade a droit à une assurance contre les accidents, à une caisse de secours et de malades ou à d'autres institutions semblables, et que le fabricant a contribué à l'acquisition de ce droit par des primes, cotisations et subventions, les sommes payées par ces institutions au blessé, au malade et aux ayants droit du défunt sont en totalité déduites de l'indemnité, si la participation du fabricant n'a pas été inférieure à la moitié des primes, cotisations et retenues versées. — Par contre si la participation du fabricant est inférieure à la moitié, il ne sera déduit de l'indemnité que la part proportionnelle acquise par ces contributions. — Le fabricant n'a droit à cette déduction que lorsque l'assurance à laquelle il contribue comprend tous les accidents et toutes les maladies » (art. 9).

[2] Grenoble, 12 mars 1886 ; D, 88, 2, 29.

[3] Paris, 25 février 1887, D, 88, 2, 25.

et il est quitte envers eux en leur remettant tout le bénéfice qui leur est acquis aux termes du contrat passé par lui avec la compagnie[1] ». Deux des attendus de l'arrêt valent la peine d'être cités et rapprochés : « Attendu qu'il résulte des documents versés au débat qu'une seule chose a été entendue, c'est que la retenue serait employée à une assurance dont profiteraient les ouvriers..... Considérant que le patron a eu le droit de s'assurer lui-même en même temps qu'il assurait ses ouvriers puisque la retenue et l'assurance qui en étaient la suite étaient une des conditions obligatoires pour l'employé, lequel n'aurait pu entrer au service de ce patron sans les accepter et était libre de lui louer ses services ou de les lui refuser ». L'arrêt a omis de mentionner qu'on avait complètement oublié de faire connaître aux ouvriers ce léger détail que, si la retenue était faite à leur profit, elle n'était pas faite à leur profit exclusif. En somme cet arrêt aboutit à cette conséquence de faire payer par l'ouvrier les frais d'une assurance destinée à garantir le patron responsable d'une faute envers l'ouvrier. N'insistons pas[2].

[1] Paris, 4 novembre 1892 ; D, 93, 2, 121. — Contrà, Limoges, 28 février 1894, *Gaz. du Palais*, 94, 1, 577.

Si le patron affecte les retenues au paiement des deux assurances, quel sera le montant de l'indemnité due? Devra-t-il restituer les primes (Nancy, 21 juillet 1894) ou bien le capital qui aurait été obtenu en affectant à l'assurance-accidents la totalité des primes (Nancy, 23 novembre 1894) ? C'est cette solution qui nous paraît la plus équitable et la plus juridique (V. *Gazette du Palais*, 95, 1, 212 et 213).

[2] La Cour de Cassation n'a pas eu encore à se prononcer. V. cependant Cass, 29 avril 1895, Sir. 95, 1, 433, et note Lyon-Caen : la Cour a déclaré licite le paiement au moyen de retenues faites sur le salaire des ouvriers de la retenue de 1 % imposée par l'article 16 des clauses et conditions générales et que les ouvriers prétendaient devoir être prélevée sur les sommes dues à l'entrepreneur ; en tout cas, les ouvriers étaient prévenus par un avis affiché dans les chantiers.

A ce premier grief on en ajoute un second. Le résultat de l'assurance collective ainsi pratiquée est, dit M. Sauzet, «de faire de l'ouvrier l'homme de l'usine. Il est aisé de voir, en effet, que l'ouvrier qui a subi pendant un long temps des retenues sur son salaire en vue d'une assurance-accidents et qui se trouve par là créancier, non pas de la compagnie d'assurances, mais du patron seul, n'est garanti que s'il reste attaché au même patron ; s'il était assuré directement par la compagnie, rien ne s'opposerait à ce qu'il changeât d'usine, même de métier, sauf à prévenir l'assureur, qui pourrait exiger une prime plus forte s'il y avait aggravation de risques[1] ». C'est là un inconvénient que nous avons déjà signalé à diverses reprises, cependant il est beaucoup moins sensible pour les assurances contre les accidents qu'en toute autre matière ; par son organisation même sous forme collective, l'assurance-accidents constitue, en effet, une sorte de société de secours mutuels, la retenue subie par l'ouvrier représente les risques courus par lui pendant la durée de son service ; s'il vient à changer d'usine et si, dans la nouvelle comme dans l'ancienne, existe l'assurance collective, il se trouvera le lendemain dans la situation où il était la veille : ce n'est pas l'ouvrier, en effet, qui est assuré, mais bien le personnel de l'usine.

Enfin un autre grief est encore adressé au système des assurances tel qu'il fonctionne actuellement, c'est de ne pas déterminer nettement la nature du contrat qui se forme entre la compagnie d'assurances, le patron et l'ouvrier. Quel est le droit de l'ouvrier contre la compagnie ? Peut-il exercer une action directe ou a-t-il simplement

[1] Sauzet, *La situation des ouvriers dans l'assurance-accidents collective contractée par le patron* (*Revue critique*, 1886, pag. 371).

l'action indirecte de l'article 1166 ? Grand est l'intérêt de la question, car en cas d'insolvabilité du patron, l'ouvrier, suivant qu'on adopte la première solution ou la seconde, a ou non à subir le concours des autres créanciers du patron. La première solution est la plus favorable à l'ouvrier ; aussi est-ce celle qu'a adoptée la jurisprudence appliquant, ainsi que l'a dit de Ihering, la théorie du but dans le droit. Mais elle vient toujours se heurter à cette objection, qu'elle est absolument contraire à l'intention des parties, des compagnies d'assurance en particulier, dont les polices portent presque toujours : « L'assurance étant contractée au nom et pour le compte du patron, l'ouvrier n'a ni droit ni action contre la compagnie pour le règlement de l'indemnité ». Quatre théories ont été successivement invoquées. 1° La théorie du mandat[1] ; — on a objecté que le patron ne pouvait être le mandataire de ses ouvriers, qu'il agissait en son nom et pour son compte. — 2° La théorie d'un quasi-contrat innommé[2] ; — on s'est demandé quel pouvait bien être ce quasi-contrat ! — 3° La théorie de la stipulation pour autrui[3] : elle était fort séduisante et avait l'avantage d'être d'une application générale à la théorie des assurances, puisqu'elle est adoptée pour les assurances sur la vie ; — on a objecté que l'article 1121 est inapplicable, parce que les deux stipulations ne sont pas liées l'une à l'autre, comme l'exige cet article, mais qu'elles sont, au contraire, distinctes par leur objet et par leur exécution ; et surtout parce que le promet-

[1] Nimes, 22 août 1881 ; S. 85, 1, 409. — Paris, 23 février 1887, R. P., 87, 503.

[2] Carpentras, 12 décembre 1883 ; S. 85, 2, 207.

[3] Nimes, 24 avril 1882 ; S. 83, 2, 202. — Versailles, 19 janvier 1883, D., 85, 2, 42.

tant a déclaré ne vouloir pour créancier que le stipulant et non le tiers;— 4° la théorie de la gestion d'affaires, qui est aujourd'hui adoptée par la jurisprudence[1];—le gérant d'affaires agit en son nom, mais pour le compte d'un maître; le patron agit en son nom et pour son compte, donc il ne peut être question de gestion d'affaires. — La seule solution juridique est de déclarer que l'ouvrier ne peut agir contre la compagnie qu'en vertu de l'action indirecte de l'article 1166, il n'a par suite aucun droit de préférence. M. Labbé[2] a essayé de remédier à cet inconvénient en donnant à l'ouvrier un privilège; c'était une application de sa théorie des privilèges spéciaux sur les créances. Quelque séduisante qu'elle puisse être au point de vue de l'équité (et il est en effet assez injuste de voir une indemnité destinée à un ouvrier blessé profiter aux créanciers du patron), nous nous rangeons à l'avis de ceux qui estiment qu'il ne peut exister de privilège sans texte. — Nous regrettons de n'avoir pu approuver le système de la Cour de cassation. Mais à défaut de dispositions légales c'est aux parties à faire la loi du contrat; et, quelle que soit la singularité de cette situation de deux parties faisant un contrat dont les stipulations sont relatives à un tiers, avec lequel le promettant refuse d'entrer en relations, il n'en subsiste pas moins que le contrat est valable et doit s'exécuter suivant la commune

[1] Cassation, 1er juillet 1885, S. 85, 1, 413. — Toutefois il y a encore lutte entre la gestion d'affaires et la stipulation pour autrui. — M. Thaller essaie d'apporter un appui à la théorie du mandat en invoquant les règles de la commission. (*De l'action directe des ouvriers contre l'assureur dans l'assurance collective accidents.* — *Annales de droit commercial*; 1890, pag. 113). — Nous faisons la même objection : le commissionnaire agit pour le compte du commettant et non pour son propre compte, comme le fait le patron.

[2] Note sous Sirey, 85, 1, 409.

intention des parties, sauf pour les clauses contraires à l'ordre public. Or il n'en est certainement pas ainsi de celle dont nous nous occupons en ce moment; du moins la jurisprudence ne l'a dit nulle part, et si elle l'a écartée, c'est tout simplement par l'interprétation qu'elle en a faite. Pour l'honneur des principes, nous rejetons donc absolument le système de l'action directe.

Ainsi, responsabilité délictuelle de plus en plus élargie par la jurisprudence; assurance collective contractée par le patron, dont les frais sont à la charge de l'ouvrier, mais dont le profit plus ou moins direct est pour le patron; doute sur la nature du contrat qui existe entre les compagnies d'assurances, les patrons et les ouvriers, tel est en France l'état de la question des accidents[1].

Pour remédier aux inconvénients qu'elle présente, on a surtout pensé qu'il fallait modifier la théorie de la responsabilité. Presque simultanément M. Sainctelette en Belgique et M. Sauzet en France[2] démontrèrent qu'entre patrons et ouvriers, liés entre eux par un contrat de louage, ne devaient pas s'appliquer les règles de la responsabilité délictuelle, destinée aux personnes n'ayant entre elles aucun rapport de droit, mais bien les règles de la responsabilité contractuelle, qui sont notablement différentes. En particulier, sur le point le plus important, en matiere de preuve, la situation se trouve entièrement modifiée, et tout à l'avantage de l'ouvrier: si la responsabilité est délictuelle, c'est à l'ouvrier demandeur, avons-nous dit, à faire la

[1] Du moins dans la moyenne et la petite industrie; la grande industrie ne fait pas en effet assurer ses ouvriers; elle supporte elle-même les risques.

[2] Sainctelette: *Accidents du travail*; et *Responsabilité et garantie*. — Sauzet: *Responsabilité des patrons vis-à-vis des ouvriers dans les accidents industriels* (*Revue critique*, 1883).

preuve de la faute ou de la négligence de son patron ; ici, c'est le contraire (et c'est pourquoi ce système s'appelle aussi système du renversement de la preuve) : on applique les articles 1302 et 1314 du Code civil : « le patron doit veiller à la sécurité de l'ouvrier..., il doit à chaque instant pouvoir le restituer, le rendre à lui-même, valide, comme il l'a reçu ; — si l'ouvrier est blessé ou tué, c'est que le patron n'a pas exécuté son obligation et c'est à lui à justifier du fait qui l'a libéré[1] » ; l'ouvrier n'a donc aucune preuve à faire, c'est au patron à prouver, soit la faute de l'ouvrier, soit le cas fortuit, et l'on aperçoit tout de suite le grand intérêt de la controverse, puisque, suivant que l'on admet le système de la faute délictuelle ou bien celui de la faute contractuelle, les cas fortuits seront à la charge soit de l'ouvrier, soit du patron. Mais ces deux systèmes, si différents en théorie, aboutissent en pratique à des résultats à peu près analogues. Nous avons vu d'une part que la jurisprudence française était très large en matière de preuve de la faute du patron, et que, même s'il y avait faute de l'ouvrier, elle lui accordait cependant une indemnité au moyen de la théorie de la faute commune. D'autre part, la jurisprudence belge, qui s'est ralliée au système de la faute contractuelle[2], ne va pas aussi loin que le voudraient les promoteurs du système : elle ne décharge pas l'ouvrier de toute preuve ; elle estime que le demandeur doit établir une certaine corrélation entre l'accident et une faute du patron ; c'est ensuite au patron à prouver le cas fortuit ou la faute de l'ouvrier[3]. Les résultats des deux

[1] Sauzet, *Revue critique*, pag. 616, note 3.

[2] Cassation Belgique, 8 janvier 1886, S. 86, 4, 31. — Cour de Gand, 18 janvier 1887.

[3] C'est aussi l'avis de MM. Glasson (*Le Code civil et la question*

systèmes sont donc à peu près identiques, car la jurisprudence française considère le patron comme tenu de garantir la sécurité de l'ouvrier : c'est donc à lui aussi de prouver le cas fortuit ou la faute de l'ouvrier ; les principes sont opposés, les effets sont à peu près identiques.

Ainsi, sur la question du fardeau de la preuve, le système de la responsabilité contractuelle n'est guère plus favorable à l'ouvrier que le système de la responsabilité délictuelle. Ne lui serait-il pas inférieur à d'autres points de vue? — Quel est, en effet, le degré de faute requis pour que la responsabilité soit engagée? En matière délictuelle, la faute la plus légère engage la responsabilité de son auteur ; il n'en est pas de même en matière contractuelle, où le débiteur n'est tenu que des soins d'un bon père de famille (art. 1137). Les partisans de la responsabilité contractuelle répondent qu'en matière d'accidents du travail la vie humaine est en jeu, et que par suite il ne peut y avoir de faute légère, que la faute doit donc s'apprécier comme en matière de responsabilité délictuelle. — La controverse continue sur d'autres points : si la responsabilité est délictuelle, le patron ne peut par avance s'exonérer de ses fautes, la matière est d'ordre public[1] ; il en est tout autrement si la responsabilité est contractuelle : les clauses d'exonération ou de limitation de responsabilité sont valables, du moins

ouvrière), Labbé (notes sous S. 85, 4, 25 et 86, 4, 25) et Lyon-Caen (note sous Sirey, 85, 1, 129).

[1] C'est ainsi qu'un arrêt de la Cour de Dijon du 24 juillet 1874 a annulé, comme contraire à l'ordre public, une clause des statuts d'une société de secours mutuels interdisant aux ouvriers d'agir en responsabilité contre le patron, en cas d'accident, sous peine d'être déchus de tout droit comme sociétaires et même d'avoir à rapporter à titre d'indemnité à la caisse sociale tout ce qu'ils en auraient précédemment reçu (S. 75, 2, 73).

en ce qui concerne les fautes légères. Les partisans de la responsabilité contractuelle objectent que, même en matière de transport de marchandises, la jurisprudence admet que ces clauses ne valent que comme renversement de la preuve; et qu'en matière d'accidents du travail elles n'ont aucune portée, puisque il n'y a pas de fautes légères. —Relativement à l'étendue des dommages, la faute délictuelle oblige à réparer l'intégralité du préjudice causé; la faute contractuelle n'oblige le débiteur, sauf le cas de dol, qu'aux dommages-intérêts qui ont été prévus ou qu'on a pu prévoir lors du contrat (art. 1150). Mais c'est encore là une différence plus théorique que pratique puisque dans les deux cas c'est le juge qui fixe le montant de l'indemnité et qu'il est absolument libre dans son appréciation[1].

Ainsi, ces deux systèmes, si opposés en théorie, aboutissent en fait à des résultats à peu près semblables : il est vrai que les partisans de la théorie de la responsabilité contractuelle sont constamment obligés de faire échec au droit commun des contrats à raison de l'objet du contrat de louage, qui est la force du travail de l'ouvrier. Mieux vaut dès lors déclarer que l'on se trouve hors du droit commun et que c'est au législateur qu'il appartient de donner la solution du problème[2]. C'est, en effet, ce

[1] C'est là un gros inconvénient de chacun des deux systèmes de responsabilité. Toutes les lois nouvelles y remédient en établissant des indemnités forfaitaires, ou tout au moins en limitant la liberté des juges par la fixation d'un minimum et d'un maximum.

[2] Le système de la faute contractuelle n'est pas une solution satisfaisante. La Belgique, dont la jurisprudence l'avait accepté, tend à adopter le système du risque professionnel. En Suisse une loi avait admis le renversement de la preuve ; mais ni le nombre ni la longueur des procès n'e[illegible]nt diminués ; on prépare une loi sur le risque professionnel.

qu'il a déjà fait en certains pays et ce qu'il se prépare à faire à peu près partout en adoptant la théorie du risque professionnel.

Le risque professionnel est « le risque inhérent à une profession déterminée, indépendamment de la faute du patron et de l'ouvrier[1] ». Les accidents sont une conséquence fatale de l'industrie ; c'est à l'industrie à les réparer, c'est à l'industriel à en supporter la charge, comme il supporte la charge de la détérioration de ses machines : l'une comme l'autre font partie des frais généraux de l'entreprise. Dès lors, il n'est plus question de responsabilité : plus de ces procès longs et coûteux dans lesquels la preuve est toujours difficile à faire, quel que soit celui à qui en incombe l'obligation. Il ne s'agit que de déterminer la nature et le montant des indemnités à allouer aux victimes d'accidents et de fixer les garanties à leur accorder pour assurer le paiement des indemnités.

Ce système rallie tous les jours un plus grand nombre de suffrages. Ce n'est pas cependant qu'il ne soit encore vivement discuté. Pourquoi, dit-on, une théorie nouvelle ? Est-ce par suite de la transformation de l'industrie, de l'introduction des machines et de la plus grande fréquence des accidents qui en seraient le résultat ? Mais ce serait là une profonde erreur ; les statistiques démontrent, en effet, que les industries dans lesquelles il n'est fait usage d'aucun moteur à vapeur sont plus dangereuses que les industries mécaniques. — Soit : il est parfaitement admissible que les industries mécaniques ne soient pas les plus dangereuses, que même, par suite des progrès, des mesures préventives, le nombre proportionnel

[1] Cette définition est de M. Cheysson, *Journal des Économistes*, 15 mars 1883.

des accidents y diminue sans cesse. — Mais qu'importe ; ce qui est indéniable, c'est que le nombre des ouvriers de l'industrie va sans cesse croissant, et que sans cesse aussi le nombre absolu des accidents augmente. Dès lors, il importe d'en faciliter la réparation. Puis, ainsi que le dit M. Morisseaux : « Le problème n'est pas nouveau, mais il se pose de nos jours avec plus d'insistance. Il n'y a pas de risque nouveau, mais on l'aperçoit mieux aujourd'hui qu'autrefois, parce que jadis les ateliers étaient petits et que maintenant ils sont grands, qu'ils renferment des nuées d'ouvriers [1] ». Voilà les raisons qui expliquent l'introduction de cette théorie, nécessaire du reste, puisque aucun des deux systèmes de responsabilité ne nous a paru applicable sans grave dérogation aux principes.

Quelle sera maintenant la situation des ouvriers? En théorie, ils n'ont plus à s'assurer, puisque les risques sont à la charge du patron; et en effet dans les pays, qui comme l'Allemagne, l'Autriche ont admis le risque professionnel et l'assurance obligatoire, c'est le patron qui paie les frais de l'assurance [2]. En sera-t-il de même en France? On sait qu'un projet relatif aux accidents du travail est en ce moment en discussion. Le principe du risque professionnel est admis sans contestation [3]. Mais tandis que la

[1] *Congrès des accidents du travail*, Paris, tom. II, pag. 260.

[2] Le système du risque professionnel et l'assurance obligatoire existent en Allemagne (loi du 6 juillet 1884 et lois extensives subséquentes), en Autriche (lois du 28 décembre 1887 et du 20 juillet 1894) et en Norvège (loi du 23 juillet 1894).— Des projets tendant à établir le risque professionnel sont en discussion devant tous les Parlements de l'Europe ; c'est le système de la responsabilité délictuelle qui jusqu'à présent était admis à peu près partout.

[3] Le risque professionnel est admis depuis longtemps pour les gens de mer, du moins partiellement : ils sont payés de leurs loyers, traités

Chambre est favorable à l'*assurance obligatoire*, le Sénat se contente de rendre l'*assurance nécessaire*[1]. Ce qui se cache sous ces mots, c'est de savoir si l'on continuera à laisser aux patrons la faculté de recourir aux compagnies d'assurances. Leur laisser cette faculté, c'est leur permettre tout simplement de tourner la loi ; les compagnies auront bien vite trouvé le moyen de mettre à la charge des ouvriers les frais de l assurance et de leur faire toujours accepter le minimum d'indemnité ; elles continueront, comme elles l'ont fait jusqu'à présent, à employer au paiement des sinistres un peu plus de la moitié des primes payées et à consacrer l'autre moitié aux frais généraux et aux dividendes[2]. Aussi sommes-nous partisan de l'assurance obligatoire, non pas certes d'après le système allemand du groupement professionnel ou le système autrichien du groupement territorial, mais d'après le dernier projet de la Chambre des députés : les patrons

et pansés aux frais du navire (art. 262 C. Com.), s'ils sont blessés au service du navire ; mais pour avoir droit à une indemnité, il leur faut exercer une action en responsabilité (V. Lyon-Caen et Renault, *loc. cit.*, tom. V, pag. 299-308).

[1] En ruinant le crédit de ceux qui ne seront pas assurés, le projet du Sénat accorde en effet aux victimes d'accident, comme garantie de leurs créances, le privilège des articles 2101 et 2104 du Code civil.

[2] Voici la statistique des opérations des compagnies françaises d'assurance contre les accidents pour 1894 (*Bulletin financier des assurances*, n° du 30 mars 1896).

Recettes	Primes nettes	19.362.011 fr.
	Fonds placés et recettes diverses	1.132.408
		20.494.419
Dépenses	Sinistres	11.026.059
	Commissions, frais généraux et divers	6.427.478
		17.453.537
	Excédent des recettes	3.040.882 fr.

avaient le choix entre le groupement professionnel et le groupement territorial et même étaient autorisés à rester leurs propres assureurs ; les compagnies d'assurances[1] seules étaient écartées. Ce système parait réaliser le maximum possible de liberté dans l'obligation et à ce titre il nous semble excellent.

[1] Le système du Sénat, qui a écarté le groupement territorial, tend à rendre obligatoire pour la moyenne et la petite industrie l'assurance aux compagnies. Ce fait est d'autant plus regrettable que les petits patrons sont incapables de se défendre contre les clauses de déchéance dont sont remplies les polices d'assurances ; ils seront obligés de subir le bon plaisir des compagnies.

SECTION III

DES DÉDUCTIONS DE SALAIRES

AMENDES ET RÈGLEMENTS D'ATELIER

Avec l'étude des amendes nous entrons dans un ordre d'idées absolument nouveau. Les retenues dont nous avons eu à parler avaient pour but soit le paiement par compensation de fournitures faites ou de sommes d'argent avancées aux ouvriers, soit l'entretien de caisses de prévoyance en leur faveur : elles se rattachaient toutes à ces institutions patronales créées pour améliorer la vie matérielle et morale des ouvriers ; si parfois elles ont amené des abus, on peut dire, et c'est en effet ce qui est arrivé bien souvent, qu'ils se sont produits indépendamment de la volonté des patrons. Il n'en est pas de même de ces retenues que nous appelons les amendes ; les abus qu'elles engendrent sont presque toujours volontaires et méritent d'être aussi énergiquement flétris que ceux résultant du Truck-System.

Les amendes sont la sanction des règlements d'atelier, la pénalité infligée pour contravention aux dispositions qu'ils édictent. C'est pourquoi, amené à parler des amendes, il nous semble difficile de ne pas consacrer quelques pages aux règlements d'atelier, dont elles ne sont en quelque sorte que l'accessoire[1]. Nous n'en dirons du reste que ce qui nous paraîtra indispensable pour l'étude subséquente de la législation des amendes; par suite, c'est surtout et

[1] Voici, à titre d'exemple, un règlement d'atelier assez récent. C'est celui de la société anonyme des verreries de Bruai. Nous en avons reproduit les articles les plus intéressants.

ARTICLE PREMIER. — Tout ouvrier doit, en arrivant, remettre son livret afin d'y faire constater son entrée dans l'établissement.

Ce livret lui est ensuite remis conformément à la loi. Il est tenu de se conformer au présent règlement. Le travail des huit premiers jours ne sera considéré que comme travail d'essai; l'ouvrier pourra être remercié si le patron ne trouve pas ce travail satisfaisant.

....

ART. 7. — Il est défendu, à qui que ce soit, de sortir du charbon, des escarbilles ou du bois, des bouteilles et bocaux de l'établissement sous peine d'une amende de dix francs.

ART. 8. — Toutes sortes de discussions sont interdites.

Les voies de fait seront réprimées par des amendes variant de cinq à vingt francs, sans préjudice des dommages et intérêts dus à qui de droit.

ART. 9. — Les ouvriers doivent s'abstenir de chanter en travaillant, sous peine d'une amende de vingt-cinq centimes à un franc pour chaque fois.

ART. 10. — Des amendes variant de trois à dix francs seront infligées aux gamins, grands garçons, souffleurs, fondeurs, etc., etc., qui, sans permission ou sans un certificat du médecin de l'établissement attestant une maladie, manqueraient à leur travail. Ces amendes seront subies par l'ouvrier autant de fois qu'il aura manqué de jours.

ART. 11. — A l'appel de l'ouvreau, tous les ouvriers doivent être présents. Les absents seront remplacés par des relais et se trouveront sous le coup de l'art. 10.

Tout ouvrier qui, par ivresse ou autre cause, cesserait son travail avant qu'on ait annoncé la dernière, sera passible d'une amende variant de trois à dix francs.

....

ART. 16. — Le patron se réserve le droit envers tous les ouvriers de renvoyer immédiatement, et ce, sans qu'il lui soit accordé aucune indemnité :

1° Celui qui refuserait d'exécuter un des travaux qui lui seraient commandés;

presque exclusivement de la confection de ces règlements que nous nous occuperons.

Le règlement d'atelier est l'ensemble des conditions du contrat de travail. Il est généralement rédigé par le patron, qui, ainsi que nous l'avons vu, fait la loi du contrat, et obligatoire pour l'ouvrier; du fait de son entrée dans l'établissement, il est censé l'avoir accepté. — L'ouvrier

2° Celui qui refuserait de se soumettre au présent règlement;

3° Tout ouvrier dont le travail serait reconnu mauvais.

Art. 17. — Sous peine d'une amende de dix francs, il est défendu à tous les ouvriers indistinctement d'entrer et de sortir de l'établissement par d'autres portes que celles qui leur sont indiquées et d'introduire qui que ce soit dans l'établissement sans en avoir obtenu la permission du patron.

Art. 18. — L'entrée de la cantine est interdite pendant les heures de travail. L'introduction dans l'établissement des boissons autres que celles nécessaires durant le travail est expressément défendue. Toute infraction sera passible d'une amende de deux à dix francs.

....

Art. 20. — Tout ouvrier dont le gain, à l'expiration de son engagement, ne sera pas suffisant pour s'acquitter envers le patron des sommes dont il pourra lui être redevable sera tenu de continuer son travail jusque parfait paiement de sa dette.

Art. 21. — Toute marchandise rebutée par le magasinier ne sera pas payée à l'ouvrier.

Les réclamations à ce sujet doivent être faites au magasin, à un surveillant.

Art. 22. — L'ouvrier qui, par colère ou vengeance, briserait les bouteilles qui auraient été rebutées, serait non seulement passible d'une amende de vingt francs, mais traduit devant les tribunaux.

....

Art. 25. — Tout ouvrier qui se rendra coupable d'injures ou de grossièretés envers le patron ou l'un des employés sera passible d'une amende de vingt-cinq francs ou immédiatement renvoyé de l'établissement, et ce, au choix du patron.

Déposé au secrétariat du Conseil des Prud'hommes de Valenciennes, le 29 juin 1885.

Nous ferons simplement remarquer que l'art. 20 est absolument illégal depuis la loi du 14 mai 1851.

n'a donc aucune part à la détermination des clauses du contrat : il demande du travail, on lui en donne, il n'a plus qu'à travailler et à obéir. Dès lors le contrat de travail n'est que l'apparence d'un contrat, et non un contrat véritable, ce n'est pas le résultat d'une discussion libre entre personnes libres. C'est de là que viennent en grande partie les difficultés de l'heure présente, et c'est à les résoudre que l'on s'efforce de toutes parts. — Sera-ce des syndicats que viendra la solution[1]? On l'espérait à un moment donné ; et malgré les entraves qu'ils rencontrent du côté des patrons, malgré l'abus qu'ils ont fait souvent aussi de la liberté qui leur était donnée, peut-être cependant ne faut-il pas désespérer de voir des syndicats, ne se préoccupant que des intérêts économiques dont ils ont la charge, discuter de pair avec les patrons les clauses du contrat de travail ! En Angleterre, où les Trades-Unions sont déjà d'ancienne date, ces conditions sont presque réalisées : « Dans la plupart des grandes industries, les Unions de patrons sont unies aux Unions d'ouvriers par des comités mixtes (*Joint Committee*) ou par des conseils de conciliation et d'arbitrage permanents dans lesquels se discutent les questions de salaires, de règlements d'atelier et aussi de limitation de la production, à peu près comme le faisaient les maîtres et les syndics des anciennes corporations[2] ». Mais l'Angleterre fait exception en Europe ; et cependant c'est là qu'est la solution de la question : « L'organisation professionnelle des patrons d'un côté, des ouvriers de l'autre,

[1] V. Jay ; *L'organisation du travail par les syndicats* (*Revue d'économie politique*, année 1894, pag. 279).

[2] Georges Howell ; *Le passé et l'avenir des Trades-Unions*, traduction le Cour Grandmaison, pag. IV. — Cz Campredon ; *La conciliation et l'arbitrage en Angleterre* (*Revue d'économie politique*, 1894, pag. 771).

est le but auquel tend péniblement, à travers mille obstacles, milles déboires, la classe ouvrière dans tous les pays; c'est aussi la solution qu'appellent beaucoup de ceux qui étudient les questions sociales, la seule à leur avis qui puisse faire cesser le désordre et l'anarchie que l'on voit régner aujourd'hui dans les rapports entre le capital et le travail[1]. »

A défaut de la libre discussion entre syndicats et patrons, c'est à la loi d'intervenir et d'empêcher le patron d'abuser de l'infériorité de situation de l'ouvrier pour le soumettre à son arbitraire. Le patron se considère comme le souverain absolu de son usine ; c'est à la loi qu'il appartient de lui donner une autre idée de ses droits et de ses devoirs. C'est en effet ce que ne manquent pas de faire les lois qui se sont occupées des règlements d'atelier, c'est-à-dire les lois suisse (1877), hongroise (1884), autrichienne (1885), russe (1886), allemande (1891) et norvégienne (1892).

Elles commencent par imposer l'obligation du règlement, les unes pour toutes les fabriques (lois suisse, hongroise, russe), les autres pour les fabriques occupant au moins vingt (lois autrichienne et allemande) ou vingt-cinq ouvriers (loi norvégienne). C'est déjà un obstacle apporté à l'arbitraire patronal : tout au moins en effet, le patron ne pourra-t-il s'écarter des règles par lui tracées ! C'est un moyen d'établir clairement les obligations auxquelles sont soumis les ouvriers.

En outre, toutes ces législations, sans enlever au patron le droit de rédiger le règlement, déclarent qu'à côté du patron l'autorité doit intervenir, ne serait-ce que pour donner son visa ; c'est là la règle fondamentale qui ren-

[1] Sauvaire-Jourdan ; *L'assurance obligatoire contre les accidents du travail en Allemagne* ; conclusion.

verse le droit absolu du patron : cela suffit pour enlever au patron la tentation d'introduire dans le règlement des dispositions abusives.

Ces législations peuvent être divisées en deux catégories, suivant qu'elles repoussent ou admettent l'intervention des ouvriers. Les législations de la première catégorie sont les lois hongroise, autrichienne, russe. Les lois hongroise (art. 113 *in fine*) et autrichienne (art. 88 *in fine*) déclarent que le règlement d'atelier (*Arbeitsordnung*) doit être communiqué à l'autorité qui le revêt de son visa s'il ne contient rien de contraire aux dispositions de la loi. Dans ces pays, le patron est donc libre de rédiger comme il l'entend le règlement d'atelier : le fonctionnaire, tenu seulement de donner son visa, joue une simple action de présence, mais que nous considérons néanmoins comme très importante. Il en est un peu différemment en Russie, où le règlement est soumis à l'examen et à l'approbation de l'inspecteur des fabriques (art. 29 du règlement général), qui peut par conséquent en faire modifier les dispositions.— Dans trois autres pays, les ouvriers sont consultés sur les règlements d'atelier : en Allemagne, en Suisse et en Norvège. Les dispositions de la loi allemande relatives aux règlements d'atelier ne datent que de la dernière révision de la loi industrielle en 1891. « Les ouvriers majeurs occupés dans la fabrique doivent être mis en demeure d'exprimer leurs avis sur la teneur du règlement (*Arbeitsordnung*). Pour les fabriques pour lesquelles il existe une commission ouvrière permanente[1], il est satisfait à cette prescription en entendant

[1] Ces commissions ouvrières permanentes sont ce que l'on appelle généralement des conseils d'usine. Ces conseils sont aux syndicats ce que les économats sont aux sociétés coopératives : ce sont des institu-

la commission sur la teneur du règlement» (art. 134 d.). Cette disposition est une satisfaction platonique donnée

tions patronales appelées à s'occuper plus ou moins du fonctionnement de l'usine. Ils existent surtout en Allemagne et en Autriche : « ils exposent au patron les demandes des ouvriers et manifestent leurs griefs, et par eux, d'autre part, le patron fait ses communications aux ouvriers.» L'idée de cette institution est de date lointaine, mais elle n'a guère été mise en pratique que depuis 25 ans. Elle a été vivement prônée par de nombreux économistes: Max Sering, Hitze, Böhmert, Schmoller, Schwiedland, etc. La loi de 1891 a grandement contribué à son développement en Allemagne. En Autriche, il en existe une centaine; un projet de loi a été déposé en 1891, tendant à les rendre obligatoires, mais n'a pas encore abouti. « Tous les industriels qui ont recouru à ces conseils d'usine s'en déclarent enchantés. Une enquête a été faite à ce sujet tout récemment par le *Verein für Socialpolitik*, et tous ceux qui ont été appelés à déposer sont unanimes à reconnaître les bons résultats obtenus par l'institution au point de vue du rapprochement des ouvriers et des patrons. L'esprit de l'usine s'est, dit-on, transformé » (Cheysson; *Conseil supérieur du travail*, 5e session, pag. 113). — Il en existe aussi quelques-uns en Belgique : les plus connus sont ceux de Mariemont et Bascoup, des verreries de Beaudoux, où avait eu lieu en 1886 une terrible grève, des fabriques Bollinckx, Jean Simonis, etc.; ils ont fort bien réussi.

Mais, en France, malgré les efforts de MM. Gibon et Cheysson, etc., ils sont fort lents à s'introduire. Il en existe toutefois dans plusieurs grandes maisons du Nord : le plus connu est celui du Val des Bois chez M. Harmel ; c'est à l'école catholique que revient l'honneur et le mérite de les avoir créés. — Malgré la résistance qu'on leur oppose, c'est peut-être cependant en France qu'ils ont pris naissance : il en existait un aux verreries du Bousquet-d'Orb, dès 1845, où il avait été créé sur l'initiative de M. Simon, alors directeur de la Cie Usquin. On trouvera annexés à ce travail les statuts de la société qui l'avait organisé (Voir particulièrement les articles 8 et 9). — V. Schwiedland (*L'organisation de la grande industrie en Autriche, Revue d'économie politique*, 1891, pag. 993. — *Un projet de loi français sur de soi-disant conseils de conciliation, Revue d'économie politique*, 1896, pag. 324). — Julien Weiler; *La conciliation industrielle et le rôle des meneurs.* — J nes Bayle; *Le conseil d'usine.* — Brants : Hier et demain ; *les conseils d'ouvriers et la paix sociale.* — Gibon : *La paix des ateliers. Les conditions de l'harmonie dans l'industrie.* — Comte de Chambrun : *Aux montagnes d'Auvergne* (Mes nouvelles conclusions sociologiques).

aux ouvriers, car le fonctionnaire chargé d'homologuer le règlement ne peut tenir compte de l'avis exprimé ; il n'a pas, comme en Russie, le droit de le faire modifier; il ne peut qu'approuver ou refuser s'il n'est pas conforme aux dispositions légales (art. 134 f.). — Les lois suisse et norvégienne ne tiennent pas un plus grand compte de l'opinion des ouvriers, et déclarent que l'approbation doit être accordée si le règlement ne contient rien d'illégal. Mais en Suisse tout au moins les inspecteurs des fabriques s'accordent un droit de contrôle très étendu. Voici la teneur de la loi suisse : «Le règlement de fabrique et les modifications qu'on pourrait y apporter doivent être soumis à l'approbation du gouvernement cantonal, qui ne l'accordera que s'ils ne renferment rien de contraire aux dispositions légales. Les ouvriers sont appelés à émettre leur opinion sur les prescriptions qui les concernent, avant qu'elles aient reçu la ratification de l'autorité..... Si l'application du règlement de fabrique donne lieu à des abus, le gouvernement cantonal peut en ordonner la revision » (art. 8). Cette dernière prescription donne au gouvernement des droits étendus, dont il use largement. — La loi norvégienne est à peu près identique à la loi suisse : elle exige aussi la consultation des ouvriers : «Le règlement sera envoyé dans les quatre semaines à l'inspecteur des fabriques compétent pour approbation. Cette approbation ne pourra être donnée que si le règlement ne contient rien de contraire aux prescriptions de la loi. Lors de la préparation du règlement, le patron devra permettre à cinq représentants des ouvriers de s'expliquer sur ses dispositions. Ces représentants seront choisis par et parmi les ouvriers âgés de plus de 18 ans. Il sera accordé aux représentants élus, pour délibérer, un délai de huit jours. Une attestation, portant que cette prescription a été observée, devra être adressée au ministère. » (art. 32).

Enfin la loi belge, votée au mois de juin 1896, reconnait le droit d'observation des ouvriers, mais l'organise d'une manière assez compliquée. Tout projet de règlement est soumis aux ouvriers, puis transmis au conseil de l'industrie et du travail avec les observations des ouvriers consignées sur un registre. Ce projet est examiné par la section compétente du conseil composé, on le sait, mi-partie de patrons et mi-partie d'ouvriers, et transmis avec son avis au gouverneur de la province. Si le projet ne contient aucune disposition contraire aux lois et arrêtés, et si aucune modification n'est proposée par les ouvriers ou par le conseil, le gouverneur revêt le projet de son visa ; en cas contraire, avis en est donné au chef d'industrie, qui peut, mais n'est pas obligé de tenir compte des modifications proposées : le gouverneur ne peut refuser le visa que si le règlement renferme des dispositions contraires aux lois ou arrêtés. En somme, ce projet accorde plus de droit aux ouvriers qu'aucune des lois existantes ; sans doute, c'est toujours le patron qui a le dernier mot ; mais bien hardi serait celui qui oserait refuser une modification approuvée par le gouverneur.

Ainsi, on est encore loin du contrat conclu entre le patron et ses ouvriers : les ouvriers n'ont que voix consultative ; cela suffit cependant bien souvent pour leur permettre de faire écarter des dispositions sans grand intérêt pour le patron et blessantes pour eux. L'État lui-même ne s'est réservé qu'une mission de surveillance. Mais peu importe : le patron, et c'est là le point important, sur lequel nous ne saurions trop insister, perd peu à peu l'idée de son omnipotence absolue, l'ouvrier trouve son droit en germe, et l'on peut être sûr que c'est un germe qui lèvera et qui portera moisson.

Les dispositions relatives à la confection des règlements d'atelier sont complétées par des prescriptions touchant leur publicité. Il serait superflu d'insister sur l'utilité de porter à la connaissance des ouvriers les clauses du contrat de travail qu'ils auront à exécuter. Dans ce but, deux sortes de mesures sont employées : l'affichage du règlement et la remise d'un exemplaire aux ouvriers. L'affichage est une mesure générale qui se retrouve dans toutes les législations ; généralement, le règlement n'est applicable qu'un certain temps après l'affichage, de manière à ce que les ouvriers aient pu en prendre connaissance préalable. — En outre les lois allemande (art. 135 e), suisse (art. 8) et norvégienne (art. 33) ordonnent qu'un exemplaire soit remis à l'ouvrier lors de son entrée dans la fabrique ; la loi autrichienne se contente d'une communication à l'ouvrier (art. 88 a).

En France, il n'y a pas de loi relative aux règlements d'atelier[1]. Dans beaucoup d'usines il n'en existe pas ; là où ils sont en usage, c'est le patron seul qui les établit. On a contesté la force obligatoire des règlements d'atelier, contrats à la rédaction desquels ne concourt qu'une des parties : mais la Cour de cassation n'a jamais voulu admettre cette prétention : « Attendu que les conven-

[1] Toutefois la loi du 2 novembre 1892 sur le travail des enfants et des femmes dans l'industrie oblige les chefs d'industrie à afficher dans leurs ateliers les heures auxquelles commencera et finira le travail, les heures et la durée des repos, le jour adopté pour le repos hebdomadaire.

tions légalement formées tiennent lieu de loi à ceux qui les ont faites[1] ».

Nous sommes également embarrassé pour approuver et pour critiquer cette jurisprudence. L'approuver nous semble bien difficile: peut-être nous faisons-nous du droit une idée trop élevée, trop théorique, mais nous ne pouvons considérer comme une convention légalement formée un acte rédigé par un seul des contractants et dont l'autre a souvent à peine connaissance. — La critiquer nous paraît tout aussi difficile, car il semblait tout naturel, jusqu'à ces derniers temps, que le patron dût jouir d'un droit absolu sur ses ouvriers ; on avait conservé cette tranquille sérénité de Costaz, ce rédacteur d'un projet de loi relatif aux manufactures, dont est sortie la loi du 22 Germinal an XI, qui écrivait dans l'exposé des motifs : « L'ouvrier, ayant toujours le pouvoir de faire ses conventions particulières, et n'étant soumis aux règlements intérieurs qu'autant qu'il lui plaît d'accepter du travail dans l'établissement, ne peut raisonnablement se plaindre que l'autorisation de rédiger le règlement ait été donnée aux chefs des manufactures: l'abus qu'ils en pourraient faire a sa limite dans leur intérêt même. Celui d'entre eux qui prescrirait à ses ouvriers des règles oppressives, n'en trouverait pas qui voulussent travailler pour lui et serait obligé d'abandonner sa manufacture[2] ».

[1] V. Cass., 14 février 1866, S., 66, 1, 194. — Cass., 15 avril 1872, S., 72, 1, 232. — Cass., 7 août 1877, S., 78, 1, 107. — Cass., 11 mai 1886, S., 86, 1, 416. — T. Com., Nantes, 9 février 1889 (*Gazette du Palais*, 90, 1, sup. 39) : « Les règlements ne sont opposables aux ouvriers qu'à la condition qu'il leur en soit donné connaissance dès leur entrée dans l'établissement industriel, et qu'ils les aient continuellement sous les yeux pendant leur travail ».

[2] Voir le projet et l'exposé des motifs dans Sauzet. *Essai historique*

Laissons ce contemporain de la Révolution à ses rêves de liberté et d'égalité. Voici ce que pense des règlements d'atelier le rapporteur de la Chambre de commerce d'Abbeville[1]: « Jugeant les choses non en théorie mais en pratique, nous constatons que la très grande généralité des ouvriers n'a pas d'avances et que l'homme qui est sans travail et sans pain n'a pas une liberté suffisante pour examiner et discuter les clauses du règlement fait par celui chez qui il sollicite de l'ouvrage, que la plupart du temps il s'embauche non où il veut, mais où il peut, et que le règlement de l'atelier où il entre n'est pas par lui accepté, mais subi ». Voilà la vérité dans une bouche peu suspecte de partialité, celle d'un patron.

Cependant dès longtemps on chercha à faire participer les ouvriers à la rédaction des règlements. A l'occasion du prêt de trois millions fait en 1848 aux sociétés pratiquant la coopération ou admettant la participation aux bénéfices, on exigea des patrons l'insertion d'une clause reconnaissant à un conseil d'administration nommé par les ouvriers le droit de statuer sur les règlements d'atelier. Cette disposition ne fut jamais appliquée[2].— Le 29 mai 1890, une proposition était déposée à la Chambre par M. Ferroul : les règlements d'atelier seraient élaborés par une commission, instituée dans tous les centres industriels et composée en nombre égal de délégués élus par les ouvriers des diverses industries et par les employeurs. — Cette proposition, préalablement discutée par le Conseil supérieur du travail, fut écartée par la commission de la

sur la législation industrielle de la France. Revue d'économie politique, 1892, pag. 1209.

[1] Sénat, *Documents parlementaires*, 1891, pag. 107, col. 1.

[2] V. Hubert-Valleroux : *Les associations coopératives*, pag. 40.

Chambre chargée de l'examiner. « C'est au patron qui fournit l'usine à assurer le bon fonctionnement et la sécurité..... Si l'ouvrier était appelé à faire le règlement ou seulement à y collaborer, il prendrait sa part de res. ponsabilité. Il est donc nécessaire, dans l'intérêt même de l'ouvrier, que le patron seul prépare le règlement et en assume l'entière responsabilité ». C'est en ces termes que s'exprimait le rapporteur de la commission. Nous ne savons si le rapporteur se faisait illusion sur la valeur de cet argument. Mais voici ce qu'en pense M. Gruner, secrétaire général du comité central des houillères de France[1] : « Nous ferons de suite remarquer que le règlement dont s'occupe le Parlement, en France tout au moins, n'est pas ce recueil minutieux de prescriptions détaillées qu'édictent certains patrons en vue de prévenir les imprudences et les accidents, en vue d'assurer la parfaite régularité de fonctionnement de chaque service, et la bonne utilisation du matériel. Non, le règlement dont le législateur veut tracer le cadre, ne traite que les relations civiles du patron et de l'ouvrier : embauchage, paye, renvoi, peines disciplinaires, etc ». Ce qu'il fallait dire, ce qui est du moins la vérité, c'est que l'idée de faire élaborer les règlements d'atelier par le patron assisté de ses ouvriers rencontrerait encore trop d'obstacles pour être mise en pratique sans grandes difficultés. — La commission et la Chambre se rallièrent alors à un autre système proposé par le Conseil supérieur du travail : soumettre le règlement d'atelier à l'homologation du conseil des prud'hommes ou, à défaut, du juge de paix du canton. Ce système a été sans doute suggéré par la

[1] Gruner : *Rapport sur les règlements d'atelier à la Société d'encouragement pour l'industrie nationale*, pag. 3.

pratique de divers conseils des prud'hommes, qui considèrent comme non avenu tout règlement d'atelier non approuvé par eux.

Cette disposition a fait l'objet de vives critiques. Le conseil des prud'hommes ou le juge de paix ont, en effet, un droit beaucoup plus étendu que la plupart des fonctionnaires étrangers, chargés simplement d'examiner si le règlement ne contient rien de contraire aux lois et à apposer leur visa, cette constatation faite ; le conseil des prud'hommes, au contraire, est chargé d'homologuer, ce qui lui donne par suite le droit de discuter le projet. « Comment ! On ferait approuver les règlements par les prud'hommes, tribunaux industriels composés mi-partie d'ouvriers et de patrons, où la moitié du temps les ouvriers ont la prépondérance (et ils usent de cet avantage, non dans l'intérêt de la justice, mais pour satisfaire leur hostilité contre les patrons), et c'est à de tels hommes qu'on donnerait le pouvoir d'accepter ou de n'accepter pas les règlements que les patrons jugent nécessaire d'établir ? »[1] Cette observation renferme une certaine part de vérité. Du reste un autre motif vient à l'appui de cette critique : il est mauvais, croyons-nous, que l'homologation d'un règlement soit soumise à un corps appelé ensuite à juger les contestations qui se produiraient à son sujet : nous croyons que cette confusion entre les mêmes mains d'une fonction administrative et d'une fonction judiciaire serait contraire à la bonne administration de la justice : c'était, du reste, l'avis de plusieurs de ces conseils, qui ont fait remarquer « que si les prud'hommes devaient approuver les règlements d'atelier avant leur mise en application, ces tribunaux n'auraient plus une liberté suffisante d'appréciation pour

[1] Hubert-Valleroux : *Contrat de travail*, pag 375.

les contestations qui leur seraient ultérieurement soumises par les patrons ou les ouvriers relativement à l'application des clauses desdits règlements »[1].

Comment alors organiser la confection du règlement ? Pourquoi n'adopterait-on pas des dispositions analogues à celles pratiquées à l'étranger, en Suisse, en Allemagne et qui, jusqu'à présent, ont donné de bons résultats ? Il est certain que la chose serait très délicate en France : que les ouvriers se contenteraient assez difficilement des droits à peu près illusoires qui leur seraient accordés ; que les patrons se montreraient, à l'égard des représentants de l'autorité, beaucoup plus jaloux de leurs droits qu'à l'étranger. Cependant nous ne pensons pas que ces difficultés puissent faire écarter cette solution. En Allemagne aussi, en 1891, pendant la discussion de la loi sur les règlements d'atelier, les socialistes d'un côté repoussaient la proposition comme insuffisante, les industriels de l'autre comme devant affaiblir leur autorité et amener des troubles. — Or, à l'usage, il semble que ces préventions aient disparu : les troubles annoncés ne se sont pas produits ; les patrons se déclarent enchantés des résultats obtenus qui ont singulièrement amélioré leurs rapports avec les ouvriers ; et les ouvriers eux-mêmes sont satisfaits. Nous croyons donc qu'une disposition analogue à celle existant en Allemagne, en Suisse, en Norvège et en Belgique pourrait être adoptée en France : consultation des ouvriers, homologation par un fonctionnaire qui serait soit le préfet, soit l'inspecteur du travail, auquel on donne à l'étranger une part de plus en plus importante dans la vérification par l'autorité des règlements d'atelier.

[1] *Rapport Keüfer au Conseil supérieur du travail*, 2e sess., pag. 214.

Quoi qu'il en soit, il nous paraît indispensable que des règlements d'atelier soient rendus obligatoires au moins pour la moyenne et la grande industrie, c'est-à-dire pour les fabriques occupant plus de 20 ouvriers, comme cela existe partout à l'étranger. Un règlement d'atelier, si mauvais soit-il, apporte au moins un obstacle à l'arbitraire du patron. Le projet voté par la Chambre laissait le règlement facultatif. Le Sénat s'en est fait un argument pour rejeter toute cette partie du projet : avec l'obligation, en effet, de soumettre le règlement à l'homologation du conseil des prud'hommes, le patron supprimera purement et simplement tout règlement non homologué ; l'argument est excellent, mais il ne vaut que contre le règlement facultatif. Toutefois, le Sénat a décidé que tout règlement prévoyant des amendes ne pourrait recevoir application que si, depuis un mois au moins, il avait été déposé au secrétariat du conseil des prud'hommes, ou à défaut au greffe de la justice de paix, et affiché dans les ateliers (art. 4 § 1). Trop souvent en effet, les règlements d'atelier, dans les usines où ils existent, ne sont même pas portés à la connaissance des ouvriers, qui ignorent ainsi les prescriptions auxquelles ils doivent obéir et deviennent passibles d'amendes à leur insu; diverses grèves ont eu lieu pour réclamer l'affichage des règlements; une loi qui le rendrait obligatoire serait donc des plus utiles. Quant à la remise d'un exemplaire entre les mains de l'ouvrier au moment de son embauchage, c'est là aussi une mesure qui nous paraît très heureuse ; le projet de la Chambre la rendait seulement facultative. — En somme, nous croyons indispensable que le règlement d'atelier soit rendu obligatoire pour la moyenne et la grande industrie, avec affichage forcé. Quant au mode d'élaboration, nous pensons que l'examen administratif, après consultation des ouvriers, est une mesure excellente qui a déjà grandement amélioré la situation des ouvriers et qui est surtout utile en ce que l'idée que se fait le patron de son autorité s'en trouve modifiée : il la fait désormais reposer sur le libre consentement de ses ouvriers. Ayant ainsi examiné la manière dont sont élaborés les règlements d'atelier, passons maintenant à leurs sanctions.

Les règlements d'atelier ont diverses sanctions que nous classerons ainsi par ordre d'importance : la réprimande, l'amende, la mise à pied et le renvoi. De ces diverses sanctions une seule nous intéresse particulièrement, l'amende, qui est à vrai dire la plus usitée de toutes ; nous aurons du reste, chemin faisant, à nous occuper des autres.

Les amendes sont des peines pécuniaires infligées à l'ouvrier pour manquement à l'une des obligations auxquelles il est tenu. Parfois le taux en est fixé par le règlement d'atelier, qui indique également les motifs pour lesquels on pourra en infliger ; parfois aussi, elles sont absolument arbitraires et dans leurs causes et dans leur taux : l'ouvrier est frappé d'une amende sans savoir qu'il commet un acte punissable. En outre, les amendes sont presque toujours infligées, non par le patron, mais par des contre-maîtres, en général beaucoup plus suspects de partialité, et qui du reste agissent souvent dans leur propre intérêt et s'arrangent pour mettre dans leurs poches les retenues ainsi opérées sur les salaires. Il n'en faut pas tant pour que les amendes soient la source d'importants abus, de tout point comparables à ceux du Truck-System : intérêt du patron, qui trouve un moyen commode de récupérer une partie du salaire promis, intérêt des contre-maîtres, tout conspire à faire de l'amende une arme des plus dangereuses contre l'ouvrier. Les amendes, usitées en tous pays, ont partout entraîné des abus à leur suite, mais surtout en Russie. « Erigées en système dans un grand nombre d'établissements, les amendes atteignaient souvent 40 % du salaire ; selon l'expression d'un publiciste, elles étaient devenues une source intarrissable de revenus et servaient à compenser les pertes subies par la production[1] ». Plus frappants en Russie qu'ailleurs, ces abus sont partout identiques et dans leurs causes et dans leurs effets. En Angleterre, les Commissions d'enquêtes les ont signalés à diverses reprises ; mais ils y sont relativement peu importants : le Truck dispense de toute retenue. Ils existent aussi aux États-Unis : « Un abus contre lequel on proteste consiste à retenir sur les salaires des amendes établies pour des fautes relativement légères : cinq minutes de retard, par exemple, entraînent la perte d'une heure de salaire[2] ». En Belgique, l'enquête de la Commission du travail a montré également l'existence de quelques abus, mais relativement en petit nombre : la plus grande partie des amendes était employée en faveur des ouvriers ; dès lors il n'y avait aucun intérêt à en exagérer le nombre ou le taux[3]. En France, de nombreux abus ont été signalés, et nous estimons que la pratique des amendes est le moyen le plus usité pour porter atteinte aux salaires. Voici les prin-

[1] *Rapport sur les conditions du travail en Russie*, pag. 29. — Cz. Bodeux, *loc. cit.*, pag. 176 : « Dans telle ou telle fabrique, le surveillant devait, sous peine de renvoi, s'arranger de manière à infliger deux cents amendes de 5 kopecks par nuit ».

[2] *Rapport sur les conditions du travail aux Etats-Unis*, pag. 80.

[3] Bodeux, *loc. cit.*, pag. 517-519.

cipaux faits que nous pouvons citer : Dans le département de la Somme, des amendes allaient jusqu'à une retenue de 19 jours de salaire, 80 à 90 fr. ; dans le Maine-et-Loire, des amendes pour absence étaient supérieures au salaire journalier : amende de 3 fr. pour 1 fr. 30 à 2 fr. de salaire [1] ; dans les Vosges existe un château appelé Château des amendes parce qu'il passe pour avoir été édifié avec leur produit[2]. D'autres faits ont encore été cités pendant la discussion à la Chambre du projet sur les règlements d'atelier; en voici un par exemple : « Il y a des filatures où l'on frappe d'une amende de 5 fr. un ouvrier qui ne gagne que 3 fr. par jour, lorsqu'il a laissé chômer son métier ou lorsqu'il s'est absenté. Ces amendes sont souvent infligées sans même attendre les explications de l'ouvrier, qui peut avoir été malade sans pouvoir présenter de certificat de médecin, ou empêché de venir à son travail pour une raison légitime. On lui fait subir une retenue considérable, quelquefois supérieure à son salaire[3] ». D'autre part on pouvait lire assez récemment dans les journaux le fait divers suivant : « L'usine de cotonnades G.-D. de Roanne avait depuis sa fondation, il y a 25 ans, un sieur G... comme directeur; il vient de se rendre coupable de détournements s'élevant à près de 200,000 fr.... En dehors des falsifications d'écritures qui lui sont reprochées, il infligeait aux ouvriers de nombreuses amendes qu'il empochait»[4]. Enfin tous les ans une certaine quantité de grèves se produisent pour protester

[1] *Rapport Keüfer au Conseil supérieur du travail*, 2e session, pag. 205-231.

[2] Article Lyon-Caen (*Monde économique*, 1892, tom. II, pag. 144).

[3] Discours de M. Le Gavrian, Chambre, séance du 4 novembre 1892, pag. 1424, col. 2.

[4] *Le Temps* du 30 juin 1895.

contre le taux trop élevé des amendes ou les abus qu'elles engendrent : en 1893, 17 grèves englobant 50 établissements et 44,414 ouvriers ont eu pour but de protester contre les amendes; 4 ont été suivies de réussite, 10 d'échec et 3 de transaction ; en 1894, 11 grèves, dont 2 suivies de réussite, 5 d'écnec et 4 de transaction. — Tous ces faits démontrent que les abus résultant des amendes sont assez répandus en France. Cependant aucune loi n'a encore été votée pour y mettre fin. Examinons les législations étrangères et les projets à l'étude en France.

Toutes les lois industrielles renferment des prescriptions relatives aux amendes, plus ou moins étendues selon les divers pays. Ces prescriptions sont relatives : à l'obligation de prévoir les amendes dans un règlement d'atelier, à leur taux et à leur emploi. D'autres lois exigent encore, comme supplément de garantie, une certaine publicité des pénalités infligées. Enfin la loi russe, qui se montre particulièrement sévère à raison des graves abus constatés en Russie, allant encore plus loin dans la voie de la réglementation, précise les cas dans lesquels on peut infliger des amendes et en détermine le taux pour chaque cas.

La loi hongroise se contente de décider que le règlement d'atelier doit indiquer : les amendes encourues pour contravention au règlement (art. 113, f.). — Si, ce qui semble bien ressortir de ce texte, aucune amende ne peut être infligée qui ne serait pas prévue, c'est déjà là une garantie importante contre l'arbitraire.

Les lois suisse et norvégienne fixent en outre le taux maximum des amendes et déterminent l'emploi qui doit en être fait : « Si le règlement statue des amendes, celles-ci ne peuvent pas dépasser la moitié du salaire d'une journée. Le produit des amendes doit être employé dans l'intérêt des ouvriers, et particulièrement à des caisses de secours » (art. 7, § 2 et 3 de la loi suisse). La loi norvégienne contient des dispositions analogues (art. 32, § 2 et 3). — La limitation du taux des amendes, leur emploi obligatoire au profit des ouvriers, sont les meilleurs moyens de mettre fin aux abus : l'ouvrier est protégé en effet contre des amendes exorbitantes, et d'autre part le patron ne trouve plus aucun intérêt à en infliger; dès lors il emploiera le moins possible une pénalité désagréable pour l'ouvrier et sans aucun profit pour lui. Cela est si vrai qu'en Suisse les amendes ont disparu dans beaucoup d'endroits depuis la loi de 1877[1]. — Toutefois les lois suisse et norvégienne permettent les retenues pour malfaçons : « Les déductions de solde pour travail défectueux ou détérioration de matières premières ne sont pas considérées comme des amendes » (art. 7, § 3 : loi suisse). « Les retenues sur les salaires pour travail insuffisant ou dommages matériels ne seront pas considérées comme des amendes» (art. 32, § 4 : loi norvégienne). La loi norvégienne parait plus large que la loi suisse et semble se prêter plus facilement aux manœuvres destinées à tourner les prescriptions relatives aux amendes. En Suisse la chose a été essayée ; mais une décision du Conseil fédéral en date du 23 avril 1891 a nettement déclaré que les amendes disciplinaires pour retard, absence, ne pouvaient être considérées comme dédommagement et ne devaient pas être versées dans la caisse du patron[2].

Les lois autrichienne et allemande organisent en outre

[1] V. Bodeux, *loc. cit.*, pag. 230.

[2] Rapport 1890-91, pag. 138.

des mesures de publicité. « Le règlement de travail doit contenir des indications : sur les amendes encourues en cas de contravention au règlement et sur leur emploi (art. 88 a, f.). Les amendes encourues par les ouvriers pour contravention au règlement et l'emploi des amendes doivent être inscrits sur un état qui est à la disposition de l'autorité et des ouvriers et qui doit être représenté à l'autorité industrielle si un ouvrier se considère comme lésé par l'application ou l'emploi de l'amende (art. 90). » Cette loi, qui ne détermine ni le taux ni l'emploi des amendes, peut être considérée comme moins protectrice que les lois suisse et norvégienne. Toutefois en exigeant que l'emploi soit déterminé par le règlement de travail, en organisant une publicité des pénalités infligées, et en prévoyant une sorte de recours devant l'autorité, on peut, si l'autorité tient la main à l'application de ces dispositions, aboutir à de bons résultats. — La loi allemande est celle qui, à notre avis, renferme les meilleures prescriptions : elles n'y sont insérées que depuis la révision de 1891. « Lorsque des pénalités sont prévues, le règlement d'atelier doit contenir des dispositions sur la nature et la valeur de celles-ci, sur le mode de leur détermination, et, si elles consistent en argent, sur leur recouvrement et sur l'emploi auquel elles sont destinées (art. 134 b, 4°) ». — De nombreuses mesures de garantie viennent compléter cette disposition primordiale : 1° Des pénalités autres que celles prévues dans le règlement ne doivent pas être infligées aux ouvriers (art. 134 c, § 2). 2° « Les amendes ne doivent pas excéder la moitié du salaire moyen de la journée de travail ; cependant des voies de fait contre les compagnons de travail, des offenses graves contre les bonnes mœurs ainsi que des atteintes aux prescriptions formulées en vue d'assurer le bon ordre dans la sécurité du travail, ou l'application de la loi, peuvent être punies d'une amende atteignant le montant intégral du salaire moyen de la journée de travail » (art. 134 b, § 2). On aurait pu craindre que l'on n'abusât de cette dernière disposition, il paraît qu'il n'en est rien[1]. — 3° « Toutes les amendes doivent être employées dans l'intérêt des ouvriers de la fabrique » (art. 134 b, § 2). Cette disposition est identique à celle que nous avons déjà rencontrée dans les lois suisse et norvégienne ; mais comme dans ces lois, nous trouvons aussi la contre-partie. « Le droit du patron de réclamer une indemnité n'est pas atteint par cette disposition ». (art. 134 b, § 2 in fine). Il semblerait, d'après le texte de cette disposition, que l'indemnité dût être réclamée en justice ; et c'est en effet ce qu'avaient demandé les socialistes au moment de la discussion : mais cette proposition fut rejetée, et c'est le patron qui fixe lui-même le montant de ce qu'il croit lui être dû. — 4° « Les peines doivent être fixées sans retard et portées à la connaissance de l'ouvrier ». (art. 134 c, § 2 in fine). C'est là une excellente disposition qui donne à l'amende plus d'efficacité en faisant suivre immédiatement la faute de la répression, et qui évite à l'ouvrier le désagrément de subir au moment de la paye une retenue dont il n'est pas prévenu. — 5° « Les amendes infligées doivent être portées sur une liste qui doit mentionner le nom de la personne punie, la date de la punition, ainsi que le motif et le taux de la pénalité, et être présentée à toute époque, sur sa demande, à l'inspecteur du travail » (art. 134 c, § 3). Ces mesures de publicité viennent compléter les dispositions prises pour garantir les ouvriers

[1] V. Bodeux, *loc. cit.*, pag. 355.

contre les abus. Elles obligent d'abord à motiver la pénalité, ce qui est déjà beaucoup; les motifs du jugement sont la prescription la plus efficace contre l'arbitraire des juges; en second lieu, elles ne permettent pas les amendes infligées par les contre-maîtres à l'insu du patron; enfin donner à l'inspecteur le droit de se faire présenter à toute époque la liste dressée, c'est lui permettre de s'assurer rapidement de la justice de toute réclamation présentée. — Il résulte des renseignements donnés par les inspecteurs que dans un quart des établissements en moyenne n'existent pas d'amendes[1].

La loi russe pèche par l'excès de protection. Résumons-en les principales dispositions. 1° Des amendes peuvent être infligées: a) pour travail inexact; b) pour chômage; c) pour atteinte à l'ordre. Aucune amende ne peut être infligée pour un autre motif (art. 30 du règlement). — Le travail inexact consiste dans la confection par négligence de produits de mauvaise qualité, la détérioration des matières, machines et autres instruments de production. L'amende est en ce cas proportionnée au degré de négligence (art. 31). — Est considérée comme chômage l'absence pendant une demi-journée au moins. L'amende, proportionnée au salaire de l'ouvrier et à la durée du chômage, ne peut excéder le salaire de trois journées de travail. — Elle ne peut être infligée en cas de chômage pour force majeure (art. 32). — Est considérée comme une atteinte portée à l'ordre toute inobservation des règlements. L'amende pour chaque atteinte à l'ordre ne peut dépasser un rouble (art. 33). — 2° Chaque infraction passible d'amende doit être mentionnée sur des tableaux spéciaux

[1] V. sur les effets de cette loi : Morisseaux, *Législation du travail*, tom. I, pag. 470-478.

avec indication du montant de l'amende. Ces tableaux sont approuvés par l'inspection des fabriques et exposés dans tous les ateliers (art. 34). — 3° Le total des amendes ne doit pas dépasser un tiers du ga[illegible] revenant à l'ouvrier à la date fixée pour le paiement (art. 35). — 4° L'amende infligée par le gérant à l'ouvrier est inscrite sur le livret de compte dans un délai de trois jours avec indication du motif et du montant de l'amende. — Toutes les amendes sont inscrites en outre sur un registre présenté à l'inspecteur des fabriques à première réquisition (art. 37). — 5° La décision du gérant n'est pas susceptible de recours. Mais si, lors de la visite des fabriques par les inspecteurs, il est établi par suite des déclarations des ouvriers, que des amendes leur ont été infligées illégalement, le gérant peut être poursuivi (art. 38). — 6° Les amendes servent à former, dans chaque fabrique, un fonds spécial qui ne peut être employé qu'avec l'autorisation de l'inspection et seulement aux besoins des ouvriers (art. 39). — Ainsi obligation de prévoir les amendes, limitation du taux, emploi dans l'intérêt des ouvriers, fixation immédiate avec indication des motifs, mesures de publicité de la peine infligée ; voilà les garanties communes à la loi allemande et à la loi russe ; la loi russe en a encore ajouté deux autres : détermination légale des cas où l'amende est licite, détermination du montant total des amendes par paye. Cette dernière disposition est des plus recommandables ; mais la première nous paraît exagérer le droit d'intervention de l'État, et permet en outre, par sa complexité, d'édicter de nombreuses amendes. « Les prescriptions qui soumettaient les fabricants au contrôle d'une inspection et leur retiraient le droit de profiter des amendes infligées aux ouvriers soulevèrent, surtout à Moscou, de vives réclamations[1] ». Le nombre des amendes n'a pas du reste, semble-t-il, beaucoup diminué. « Dans le gouvernement de Varsovie, où cependant le montant des amendes est peu élevé, M. Sviatlovsky calcule qu'il atteint la somme de 95,000 à 125,000 roubles par an, sur 125,000 à 150,000 ouvriers..... Dans les gouvernements de Pétersbourg, Vladimir et Moscou, il s'élevait à 225,642 roubles en 1888.... Dans le seul gouvernement de Moscou, les amendes dépassaient, en juillet 1890, la somme de 500,000 roubles (depuis la promulgation de la loi)[2] ».

En Angleterre, on ne trouve pas de loi générale. Mais une loi spéciale interdit les amendes imposées aux puddleurs ; elle est du reste violée ou éludée. — Aux Etats-Unis, une loi du Massachusetts du 27 mars 1891 interdit les amendes imposées aux ouvriers tisseurs ; mais une loi du 18 juin 1892 permet les retenues en cas de malfaçon s'il y a entente entre patrons et ouvriers. — En Belgique, les amendes sont autorisées, si elles résultent d'un règlement d'ordre intérieur régulièrement affiché dans l'établissement (art. 7, 1° de la loi du 16 août 1887). Mais cela a paru insuffisant ; et la loi récemment votée sur les règlements d'atelier renferme une série de dispositions analogues à celles de la loi allemande : interdiction d'infliger des pénalités non prévues, limitation du taux au cinquième du salaire journalier, emploi au profit des ouvriers, notification immédiate aux intéressés, consignation dans un état qui doit être ratifié avant la paye par le chef d'industrie ou un directeur, et montré aux inspecteurs du travail à toute réquisition.

En France, il n'existe aucune disposition relative aux

[1] *Rapport sur les conditions du travail en Russie*, pag. 35.
[2] *Id.*, passim.

amendes, sauf en ce qui concerne celles infligées aux ouvriers mineurs, qui doivent être versées, d'après la loi du 29 juin 1894, dans les caisses des sociétés de secours (art. 6, 5°). La question a fait l'objet d'une ample discussion soit au Conseil supérieur du travail, soit à la Chambre, soit au Sénat. Examinons les arguments apportés dans cette discussion. Il faut écarter tout d'abord une objection préjudicielle. La loi, dit-on, ne doit pas s'occuper des amendes, pour ne pas donner une consécration formelle à ce système de pénalité ; des patrons, à qui leurs ouvriers réclameront la suppression des amendes, pourront déclarer que cela leur est impossible parce qu'elles sont reconnues par la loi. Ceux qui feront cette réponse n'auraient certes en aucun cas supprimé les amendes. Il est étonnant que l'on donne un tel argument qui a cependant rallié les suffrages du Conseil supérieur du travail : ignorer les abus, ce n'est pas les faire disparaître ; il semble qu'il n'y ait que deux partis possibles : supprimer les amendes ou les réglementer.

La suppression des amendes est vivement réclamée par les socialistes ; et elle a été votée par la Chambre des députés comme le meilleur moyen de mettre fin aux abus constatés. Les arguments fournis sont de deux sortes : 1° Cette juridiction patronale porte atteinte à la dignité des travailleurs ; 2° Elle constitue un droit exorbitant pour le patronat : elle est prononcée sans formalité, sans garantie, sans défense. Ces arguments se trouvent surtout indiqués dans l'exposé des motifs du projet Ferroul : « La Révolution de 1789 a supprimé les *justices seigneuriales* pour ne laisser subsister que la justice sociale. Nous croyons que, pour les mêmes raisons, il y a lieu de faire disparaître les *justices patronales*, qui ont encore cela de commun avec les anciennes justices seigneuriales que le patron ne fait pas seulement la loi, il l'applique lui-même. Après avoir édicté la peine de l'amende, il fixe, prononce et prélève lui-même cette amende sous la forme de retenue sur les salaires. C'est-à-dire que, sans délégation aucune de la société, sans investiture, il est à la fois législateur, juge et percepteur à son propre bénéfice ». Il n'est pas douteux que les amendes ne soient une pénalité qui soulève de nombreuses plaintes chez les ouvriers. Mais est-ce à raison de leur caractère ? N'est-ce pas plutôt à raison des abus qu'elles engendrent et de la manière dont elles sont appliquées ? On ne peut contester qu'il ne soit regrettable que l'amende soit prononcée sans aucune garantie. C'est là un inconvénient qui n'est nié par personne. « Il importe beaucoup de réserver aux ouvriers un recours contre leurs chefs immédiats. Le directeur lui-même n'est pas de trop pour ces appels, et le temps qu'il y consacrera ne sera pas perdu. Si on leur explique avec bienveillance les motifs de la décision qui les frappe, ils s'y rendront sans peine. On peut impunément maintenir une discipline même sévère, pourvu qu'on soit juste [1] ». Mais ce n'est pas un motif suffisant pour supprimer les amendes; il suffit de toucher ce point-là dans la réglementation ; c'est en cela que l'intervention d'un tiers est possible, et on sait en effet que la loi allemande, que la loi belge, réservent à l'inspecteur le droit de contrôle sur les amendes infligées. Du reste il ne peut être question de supprimer toute pénalité ; les adversaires des amendes reconnaissent qu'il est indispensable à la discipline de l'établissement de munir d'une sanction

[1] Cheysson : *Rapport du groupe de l'économie sociale* (exposition de 1889) : *Les institutions patronales*, pag. 433.

les règlements d'atelier. Comment donc remplacer les amendes? Par les autres pénalités possibles : la réprimande, la mise à pied, le renvoi. La réprimande sera vite usée ; ce seront donc la mise à pied et le renvoi qui seront les pénalités ordinaires. Or elles sont toutes deux beaucoup plus graves que les amendes, soit au point de vue moral, soit au point de vue matériel, puisque l'ouvrier se voit ainsi privé du salaire d'une ou de plusieurs journées. — Peu importe, répondent les adversaires des amendes : « plus on veut élever le niveau social de l'homme, plus on doit augmenter sa liberté et sa responsabilité : par suite les dommages qu'il peut subir sont plus considérables [1] ». C'est là une formule des plus justes ; mais qui n'est peut-être pas du goût des ouvriers. Au mois de mai 1895, une grève éclatait aux mines de Champagnac à la suite d'une mise à pied de deux jours infligée à un ouvrier ; les ouvriers ont demandé et obtenu le rétablissement des amendes. Voici, d'autre part, ce que pense de cette suppression M. du Maroussem : « Le Bon Marché a supprimé les amendes pour y substituer le renvoi ; on doit lui en savoir gré, comme à un législateur qui aurait rayé d'un trait tous les articles de son code correctionnel et les aurait remplacés par ce mot fort simple : une seule peine, la mort [2] ». Nous croyons donc que tout ce qu'il est possible de faire, c'est de laisser aux patrons et à leurs ouvriers la faculté de supprimer les amendes, s'ils le trouvent bon, tout en leur laissant la faculté d'y recourir à nouveau. La Chambre des députés était allée plus loin et avait voté la sup-

[1] Mesureur, *Conseil supérieur du travail*, 2e session, pag. 77-78.

[2] Du Maroussem : *Les grands magasins tels qu'ils sont* (*Revue d'économie politique*, 1893, pag. 957).

pression des amendes : « Sont interdits d'une façon absolue tous articles de règlements instituant des retenues de salaires, soit sous le nom d'amendes, sois sous toute autre appellation (art. 2 du projet sur les règlements d'atelier) ». — Le Sénat ne l'admit pas ; il se contenta de réglementer les amendes : « Dans le cas où un règlement d'atelier prévoirait des retenues de salaires, soit sous le nom d'amendes, soit sous une autre dénomination, ces retenues pourront avoir lieu, mais le montant encouru pour une même journée ne pourra excéder le quart du montant du salaire de cette journée. Le produit de ces retenues ne pourra être employé que directement dans l'intérêt des ouvriers, notamment pour alimenter des caisses de secours et de prévoyance au profit des ouvriers de l'atelier (art. 4) ». — Ainsi, obligation de prévoir les amendes, limitation de taux, emploi au profit des ouvriers, telles sont les mesures de garantie instituées par le Sénat ; peut-être serait-il bon de les compléter par celles qui existent en Allemagne ou que réalise la loi belge, mais telles que, elles amélioreraient considérablement la situation existante, et il serait désirable de les voir votées par la Chambre, qui les a absolument perdues de vue.

Nous avons indiqué à diverses reprises, en parlant des lois étrangères qui imposent l'obligation d'employer les amendes au profit des ouvriers, qu'elles réservent au patron le droit de faire des retenues pour malfaçons. Une disposition identique se trouve dans les projets français, soit de la Chambre, soit du Sénat : « La déduction de salaire pour malfaçon ou toute autre cause devant entraîner la réparation d'un préjudice causé au patron ne tombe pas sous l'application des dispositions du présent article, et, s'il y a contestation, elle sera jugée suivant les règles du droit en matière de dommages-intérêts. » Mais dans quels cas y aura-t-il amende? dans quels cas malfaçon? C'est là question des plus délicates à résoudre; nous avons vu qu'en Suisse les inspecteurs de travail avaient été obligés d'intervenir dans des cas où la loi avait été évidemment violée. En général, on considère comme malfaçon tout travail défectueux ou toute détérioration de matières premières. Mais cela peut prêter à difficultés; un critérium fourni par un jugement du tribunal de commerce de Nantes et un arrêt de la Cour de cassation aurait permis d'en écarter un certain nombre : l'ouvrier travaillant à l'atelier sous la surveillance du patron n'est pas pécuniairement responsable de ses malfaçons, il peut seulement être renvoyé sans indemnité s'il s'en rend habituellement coupable[1]. Ainsi la malfaçon ne pourrait donner lieu à indemnité que si l'ouvrier travaillait hors de l'atelier et sans surveillance, sous sa propre responsabilité. Mais toutes difficultés ne sont pas pour cela écartées? Qui déterminera si le travail est ou non défectueux? et quel doit être le montant de l'indemnité? Ce sera généralement le patron, ou plutôt ses représentants, les contre-maîtres; ils ne manquent jamais, disent les socialistes, de critiquer le travail : c'est une occasion de diminuer les prix convenus; il y a toujours quelque contestation (ce que les Anglais appellent *friction*). Il aurait donc servi à peu de chose de réglementer les amendes : l'on n'aurait fait en quelque sorte que reculer la difficulté, mais on n'aurait pas supprimé les abus. — Les socialistes demandent que les retenues pour malfaçons soient interdites; et que toute indemnité doive être

[1] Cass., 12 février 1868, S., 68, 1, 208. — T. C. Nantes, 9 février 1889, J. P., 89, pag. 268. — Cass. 15 février 1892, S., 93, 1, 143.

réclamée en justice. Ce serait là sans doute un moyen de mettre fin aux abus, mais qui serait peut-être pire que le mal : on ne peut pourtant pas rendre les procès obligatoires. C'est pourtant ce qui a été fait en Russie ; la loi, nous l'avons vu, a autorisé les amendes pour travail défectueux ou détérioration de matières premières ; mais toute indemnité pour malfaçon ne peut être réclamée que par voie judiciaire : le tribunal est ainsi appelé à évaluer le montant des dommages subis. Cette mesure était peut-être nécessaire en Russie, où les abus étaient particulièrement graves. Nous ne la croyons pas indispensable dans les autres pays.

En France 10 % seulement des affaires soumises au bureau de conciliation des conseils de prud'hommes sont relatives à la malfaçon. Le Code est du reste à peu près muet sur la question ; et l'on se demande dans quels cas le patron peut exercer une action en garantie et quelle est la durée de cette action ? Dans l'ancien droit[1] l'action en garantie pouvait être exercée pendant un délai, d'abord de trois ans, puis réduit à un an. Le Code civil est muet. On est d'accord pour reconnaître que, si la malfaçon est apparente, la réception éteint l'action en garantie. Mais si les défauts sont cachés ? Il y a controverse ; les uns[2] déclarent qu'il doit en être de même ; ils tirent argument de l'article 1790 : « l'ouvrier n'a pas de salaire à réclamer si la chose vient à périr, avant que l'ouvrage ait été reçu » ; ils font observer, en outre, que si une action existe, l'on se trouve dans l'impossibilité d'en fixer le délai de prescription ; il ne peut être de dix ans : l'article 1792 est spécial aux édifices ; il ne peut être de

[1] V. Ferrières, *Sur la coutume de Paris*, article CXIII, n° 23.
[2] V. Guillouard : *Contrat de louage*, tom. II, pag. 319-322.

trente ans; ce serait manifestement contraire à l'esprit de la loi; que sera-t-il donc? Cependant nous nous rallions au système de MM. Aubry et Rau[1] : l'article 1790, relatif à la perte de la chose, ne peut s'appliquer aux malfaçons; pourquoi ne pas appliquer par analogie l'article 1648 relatif aux vices rédhibitoires en matière de vente : l'action doit être intentée à bref délai. On fait observer que cette disposition exceptionnelle ne peut être appliquée à un autre contrat que la vente. Il nous semble cependant qu'en présence du silence du Code on doit appliquer les dispositions qui se rapprochent le plus du cas envisagé. Pour mettre fin à cette controverse, l'avant-projet de loi belge sur le contrat de travail[2] renferme l'article suivant : « En cas de malfaçon due à la négligence de l'ouvrier, le chef d'entreprise a droit à une indemnité. Cette indemnité peut être retenue sur le salaire. En cas de protestation de l'ouvrier, le chef d'entreprise doit intenter l'action dans le mois qui suit le règlement du salaire. Elle n'est plus recevable si, la malfaçon étant apparente, le chef d'entreprise n'a fait aucune réserve lors de ce règlement. »

Mais comment, sinon éviter, du moins diminuer les difficultés, sans recourir à la justice? Le moyen généralement employé est d'admettre les ouvriers à assister à la vérification de l'ouvrage, soit par eux-mêmes, soit par un délégué. C'est là une mesure très usitée et que parfois même la loi rend obligatoire. C'est ainsi qu'en Angleterre, une loi de 1860 autorise les ouvriers mineurs à nommer un contrôleur payé à leurs frais, appelé *checkweigher*; il est chargé de

[1] Aubry et Rau, tom. IV, § 374, pag. 528.

[2] L'avant-projet auquel nous faisons allusion a été présenté au Conseil supérieur du travail belge par M. Prins au mois de mars 1890. — Il en existe un autre présenté en 1891 sous le ministère Lejeune par M. Van Berchem et dont M. Dejace a été rapporteur.

s'occuper de la qualité et de la quantité ; pour faciliter son service, la loi déclare que le paiement des salaires aura pour base le poids et non le volume de la matière extraite ; dès lors, il n'a qu'à surveiller les pesées et à contrôler les retenues pour mauvaise qualité ; en cas de difficulté, le différend est réglé par un arbitre, désigné de concert. Cette mesure a, paraît-il, produit d'excellents résultats. Aussi, vient-elle d'être introduite en Prusse par la loi du 24 juin 1892. — Elle n'est pas spéciale, on le voit, à la qualité, mais s'applique aussi à la quantité, et il en est de même d'autres lois dont il nous reste à parler. Il est assez naturel que l'on protège l'ouvrier d'une façon identique contre les fraudes, qui peuvent être commises par de fausses appréciations sur la qualité ou sur la quantité, et dont le but est le même : réduire le salaire de l'ouvrier. — En Belgique, un projet de loi s'appliquant à tous les ouvriers a été voté par la Chambre, le 25 juin 1895 ; il lui manque encore croyons-nous, la sanction du Sénat : « La loi du 16 août 1887, relative au paiement des salaires et l'article 499 du Code pénal, sont complétés comme il suit : — Art. 10 *bis* : Nonobstant toutes conventions contraires, l'ouvrier a toujours le droit de contrôler les mesurages, pesées ou toutes autres opérations quelconques, qui ont pour but de déterminer la quantité ou la qualité d'ouvrage par lui fourni, et ainsi de fixer le montant du salaire. Quiconque aura entravé l'ouvrier dans l'exercice de ce contrôle, sera puni d'une amende de 50 à 2.000 francs. Toute action du chef de cette infraction, sera prescrite par six mois. Cet article concerne tous les ouvriers. — Art. 499, *C. P.* : Seront condamnés à un emprisonnement de 8 jours à un an et à une amende de 25 à 1.000 francs, ou à une de ces peines seulement, ceux qui, par des manœuvres frauduleuses, auront trompé : 1° — 2°. Les parties engagées dans un contrat de louage d'ouvrage ou l'une d'elles, soit sur la quantité soit sur la qualité de l'ouvrage fourni, lorsque, dans ce second cas, la détermination de la qualité de l'ouvrage, doit servir pour fixer le montant du salaire ». Ces deux dispositions sont, on le voit, destinées à faire régner la loyauté dans les contrats : si la première est en faveur des ouvriers, la seconde au contraire, destinée à punir les manœuvres frauduleuses, leur sera parfois applicable ; ils ne pourront s'en plaindre. — Une disposition de même nature, destinée à permettre à l'ouvrier de mesurer et de contrôler le travail effectué, existe en Angleterre pour l'industrie textile. On en trouve les premiers rudiments dans la section 24 de l'*act* de 1891 sur les fabriques ; mais elle a été développée et renforcée dans la section 40 de l'*act* du 6 juillet 1895 (*Factory and Workshop act*) : « Dans toute fabrique textile, l'occupant, dans le but de faciliter à chaque ouvrier payé aux pièces le calcul du montant du salaire qu'il doit toucher pour son travail, doit faire publier tous les renseignements concernant le montant du salaire applicable au travail à faire et aussi tous les renseignements concernant le travail auquel est applicable le salaire, ainsi qu'il suit : a) les renseignements relatifs au salaire doivent être fournis par écrit et affichés ; b) les renseignements relatifs au travail doivent être donnés par écrit, sauf dans le cas où il y a un indicateur automatique du travail effectué ; c) dans ce cas il faut afficher les renseignements relatifs au fonctionnement de l'indicateur automatique. — Les dispositions de cette section peuvent être appliquées par un secrétaire d'Etat, sur le rapport d'un inspecteur, à une classe de fabriques non textiles ou à une classe d'ateliers, sauf modification des dispositions ». Ainsi c'est là une prescription destinée à se développer de plus en plus au fur et à mesure des besoins, qui permettra aux ouvriers de mesurer et de contrôler le travail effectué.

En France, aucune règle légale n'existe en matière de malfaçon. Mais il est souvent d'usage de laisser les ouvriers assister au contrôle de leur travail. Il faut signaler toutefois un article fort intéressant du règlement des usages du Conseil des prud'hommes de Lyon : « Quelque défectueuse que soit la fabrication d'une étoffe, le fabricant ne peut en réduire la façon de plus de moitié[1] ». Cette disposition est destinée à prévenir les abus trop criants. — D'autre part, il existe une loi du 7 mars 1850 sur les moyens de constater les conventions entre patrons et ouvriers en matière de tissage et de bobinage. Cette loi décide qu'au moment de la livraison on doit inscrire sur un livret appartenant à l'ouvrier et laissé entre ses mains : le poids et la longueur de la chaîne, le poids de la trame, les longueur et largeur de la pièce à fabriquer, le prix de façon.... C'est un excellent moyen de prévenir les contestations. Malheureusement la loi n'est pas appliquée, elle est tombée en désuétude[2].

Telles sont les dispositions légales ou coutumières

[1] Article 10 du règlement D'après Glatard, *Le contrat de travail*, pag. 155 (Thèse Grenoble, 1893).

[2] V. dans Sauzet, *Le livret obligatoire des ouvriers* (*Revue critique*, 1890, pag. 27), une lettre du ministre du commerce à un député de la Loire qui s'était fait l'interprète « des réclamations formulées par les ouvriers tisseurs du Rhône et de la Loire au sujet de l'inobservation de cette loi ; — les parquets hésitent à poursuivre des contraventions à une loi qui leur paraît tombée en désuétude ». C'est ce qui arrive trop souvent pour les lois ouvrières.

destinées à protéger les salaires contre les abus qui pourraient se produire, au moment de la réception du travail, au sujet de la qualité ou de la quantité de travail effectué. C'est une législation à peine ébauchée encore. Son but paraît être, du moins c'est celui que nous lui assignerions, non pas d'exiger le recours à la justice en cas de malfaçon, mais bien d'organiser d'une manière précise et efficace le mode de mesurage et de contrôle : il faut que toutes facilités soient accordées à l'ouvrier, pour qu'il puisse vérifier son compte de paye. La disposition de la loi belge est en quelque sorte négative : elle ne veut pas qu'on entrave l'ouvrier dans l'exercice de son droit de contrôle ; ce n'est pas suffisant : il faudrait, en outre, organiser ce droit de contrôle, et en ce sens nous trouvons dignes d'approbation les lois anglaise et française ; encore cependant faudrait-il qu'elles fussent appliquées ! On objectera peut-être que les abus sont ici plus rares qu'en toute autre matière et qu'il est dès lors inutile de légiférer. Nous ferons observer que le nombre en a augmenté à l'étranger depuis que les autres ont été réprimés. Qu'il nous soit permis, du reste, de rappeler quelques lignes de M. Cabouat, que nous avons déjà citées : « La protection des salaires ne peut être efficace qu'à la condition de proscrire d'une manière générale tout expédient auquel le patron pourrait être tenté de recourir pour se dérober à l'exécution loyale et intégrale de ses obligations. La moindre lacune dans le système de protection des salaires lui enlèverait tout effet ». Il ne faudrait pas que cette lacune provînt de la non réglementation de la réception de l'ouvrage.

Avant d'en terminer avec les retenues de salaires, il faut dire quelques mots d'une retenue relativement récente et qui va se développant de plus en plus ; elle est destinée à donner une garantie au patron en cas de dommages à lui causés par l'ouvrier, en cas de départ illégal par exemple. Elle est usitée aux Pays-Bas, où l'article 1639 du code civil déclare que tous gens à gages qui quittent le service avant terme perdent le salaire gagné; en Allemagne, où elle est réglementée par la loi ; en Suisse, où la loi s'en occupe également; en Belgique, où elle devient d'un usage de plus en plus général; en France même, où on la signale à Paris, dans les Vosges et dans le Nord [1]. — C'est une sorte de cautionnement que se constitue le patron pour avoir une garantie contre le défaut d'exécution de ses obligations par l'ouvrier. Cette mesure a déjà provoqué et provoquera certainement beaucoup de difficultés dans l'avenir. Nous ne pouvons cependant, qu'en approuver le principe, tout en demandant une

[1] A Paris, dans l'industrie du chapeau de paille, l'ouvrier doit travailler toute la saison pour le même patron, qui s'engage de son côté à l'occuper tout ce temps. Il laisse à chaque paye un dixième du salaire, et cette retenue est acquise au patron, s'il quitte indûment avant la fin du congé (Hubert-Valleroux, *loc. cit.*, pag. 395).

Une grève a éclaté en 1893 dans une fabrique d'engrais de Marchiennes (Nord) pour obtenir le retrait d'un nouveau règlement prescrivant la retenue d'une semaine de salaire pour permettre aux patrons d'infliger une amende à l'ouvrier en cas de départ subit ; la grève a échoué (*Office du travail*, statistique des grèves survenues en France en 1893).

M. Keufer cite dans son rapport au Conseil supérieur du travail les faits suivants :

« L'ouvrière qui s'absentera un lundi pourra être renvoyée de l'établissement sans que le patron soit obligé de lui rendre sa masse, qui est de 15 fr. (usine des Vosges). — L'ouvrier qui quitte sans donner délai de quinzaine devra abandonner : 1° une masse de 10 fr. ; 2° le salaire qui pourrait lui être dû depuis la dernière paye ».

réglementation précise de ses conditions d'application. Il nous semble, en effet, fort légitime que le patron se prémunisse contre l'insolvabilité probable de son ouvrier. On a souvent reproché à ceux qui, comme nous, veulent autant que possible ramener l'ouvrier au droit commun, de négliger ce fait de l'insolvabilité de l'ouvrier : toute obligation de faire se résout en dommages et intérêts en cas d'inexécution de la part du débiteur (art. 1142 C. C.) ; si le débiteur est insolvable, quel effet peut avoir sur lui une condamnation à des dommages et intérêts ? il en résulte que l'ouvrier n'a plus que des droits et pas un seul devoir. — Cette objection est très forte ; et nous en reconnaissons la parfaite légitimité. Il faut peut-être même voir dans ce fait un des plus gros dangers de l'heure présente : l'ouvrier, dégagé de tout devoir envers son patron, perd peu à peu toute notion du devoir, et ne conserve plus que la conscience qu'il a très vive de ses droits. Voilà le mal : quel est le remède ? — Il en est qui le cherchent dans le rétablissement de la contrainte par corps[1]. — Nous écartons cette disposition comme contraire au droit commun : elle serait pire que le mal. — Mais nous trouvons fort juste que le patron puisse se constituer un cautionnement, comme en exigent souvent les commerçants de la part de leurs employés ; dès lors l'égalité est rétablie, l'ouvrier ne sera plus insensible à une action en dommages-intérêts ; il reprendra conscience de ses devoirs.

La réglementation la plus précise de cette sorte de retenue se trouve dans la loi allemande de 1891 : elle a donné lieu au Reichstag à une vive discussion au cours de laquelle ont été prononcées par M. de Hartmann ces paroles que nous approuvons vivement : « Ces pénalités sont

[1] Voir Hubert-Valleroux ; *loc. cit.*, pag. 395.

des choses qui doivent marcher de pair avec la protection accordée à l'ouvrier : il faut les accepter ou les rejeter ensemble »; paroles fort justes qui viennent à l'appui de ce que nous disions : plus l'ouvrier devient libre, plus il f[illegible] lui donner conscience de sa responsabilité et de ses de[illegible]rs. — Voici les dispositions de la loi relatives à ces retenues : « Des retenues de salaires qui sont stipulées par les chefs d'entreprise à titre de garantie d'une indemnité en cas de dommage résultant pour eux de la rupture illégale du contrat de travail ou d'une amende stipulée pour ce cas ne doivent pas excéder, à chaque paye, un quart du salaire échu et, au total, la valeur du salaire moyen d'une semaine (art. 119 a) ». Si la fabrique a plus de 20 ouvriers, le patron ne peut exercer la retenue si elle n'est pas stipulée par avance, et la retenue exigible ne peut être supérieure au montant du salaire hebdomadaire moyen (art. 134 § 2); l'emploi des sommes retenues doit être indiqué dans le règlement d'atelier (art. 134 b, 5°) : mais il n'est pas interdit au patron de se les approprier, bien que ce ne lui soit pas conseillé. Si la fabrique a moins de 20 ouvriers, le patron peut réclamer, à titre d'indemnité, mais pour une semaine au maximum, le montant du salaire quotidien de la localité : une stipulation préalable n'est pas nécessaire (art. 124 b). — Dans tous les cas, le droit à l'indemnité est ouvert, sans que le patron ait à faire la preuve d'un dommage : on a estimé que la preuve du préjudice aurait été difficile aussi bien que son évaluation, et que la rupture illégale du contrat suffisait pour donner ouverture à une indemnité. — Il faut faire deux parts de ces dispositions ; les unes sont relatives à la constitution des retenues : elles limitent leur montant total et la partie du salaire susceptible de retenue à chaque paye ; les autres à leur exigibilité: elles ne sont possibles que pour rupture illégale du contrat (c'est le seul cas en effet où elles soient nécessaires), elles doivent être stipulées à l'avance, leur emploi doit être déterminé; toutes règles destinées à éviter l'arbitraire. — Mais on a vivement critiqué la disposition qui ouvre le droit à indemnité sans que le patron ait à faire la preuve d'un préjudice; elle n'a pas, du reste, été adoptée sans difficultés, car elle a pour effet indirect de limiter le droit de grève; toute grève spontanée est considérée comme rupture illégale du contrat. Nous ferons toutefois observer qu'un droit analogue est accordé à l'ouvrier en cas de renvoi illégal et que, d'autre part, la rupture du contrat est minutieusement réglementée par la loi allemande. Cette fixation transactionnelle de l'indemnité nous semble, par suite, très légitime : elle évite toutes les difficultés en cas de rupture de contrat ; elle ne rend pas les procès obligatoires comme tend à le faire la loi française de 1890. — Cet ensemble de dispositions a produit jusqu'à présent des résultats que nous estimons très heureux : elle n'a pas empêché l'exercice du droit de grève, mais elle l'a pour ainsi dire réglementée : elle a supprimé ces grèves qui éclatent parfois sans qu'on en sache le pourquoi ni le comment, tout simplement par esprit d'imitation, et qui suffisent bien souvent à mettre fin à de bons rapports existant entre patrons et ouvriers. Elle a enfin mis le patron et l'ouvrier sur pied d'égalité.

La loi suisse décide, nous l'avons déjà vu, que « la partie du salaire portée à compte nouveau le jour de la paye ne doit pas excéder le salaire de la dernière semaine (art. 10) ». Cette disposition n'est pas spéciale à la retenue pour indemnité, mais elle s'y applique. En cas de départ illégal de l'ouvrier, le patron a le droit de s'attribuer la retenue. — Le projet de loi belge sur le contrat de travail admet, lui aussi, la validité de la retenue d'une semaine. — En France, cette retenue est encore très peu usitée aussi, est-il inutile, pour le moment du moins, de la réglementer : mais si elle se développe, et nous en serions, pour notre part, très heureux, il faudra déterminer avec soin les règles relatives, soit à sa constitution, soit à son exigibilité : la loi allemande nous paraît pouvoir servir d'exemple.

APPENDICE

PREUVE DU PAIEMENT DU SALAIRE.

Bien que la question soit de peu d'importance, nous ne voulons pas terminer l'étude de la protection du salaire à l'égard du patron sans dire un mot de la preuve du paiement.

En fait, peu de difficultés surgissent dans l'industrie sur ce point : le salaire est payé à intervalles réguliers plus ou moins rapprochés, en présence de tous les ouvriers, et, s'il peut y avoir contestation sur la quotité, elle est facilement tranchée par analogie avec ce qui est payé à ceux qui font un travail analogue. — Au contraire, il en est autrement pour les salaires payés aux ouvriers agricoles ou aux gens de service ; ils ne sont souvent acquittés qu'à longues échéances, généralement sans témoins; et l'on a, par suite, moins de scrupules à affirmer la réalité d'un paiement non effectué, ou à nier un paiement reçu.

La question était réglée autrefois par l'article 1781 du Code civil : « Le maître est cru sur son affirmation : pour la quotité des gages, pour le paiement du salaire de l'année échue, et pour les à-comptes donnés pour l'année courante ». Cet article, emprunté à une très ancienne jurisprudence du Châtelet et du Parlement de Paris, fut abrogé avec raison par la loi du 2 août 1868 : c'était une atteinte injustifiable à l'égalité civile. On est donc amené à l'application du droit commun ; les difficultés n'en subsistent pas moins. En principe, la preuve testimoniale n'est admissible que jusqu'à 150 fr. Or, l'ouvrier qui réclamera le paiement de salaires supérieurs à 150 fr. ne pourra invoquer la preuve testimoniale, il n'y aura probablement jamais d'écrit rédigé ; il n'aura d'autre ressource que de déférer le serment au maître, on revient à l'article 1781 ; sauf cependant le cas où le maître est commerçant : la preuve testimoniale est alors admissible sans limitation de chiffre. Du côté du patron, la situation n'est pas meilleure, car s'il se prétend libéré et n'a pas retiré quittance des gages, il ne pourra lui aussi que déférer le serment à l'ouvrier : ici, la situation faite au maître par l'article 1781 se trouve renversée. Le patron comme l'ouvrier sont donc absolument dépourvus de moyens de preuve et en sont réduits à accepter la sentence de la partie adverse.

Il est vrai que la jurisprudence n'est pas embarrassée pour si peu. Avant la loi de 1868, un jugement de justice de paix réformé sur appel portait : « Attendu qu'aux termes de l'article 1781 du Code civil, le maître devrait être cru, sur son affirmation, pour le paiement des gages, mais attendu que nous avons la conviction profonde que X... ne s'est pas libéré, le condamnons à payer[1] ». Depuis, un jugement récent du tribunal de Nogent-le-Rotrou était ainsi conçu : « L'impossibilité de se procurer une preuve écrite qui autorise la preuve testimoniale (art. 1348,

[1] V. Hubert-Valleroux, *loc. cit.*, pag. 78, note.

Code civil) s'entend d'une impossibilité morale aussi bien que de l'impossibilité physique. Or, le maître auquel il est réclamé des gages qu'il prétend avoir payés est présumé avoir été dans l'impossibilité morale de se procurer une preuve écrite de ce paiement, l'usage n'étant pas que le maître demande des quittances à ses serviteurs à gages. En conséquence, il doit être admis à prouver sa libération par témoins ou par des présomptions graves, précises et concordantes ». Quand la jurisprudence est ainsi obligée de tourner la loi, c'est la meilleure preuve que la loi a besoin d'être modifiée. Du reste, tous ceux qui se sont occupés de la question sont d'accord sur ce point, et la solution qu'ils proposent est identique : autoriser la preuve testimoniale même au-dessus de 150 fr. [1].

A l'étranger, certains pays, comme l'Allemagne, admettent dans tous les cas la preuve testimoniale. — D'autres en sont encore restés à l'article 1781 du Code civil. L'article 1638 du Code des Pays-Bas est identique : « le maître est cru sur son affirmation, confirmée par serment... etc. » L'article 1384 du code espagnol de 1889 a beaucoup de ressemblance. « Le maître sera cru jusqu'à preuve contraire : 1° pour la quotité des gages de son domestique, 2° pour le paiement de gages échus de l'année courante». — D'autres ont abrogé purement et simplement cet article, laissant la preuve sous l'empire du droit commun; l'Italie depuis le Code civil de 1865, la Belgique par une loi du 10 juillet 1883.

[1] C'est la solution préconisée par M. Glasson (*Le Code civil et la question ouvrière*, pag. 22), et par M. Desjardins (*Le Code civil et les ouvriers*), qui réclame, avec raison, la réforme du droit commun et l'élévation du chiffre au-dessous duquel la preuve testimoniale est admissible.

En somme, il serait désirable que la preuve testimoniale fût toujours possible en matière de contrat de salaire, ni les patrons, ni les ouvriers n'ayant l'habitude de se munir d'une preuve écrite. On arriverait ainsi à régler facilement des contestations d'autant plus délicates que le juge se trouve quelquefois dans l'obligation d'opter entre sa conscience et le respect dû aux textes juridiques.

LIVRE II

PROTECTION DU SALAIRE

A L'ÉGARD DES CRÉANCIERS DU PATRON.

Nous venons d'examiner longuement les mesures de protection du salaire à l'égard du patron. Ce ne sont pas les seules qui soient nécessaires et qui aient été prises. Ce ne sont pas surtout les premières en date. Nous abordons en effet maintenant une nouvelle série de mesures de protection : celles qui ont pour but de protéger le salaire à l'égard des créanciers du patron. En cas de faillite ou de déconfiture de celui-ci, quelle doit être la situation des ouvriers ? Doivent-ils venir au marc le franc en concours avec tous les créanciers ? Ne doivent-ils pas plutôt être privilégiés ? La question n'est pas discutée. Alors que les privilèges se justifient par la faveur de la créance, il en est peu d'aussi favorables que la créance de salaire ; elle constitue souvent l'unique ressource de celui qui en est titulaire.

Le privilège résulte en outre de la nature du contrat de salaire, contrat à forfait ; car, si l'entrepreneur se réserve toutes les chances de l'entreprise, par contre ses ouvriers doivent être à l'abri de tout aléa. « L'ouvrier, dans toutes les législations, est privilégié pour son salaire ; c'est justice, ce n'est pas charité. La nature du concours qu'il a apporté à la production veut qu'il en soit ainsi : car il n'a pas eu à juger, et il n'a pas jugé les combinaisons de l'entreprise, et il ne doit pas dépendre de ses résultats[1] ». Ainsi l'ouvrier doit voir des garanties spéciales attachées à sa créance de salaire.

Mais ce n'est pas suffisant. Nous avons vu, en effet, que souvent le patron faisait subir des retenues à ses ouvriers pour les institutions de prévoyance destinées à les prémunir contre les divers risques qui peuvent les atteindre. N'est-il pas aussi indispensable de garantir cette nouvelle créance de l'ouvrier que la première? C'est l'avis unanime.

Nous allons donc étudier successivement les garanties accordées à l'ouvrier pour la protection de son salaire et celles qui lui sont données pour la protection des retenues affectées aux institutions de prévoyance.

[1] Leroy-Beaulieu ; *loc. cit.*, to . II, pag. 221.

CHAPITRE PREMIER.

Garanties pour le paiement du salaire.

Le privilège n'est pas l'unique moyen de protection du salaire contre les créanciers du patron : il n'est pas accordé à tous les salariés d'une façon identique. Nous allons tâcher de présenter, du moins pour la France, un tableau complet des garanties attachées à la créance de salaire. Nous comparerons ensuite à la législation française les diverses législations étrangères[1].

France. — Il n'existe pas de privilège commun à tous les salariés. Nous examinerons donc successivement les diverses garanties accordées à diverses catégories d'ouvriers. Nous ferons ensuite une étude spéciale des sûretés données aux ouvriers qui sont au service d'entrepreneurs.

A. Garanties accordées aux divers salariés. — Ces garanties sont au nombre de trois : 1° un privilège général portant sur les meubles et subsidiairement sur les immeubles du débiteur ; 2° des privilèges spéciaux sur certains meubles ou certains immeubles ; 3° un droit de rétention.

a) Privilège général. — L'article 2101, 4° du Code

[1] Cette étude est d'autant plus délicate que la législation y relative ne se trouve plus dans les lois industrielles, mais se rencontre à la fois dans les codes civils, de commerce, dans des lois spéciales, etc.

civil déclare que : sont privilégiés sur l'universalité des meubles (et par suite, subsidiairement, des immeubles) les salaires des gens de service pour l'année échue et ce qui est dû sur l'année courante. — Ce privilège existait déjà dans l'ancien droit : Pothier signale qu'un acte de notoriété du Châtelet du 4 août 1692 accorde un privilège aux domestiques de ville pour une année de leurs gages[1]. La loi du 11 brumaire an VII (art. 11) consacra ce privilège pour les domestiques, l'étendant ainsi à ceux de la campagne. Le Code civil, en employant le terme gens de service, ne paraît pas avoir voulu étendre le cercle de la protection accordée. Ces mots comprennent les personnes chargées d'un travail manuel d'une manière permanente et attachées à la personne ou à la propriété ; c'est-à-dire les domestiques, valets de chambre, cuisiniers, cochers, les portiers, valets de ferme, pâtres. Ils ne s'appliquent pas aux ouvriers à la journée ; ils ne s'appliquent pas non plus aux personnes qui, comme les précepteurs, les secrétaires, ne sont pas occupées à un travail manuel. A plus forte raison, ne sont pas compris sous ce terme les ouvriers agricoles autres que ceux occupés d'une manière permanente, les ouvriers industriels ou les employés de commerce. La question avait bien été discutée à l'origine, mais un arrêt de la Cour de cassation du 10 février 1829 déclara à juste titre que « l'expression gens de service ne comprenait pas les ouvriers ».

Aussi, lorsqu'en 1838 on modifia la législation des faillites, on introduisit dans la nouvelle loi un article

[1] Pothier ; *Procédure civile*, 4e partie, chap. 2, sect. 2, art. 7 § 2. — Une ordonnance de Philippe Auguste de mars 1188 assurait déjà un privilège aux mercenaires pour ce qui leur était dû ; — mais que faut-il entendre par mercenaires ?

« admettant au nombre des créances privilégiées, au même rang que le privilège établi par l'article 2101 du Code civil pour le salaire des gens de service, le salaire acquis aux ouvriers employés directement par le failli pendant le mois qui aura précédé la déclaration de faillite ; seront admis au même rang les salaires dus aux commis pour les six mois qui auront précédé la déclaration de faillite » (art. 549, C. com.). — Cet article a été modifié : d'abord par la loi du 4 mars 1889, qui a rendu ces dispositions applicables au cas de liquidation judiciaire et a étendu le privilège pour les ouvriers aux trois derniers mois ; puis par la loi du 6 février 1895, qui en a modifié le dernier alinéa applicable aux commis, de manière à ce que le privilège s'étendit non seulement aux appointements fixes, mais aux commissions proportionnelles qui leur sont allouées sur les affaires conclues par eux ; cet alinéa est maintenant rédigé ainsi qu'il suit : « Le même privilège est accordé aux commis attachés à une ou plusieurs maisons de commerce, sédentaires ou voyageurs, savoir : s'il s'agit d'appointements fixes, pour les salaires qui leur sont dus durant les six mois antérieurs à la déclaration de la liquidation judiciaire ou de la faillite ; et s'il s'agit de remises proportionnelles allouées à titre d'appointements ou de suppléments d'appointements, pour toutes les commissions qui leur sont définitivement acquises dans les trois derniers mois précédant le jugement déclaratif, alors même que la cause de ces créances remonterait à une époque antérieure ».

En somme, peuvent invoquer le privilège de l'art. 2101, 4° : les ouvriers et commis dont le patron est commerçant et les gens de service, avec cette différence toutefois que le privilège garantit le salaire dû pour les trois derniers mois dans le premier cas, pour trois ou pour six mois selon les distinctions ci-dessus indiquées dans le second, pour l'année échue et l'année courante dans le troisième. Restent en dehors de la protection de la loi les ouvriers employés par des non-commerçants et par les sociétés civiles, c'est-à-dire par les sociétés immobilières, particulièrement les sociétés de mines. Il est vrai que la loi du 1er août 1893 déclare que les sociétés à forme commerciale seront commerciales quel que soit leur objet. Mais cette disposition est inapplicable aux sociétés civiles antérieurement constituées. Aussi le projet de M. Jules Roche du 16 juin 1891 sur le payement des salaires contenait-il l'article suivant : « Les salaires acquis aux ouvriers pour les derniers trois mois et les salaires dus aux employés pour les derniers six mois seront admis, au cas de déconfiture du patron non commerçant, au nombre des créances privilégiées, aux termes de l'art. 2101, 4° du Code civil ». Mais cet article, qui venait ainsi supprimer la lacune que nous avons constatée, ne se trouve ni dans la partie du projet qui est devenue la loi du 12 janvier 1895, ni dans la partie encore pendante devant les Chambres ; il a complètement disparu. Nous espérons qu'il sera repris.

b) Privilèges spéciaux. — A côté du privilège général, certaines catégories d'ouvriers peuvent invoquer des privilèges spéciaux, qui tantôt viennent se cumuler avec lui, tantôt le remplacent lorsqu'il n'est pas applicable.

α) L'art. 2102, 1° du Code civil donne un privilège sur les récoltes, au profit des ouvriers qui ont contribué à l'ensemencement des terres ou à la levée des récoltes. Il est d'autant plus utile pour eux que généralement c'est le seul dont ils puissent faire usage.

β) Le même article 2102, 1° du Code civil, déclare que les sommes dues pour ustensiles agricoles sont privilégiées sur le prix de ces ustensiles. Par suite, les ouvriers qui ont réparé ou amélioré ces outils peuvent se prévaloir de ce privilège. Mais il faut remarquer qu'il s'agit ici d'un louage d'ouvrage, et non d'un louage de services.

γ) Il en est de même dans le cas de l'art. 2102, 3° du Code civil, qui accorde un privilège « pour les frais faits pour la conservation de la chose ». Ce privilège peut être invoqué par les ouvriers qui ont assuré la conservation de l'objet, si l'objet est entre les mains de leur débiteur.

δ) Enfin, l'art. 2103, 4° donne un privilège, sur la plus-value résultant des travaux effectués, aux maçons et autres ouvriers employés pour édifier, reconstruire ou réparer des bâtiments, canaux ou autres ouvrages quelconques. Mais nous ne citons cet article que pour mémoire. On sait, en effet, que le privilège ne peut être exercé que sous la condition d'une double expertise ; aussi, en fait, n'est-il jamais invoqué ! — Il n'en était pas de même dans l'ancien droit, d'où nous vient ce privilège : il pouvait être exercé par les ouvriers sans aucune formalité ; la présentation des procès-verbaux n'a été exigée que depuis un arrêt de règlement du 18 août 1766.

En somme, ces privilèges spéciaux sont surtout utiles soit aux ouvriers agricoles, soit aux artisans. Il n'en existe pas pour les ouvriers d'industrie. Aussi, M. Dupuy-Dutemps a-t-il présenté à la Chambre des Députés, le 15 novembre 1893, une proposition accordant un privilège spécial à tous les ouvriers : « Il sera ajouté à l'art. 2102 du Code civil, à la suite du 5e alinéa, une disposition ainsi conçue : Les salaires des ouvriers, sur le mobilier et l'outillage garnissant l'usine, la ferme ou les chantiers ;

et sur les objets ou marchandises produits, extraits ou manufacturés, en tout ou en partie, soit individuellement, soit collectivement par eux ». Un privilège spécial serait ainsi donné à tous les ouvriers qui en sont encore dépourvus ; il est vrai que, dans certains cas, il ferait double emploi avec le privilège général !

c) Droit de rétention. — En outre, les artisans ou ouvriers qui ont travaillé à la confection ou à la réparation d'un objet ont, sur cet objet, un droit de rétention, tant qu'ils en ont la possession, jusqu'au payement du salaire.

Tous ceux qui admettent l'existence du droit de rétention, en l'absence d'un texte formel, l'accordent à l'ouvrier, car la dette est née à l'occasion de l'objet sur lequel on prétend exercer le droit de rétention (il y a *debitum cum re junctum*), et d'autre part la dette est contractuelle [1]. Le droit de rétention, en permettant au détenteur de se refuser à la restitution de la chose avant le payement du salaire, aura pour lui le même résultat pratique qu'un privilège.

Telles sont les diverses garanties attachées à la créance de salaire. Si elles sont nombreuses, elles sont aussi parfois un peu incohérentes, tantôt accordant à l'ouvrier une protection excessive, tantôt le laissant, faute de privilège, venir au marc le franc avec tous les créanciers. Elles seraient heureusement complétées par les deux, tout au moins par l'une des deux propositions de loi que nous avons signalées.

[1] On sait que c'est là une condition exigée par MM. Aubry et Rau, tom. III, § 256 *bis*.

B. Garanties spéciales accordées aux ouvriers employés par des entrepreneurs. — Les ouvriers employés par des entrepreneurs, soit de travaux publics, soit de travaux privés, parfois peuvent invoquer contre eux le privilège général, parfois n'ont aucune sûreté. Aussi, la loi leur accorde une garantie d'une autre nature qui porte, non comme la précédente sur les biens de l'entrepreneur, leur débiteur, mais sur ceux du maître pour lequel les ouvrages sont faits. De droit commun, les ouvriers ne pourraient exercer contre celui-ci que l'action oblique de l'art. 1166 : ils viendraient en concours sur le prix des travaux avec tous les créanciers de l'entrepreneur ; la loi n'a pas jugé que ce fût équitable. Cette seconde garantie s'explique par ce fait que l'entrepreneur n'est souvent lui-même qu'un ouvrier dont le capital est très restreint, et par suite sujet à la faillite plus qu'un autre patron ; le maître, le propriétaire, qui fait exécuter le travail, est le bailleur de fonds ; il est naturel que ce soit sur lui que repose la garantie accordée aux ouvriers. — Cette garantie est de nature différente, suivant qu'il s'agit d'une entreprise de travaux publics, ou d'une entreprise de travaux privés.

a) Entreprises de travaux publics. — Le décret du 26 pluviôse an II, par ses art. 3 et 4, reconnaît aux ouvriers de travaux intéressant l'Etat, un privilège sur les sommes dues aux entrepreneurs. Ce privilège a été étendu par la loi du 25 juillet 1891 à tous les travaux publics, et par suite à tous les travaux effectués pour le compte de l'Etat, des départements, des communes, des établissements publics.

Ce privilège s'exerce sur les sommes dues à l'entrepreneur, mais ne s'étend pas aux fonds de cautionnement.

D'autre part, toute cession de sa créance consentie par l'entrepreneur ne sera valable que réserve faite du droit des ouvriers. Cela résulte des termes des articles 3 et 4 du décret : ils édictent, en effet, que jusqu'à la réception des travaux les ouvriers seuls pourront opérer des saisies-arrêts, et qu'après la réception ils auront un droit de préférence pour le restant de leur dette. — C'est là une garantie très efficace pour les ouvriers.

b) Entreprises de travaux privés. — Quant à ceux employés à une entreprise de travaux privés, il ont une garantie d'un autre ordre résultant de l'art. 1798 du Code civil : « Les maçons, charpentiers et autres ouvriers qui ont été employés à la construction d'un bâtiment ou d'autres ouvrages faits à l'entreprise n'ont d'action contre celui pour lequel les ouvrages ont été faits que jusqu'à concurrerce de ce dont il se trouve débiteur envers l'entrepreneur au moment où leur action est intentée ».

A examiner très exactement les termes de cet article, il semble en résulter ceci : d'une part, il substitue à l'action oblique de l'art. 1166 une action directe permettant aux ouvriers de poursuivre directement le maître pour le compte duquel les travaux sont effectués, et de se faire attribuer ainsi, en cas de faillite ou de déconfiture de l'entrepreneur, la totalité du prix encore dû, de préférence aux autres créanciers ; d'autre part, à la différence du décret de pluviôse an II, l'article 1798 déclare valables toute cession de créance faite par l'entrepreneur à un tiers, toute saisie-arrêt faite par un créancier, tout paiement antérieur à l'action effectué entre les mains de l'entrepreneur par le maître. — C'est, en effet, l'opinion de la jurisprudence sur l'un et l'autre point. Mais ce système a été trouvé fort rigoureux, moins favorable aux ouvriers que celui édicté pour les entreprises de travaux publics par le décret de pluviôse. On a cherché alors un moyen de permettre aux ouvriers de ne pas souffrir d'une cession de créance faite par l'entrepreneur. Dans ce but, on a déclaré que l'art. 1798 donnait aux ouvriers un privilège. Nous ferons remarquer que, quel que soit le système adopté, privilège ou action directe, les ouvriers échapperont à la loi du concours, en cas de faillite ou de déconfiture de l'entrepreneur, dans un cas comme créanciers privilégiés de l'entrepreneur, dans l'autre comme créanciers directs du débiteur de l'entrepreneur. L'intérêt de la question vient donc se concentrer sur la cession qui, dans la théorie du privilège, n'est possible que déduction faite du droit des ouvriers. Bien qu'à la théorie du privilège soit attaché le nom de M. Labbé [1], qui a employé à la défendre toutes les ressources de sa brillante dialectique, nous croyons qu'elle n'est guère soutenable en présence des termes de l'art. 1798. — Nous regrettons certes qu'il en soit ainsi, et nous désirerions que pour les entreprises de travaux privés, comme en matière de travaux publics, toute cession de créance ne fût possible pour les entrepreneurs qu'avec réserve des droits des ouvriers. Mais c'est au législateur que nous croyons devoir faire appel; l'art. 1798 pourrait être complété par une disposition en ce sens.

Appliquant toujours strictement les termes de l'art. 1798, la jurisprudence n'accorde l'action directe qu'aux ouvriers et contre-maîtres, et la refuse aux sous-traitants et sous-entrepreneurs [2]; elle ne la donne que contre le

[1] Voir Labbé; *Des privilèges spéciaux sur les créances (Revue critique*, 1876, pag. 571 et 665).

[2] Cass., 11 novembre 1867, S, 67,1,429.

maître pour qui s'effectue le travail et non contre l'entrepreneur général. Nous approuvons ces deux solutions, qui sont conformes au texte de la loi, particulièrement la première, qui a été très vivement critiquée comme laissant sans garantie le sous-entrepreneur qui a payé le salaire de ses ouvriers : le contrat de sous-entreprise, bien connu sous le nom de marchandage, ne nous semble digne d'aucun encouragement!

Outre l'action directe contre le maître, il ne faut pas oublier que l'ouvrier a aussi une action contre son patron entrepreneur, et que, si celui-ci est commerçant, elle est privilégiée en vertu de l'art. 549 du Code de commerce. L'art. 549 donnant à l'ouvrier un privilège lui est plus favorable que l'art. 1798, en ce que la cession de créance faite par l'entrepreneur n'est pas opposable aux ouvriers et que le privilège porte sur tous les biens du débiteur, tandis que l'action de l'art. 1798 ne s'applique qu'à une créance spéciale ; mais l'art. 1798 permet l'exercice de l'action pour la totalité de la créance, tandis que l'art. 549 n'autorise que la réclamation du salaire des trois derniers mois. Le cumul des deux actions, dans le cas où il est possible, donne donc aux ouvriers garantie complète [1].

Telles sont les garanties accordées aux ouvriers pour

[1] Les gages et loyers du capitaine et autres gens de l'équipage employés au dernier voyage sont garantis par un privilège spécial portant sur le navire et sur le fret (art. 191, 6°, et 271, C. Com.). C'est là une garantie quelque peu insuffisante, dont on a proposé la modification et la transformation en un privilège général sur les biens de l'armateur (Voir Lyon-Caen et Renault, tom. V, pag. 252-260). — Le Code de commerce donne encore un privilège sur le navire aux ouvriers employés soit à la construction, si le navire n'a point encore fait de voyage ; soit au radoub, avant le départ du navire, s'il a déjà navigué (art. 191, 6°) (Voir Lyon-Caen et Renault, tom. VI, pag. 591-595).

la sûreté de la créance de salaire. La législation française aurait surtout besoin d'être coordonnée, de façon à donner à tous une protection à peu près équivalente.

C'est le but qu'ont atteint la plupart des législations étrangères, que nous allons maintenant passer en revue, en nous occupant spécialement de celles qui se sont inspirées du Code civil et qui l'ont parfois heureusement modifié.

Belgique. — La Belgique est, on le sait, encore sous l'empire du Code civil, mais le titre des privilèges et hypothèques a été sensiblement transformé par la loi du 16 décembre 1852. Voici quelles sont, actuellement, les garanties du salaire.

A. La loi du 16 décembre 1851 a établi : *a*) un privilège général sur les meubles, ainsi fixé : « les salaires des gens de service pour l'année échue et ce qui est dû sur l'année courante ; le salaire des commis pour six mois et celui des ouvriers pour un mois » (art. 19, 4°) ; *b*) des privilèges spéciaux : *α*) sur le prix de la récolte au profit des ouvriers qui ont contribué à l'ensemencement ou à la récolte (art. 20, 2°) ; *β*) sur le prix des ustensiles, pour les sommes dues pour ustensiles servant à l'exploitation (art. 20, 2°) ; *γ*) pour les frais faits pour la conservation de la chose (art. 20, 4°) ; *δ*) au profit des ouvriers employés à la construction ou à la réparation de bâtiments, canaux ou autres ouvrages, sur la plus-value résultant des travaux, et sous la condition du double procès-verbal (art. 27, 5°). *c*). Le droit de rétention existe, d'après la théorie générale du Code civil.

B. Comme en France, le décret de brumaire an II s'applique aux entreprises de travaux publics, mais seulement à celles faites pour le compte de l'Etat ; et l'art. 1798 aux entreprises de travaux privés.

Pays-Bas. — Le Code néerlandais de 1838 est à peu près conforme au Code civil.— *A.* Il donne : *a*) un privilège général sur les meubles et immeubles pour : « le salaire des gens de service et ouvriers pour l'année échue et ce qui est dû sur l'année courante » (art. 1195, 4°); *b*) des privilèges spéciaux : α) pour frais de semences et de récoltes (art. 1187) ; β) pour frais d'ustensiles agricoles (art. 1187); γ) pour les frais faits pour la conservation de la chose (art. 1185, 4°); δ) pour « tout ce qui est dû aux maçons, charpentiers et autres maîtres-ouvriers pour édifier, reconstruire ou réparer des immeubles, pourvu que la créance ne remonte pas à plus de 30 ans, et que l'immeuble soit resté la propriété du débiteur, sur le prix de l'immeuble construit, réédifié ou réparé » (art. 1185, 8°); ε) pour le prix du travail dû à l'ouvrier sur la chose travaillée (art. 1185, 5°): c'est là une innovation du Code néerlandais. c) Le droit de rétention est reconnu par une disposition formelle du Code : « Les ouvriers à qui un ouvrage est confié ont un droit de rétention sur la chose jusqu'au payement des frais et salaires qui leur sont dûs, à moins que le propriétaire ne fournisse caution pour garantir ces frais et salaires » (art. 1652).

B. Le Code des Pays-Bas renferme un article analogue à l'art. 1798, qui accorde aux ouvriers employés par un entrepreneur une action directe contre celui pour qui les ouvrages sont faits, jusqu'à concurrence de la dette envers l'entrepreneur (art. 1650).

Italie. — Le Code civil italien de 1866 et le Code de

commerce de 1883 ont maintenu, dans ses lignes générales, le système français.

A. Les garanties accordées sont les suivantes : *a*) un privilège général sur les meubles garantissant « les salaires des gens de service pour les six derniers mois » (art. 1956, 4°), étendu par le Code de commerce « aux salaires dus aux employés directement par le failli pendant le mois, aux salaires dus aux préposés et commis pendant les six derniers mois » (art. 773) ; — *b*) des privilèges spéciaux : α) pour travaux de semences, de culture et de récolte de l'année sur les fruits de la récolte (art. 1958, 5°) ; β) pour « les dépenses faites pour la conservation ou pour l'amélioration des meubles, sur les mêmes meubles conservés ou améliorés, pourvu que ceux qui ont fait lesdites dépenses soient encore nantis de ces meubles » (art. 1958, 5°). (C'est là une garantie qui tient à la fois du privilège et du droit de rétention, et qui correspond au privilège pour frais faits pour la conservation de la chose, avec extension à l'amélioration). — Le droit italien, peu disposé à mettre des entraves à la circulation des immeubles, n'accorde aucun privilège ou hypothèque spéciale pour construction ou réparation d'immeubles.

B. Mais l'art. 1645 du Code civil est identique à l'art. 1798, et donne ainsi une garantie indirecte aux ouvriers chargés de ces travaux.

Espagne. — Le droit espagnol a également beaucoup de points communs avec le droit français.

A. Le Code civil de 1889 donne : a) un privilège général, garantissant « les créances des journées et salaires des employés, journaliers, domestiques, pour la dernière année » (art. 1924, 2°, *D*), que le Code de commerce espagnol de 1886 avait accordé « aux créanciers à raison d'un travail personnel, y compris les employés de commerce, pour les salaires dus pendant les six mois antérieurs à la faillite » (art. 913); *b*) des privilèges spéciaux : α) pour semailles, frais de culture et de récolte (art. 1922, 6°); β, γ) pour construction, réparation, conservation des meubles qui sont au pouvoir du débiteur (art. 1922, 1°); δ) pour créances de réparations mentionnées et transcrites au registre de la propriété sur les biens qui ont été l'objet de la réparation (art. 1923, 3°); et pour créances de réparations qui ne sont ni mentionnées, ni inscrites sur les immeubles objets des travaux et qui sont distinctes des créances précédentes (art. 1923, 5°). [Ainsi, il existe un double privilège pour les créances de réparations, mais de rang différent, suivant qu'il y a eu ou non inscription de la créance ; c'est là une innovation intéressante et peut-être à imiter].

B. L'art. 1597 du Code espagnol est à peu près analogue à l'art. 1798 du Code français : « Ceux qui apportent leur travail à une entreprise faite à forfait n'ont d'action contre le propriétaire que dans la mesure de ce qu'il doit encore à l'entrepreneur lors de la réclamation ».

Telles sont les législations qui ont le plus de rapports avec la législation française. Nous avons indiqué, chemin faisant, les innovations intéressantes qu'elles renferment. Nous allons maintenant dire quelques mots de la législation des autres pays.

Angleterre. — La loi anglaise du 24 décembre 1888, codifiant toutes les dispositions antérieures sur les priviléges en matière de faillite et de liquidation des sociétés, édicte les règles suivantes : « Dans la distribution de l'actif soit d'un failli, soit d'une société en liquidation, doivent être payés par préférence à toutes autres dettes : *a*) les impôts; *b*) tous les gages ou salaires d'un employé ou d'un domestique dus à raison de services rendus au failli ou à la société dans les quatre mois antérieurs à l'ordonnance de séquestre ou au commencement de la liquidation, pourvu qu'ils n'excèdent pas 50 L. S. ; *c*) tous les gages d'un journalier ou d'un ouvrier n'excédant pas 25 L. S., payables au temps ou à la pièce, dus à raison de services rendus au failli ou à la société dans les deux mois antérieurs à l'ordonnance de séquestre ou au commencement de la liquidation ; — toutefois, dans le cas où un ouvrier agricole aurait passé un contrat pour le payement d'une partie de ses gages en bloc à la fin de l'année de service, cet ouvrier sera privilégié quant au payement de la somme stipulée, soit pour la totalité de cette somme, soit pour la partie que le tribunal jugera être due par suite du contrat, pour le service rendu jusqu'à la date de la nomination d'un *receiver* (syndic provisoire) » (art. 1er, § 1).— Ainsi, la loi anglaise distingue entre les gages d'un domestique, d'un journalier ou ouvrier, et d'un ouvrier agricole ; et dans les deux premiers cas ne donne un privilège que jusqu'à concurrence d'une certaine somme, assez élevée cependant pour que la plupart des salaires soient protégés.

Allemagne. — La loi allemande est une des plus simples. Elle place, en effet, tous les salaires sur le même pied et leur confère à tous des garanties identiques. Le Code des faillites (*Konkursordnung*), du 10 février 1877, donne un privilège général pour « les sommes dues à titre de gages, salaires, frais de nourriture ou autres rémunérations aux personnes que le débiteur avait engagées d'une façon durable pour le service domestique, les travaux commerciaux ou industriels, pour la dernière année avant l'ouverture de la faillite ou la mort du débiteur » (art. 54).—D'autre part, il assimile les ouvriers aux créanciers gagistes pour le règlement de leurs travaux sur les objets fabriqués ou réparés par eux et qui se trouvent encore en leur possession (art. 41, 6° et 7°); le droit qui leur est ainsi conféré est un droit de rétention érigé par la loi en un véritable privilège spécial.

Hongrie. — La loi hongroise sur la faillite du 27 mars 1881 est identique à la loi allemande et accorde : *a*) un privilège général uniforme pour les gages et salaires de la dernière année, aux domestiques, aux personnes employées à l'agriculture, à l'exploitation industrielle et commerciale chez le failli (art. 60, 1°) ; *b*) un privilège spécial aux artisans et ouvriers pour leurs salaires sur les objets fabriqués ou réparés par eux et encore en leur possession (art. 57, 2°).

Autriche. — La loi sur les faillites du 25 décembre 1868 déclare privilégiés les salaires de la dernière année acquis par les personnes que le failli a employées soit à son service personnel, soit dans un établissement industriel (art. 43).

Suisse. — La loi suisse du 11 avril 1889 sur la faillite et la saisie distingue entre les diverses catégories de salariés. Elle déclare privilégiés : « *a*) Les gages des domestiques pour l'année qui précède la déclaration de la faillite ; *b*) les traitements des commis et des employés de bureau pour les six mois qui précèdent l'ouverture de la faillite ; *c*) les salaires des ouvriers travaillant à la journée ou à la semaine, pour les trois derniers mois avant l'ouverture de la faillite » (art. 219, 1°). Ce système est l'opposé du système allemand ; on y trouve une savante gradation des droits des salariés, suivant la nature de leurs occupations.

Etats-Unis.— La législation des Etats-Unis en matière de privilèges est fort intéressante ; car elle seule suffit à nous montrer que nous avons affaire à un pays neuf : c'est surtout, en effet, à donner des sûretés aux ouvriers employés aux constructions que les Etats se sont attachés. Ces privilèges correspondent généralement à l'action directe établie par l'art. 1799 du Code civil en faveur des ouvriers d'un entrepreneur contre le maître pour lequel les travaux sont effectués ; mais, comme ce sont des privilèges, ils peuvent s'exercer au profit des ouvriers, indépendamment de toute cession, saisie, paiement préalables.

Une loi du 2 juillet 1884, relative au district fédéral de Colombie, accorde : 1° un privilège aux entrepreneurs ou ouvriers pour édification ou réparation de bâtiments, sur les bâtiments ainsi que sur les terrains qui les supportent ; 2° un privilège aux personnes employées à des travaux de remblayage, de construction de quais, de creusement de ports ou canaux, sur les terrains ou quais ; 3° un droit de rétention aux ouvriers qui ont, sur commande, fabriqué, transformé ou réparé des objets mobiliers, droit qui se transforme au bout de six mois en droit de vente avec privilège sur le prix. — Diverses lois de l'Etat de New-York (27 mai 1885 modifiée par la loi du 21 mai 1887,

6 mai 1886, 15 avril 1891) établissent : 1° un privilège au profit des salariés, sur les biens de leur débiteur ; 2° un privilège contre le propriétaire, sur les constructions élevées, réparées ou améliorées, et les plantations faites sur le fonds qui les supporte.— En Californie, des lois du 12 avril 1880, 12 et 18 mars 1885, 31 mars 1891, accordent : 1° aux ouvriers employés à l'abattage et au transport des bois, un privilège sur ces bois pour le montant de leurs salaires ; 2° aux ouvriers employés aux machines à battre, un gage sur le matériel de ces machines, et un privilège sur le prix en cas de vente des machines; 3° un privilège en raison de tout travail effectué sur un immeuble, suivant l'ordre ci-après : *a*) toutes personnes faisant un travail manuel, *b*) celles fournissant des matériaux, *c*) les sous-traitants, *d*) les entrepreneurs. — La Louisiane contenait dans son Code, imité du Code civil, un article analogue à l'article 1798, mais grevant la créance de l'entrepreneur contre le propriétaire d'un véritable privilège au profit des ouvriers, attendu que toute cession, tout paiement anticipé, étaient nuls Une loi du 14 avril 1880 a déclaré que les ouvriers auraient privilège sur les bâtiments et les travaux de toute nature à la construction desquels ils auraient coopéré, que les entrepreneurs et tâcherons ne pourraient être payés valablement que si le paiement des sommes par eux dues aux ouvriers était valablement assuré. — Ces quelques exemples démontrent combien on s'est préoccupé, aux États-Unis, de garantir la créance de salaire des ouvriers employés par des entrepreneurs.

Canada. — Il en est de même au Canada et pour les mêmes raisons. — Dans la province de Québec, des lois du 30 juin 1881, 12 juillet 1888, 8 janvier 1894; dans la province d'Ontario, une loi du 27 mai 1893, accordent un privilège à tout ouvrier travaillant à l'entreprise à un immeuble, etc.

A la comparer avec les législations étrangères, la législation française nous semble à la fois compliquée et incomplète. Elle pourrait admettre: *a*) un privilège général au profit de tous les salariés, soit de durée uniforme, comme dans la loi allemande, soit de durée variable avec les diverses catégories de salariés (les deux systèmes sont également défendables: le premier a l'avantage d'être simple; le second de s'adapter exactement aux usages différents concernant le paiement des salariés suivant la nature de leurs occupations); *b*) un droit de rétention sur les objets fabriqués, réparés ou améliorés par les ouvriers, ayant comme dans le droit allemand le caractère d'un privilège spécial; *c*) un privilège, pour les ouvriers employés par des entrepreneurs soit de travaux publics soit de travaux privés, portant sur la créance de l'entrepreneur contre celui pour lequel les ouvrages sont faits, et analogue à celui institué pour les entreprises de travaux publics par le décret du 26 pluviôse an II. C'est là un ensemble de garanties qui nous paraissent suffisantes pour protéger le paiement du salaire, et qui nous semblent en même temps former un corps un peu plus cohérent que celui existant actuellement.

CHAPITRE II.

Garanties des retenues pour institutions de prévoyance.

S'il est important d'établir des garanties pour le paiement du salaire des ouvriers, il ne l'est pas moins d'en établir aussi pour la protection des retenues subies pour les institutions de prévoyance, destinées à prémunir les ouvriers contre les risques résultant de la maladie, de la vieillesse ou des accidents. — On s'est préoccupé de la question en France et en divers pays étrangers. Nous allons examiner les solutions adoptées.

La question s'est posée en France à l'occasion de la déconfiture de la Société de Terrenoire et du Comptoir d'Escompte. Ces deux sociétés avaient : la première fait subir des retenues à ses ouvriers pour la constitution d'une Caisse de retraite; la seconde opéré des prélèvements sur ses bénéfices dans le même but. Qu'allaient devenir les fonds, versés dans un cas par les ouvriers, promis dans l'autre par la Société, pour la retraite? Les deux jugements, du 22 mai 1890 du tribunal correctionnel de Lyon dans la première affaire, du 9 juin 1890 du tribunal de commerce de la Seine dans la seconde, furent identiques : les ouvriers n'étaient pas propriétaires de ces fonds et ne pouvaient les revendiquer, ils étaient simples créanciers et, comme tels, devaient venir au marc le franc avec les autres créanciers chirographaires de ces sociétés. Cette solution était particulièrement dure pour les ouvriers de Terrenoire, qui perdirent presque entièrement les sommes, fort considérables, qui leur avaient été retenues pour la caisse des retraites. On se préoccupa immédiatement de remédier à cette situation.

La Commission extraparlementaire des salaires[1] s'occupa de la question. Elle écarta l'obligation pour les patrons de verser l'actif des caisses de prévoyance dans une caisse de l'Etat ; ce remède avait, à ses yeux, le double inconvénient d'augmenter les sommes accumulées entre les mains de l'Etat et de nuire aux ouvriers, à qui les patrons n'accorderaient plus de subventions pour la retraite, du jour où ils devraient verser des fonds dont ils conservaient jusqu'alors la disposition. Elle accordait par contre aux ouvriers et employés un privilège général sur les biens de leurs patrons, ayant le même rang que celui établi par l'art. 2101, 4° du Code civil au profit des gens de service. C'est, en effet, en ce sens que le gouvernement déposa un projet de loi le 20 décembre 1890. — Mais ce projet fut vivement attaqué pendant la discussion devant les Chambres ; donner ainsi un privilège général aux ouvriers pour des sommes qui pouvaient s'élever à un chiffre fort important[2], et dont le montant, variable à tout instant, serait difficilement connu des tiers, c'était ruiner absolument le crédit du patron ; d'autre part, cette mesure n'offrait pas aux ouvriers une sécurité complète. — La Chambre et, à sa suite, le Sénat établirent le ver-

[1] Voir Conseil supérieur du travail, 1re session ; et Lyon-Caen ; *Les ouvriers et les caisses de secours, de prévoyance et de retraite* (*Monde économique*, n° 1).

[2] Il était de 1.700.000 fr. dans la faillite de Terrenoire et de 1.400.000 fr. dans celle du Comptoir d'Escompte.

sement obligatoire dans une caisse spéciale de toutes les sommes destinées à assurer une retraite. Ce système a toutes nos sympathies[1].

Entrons dans l'examen de la loi du 27 décembre 1895, qui a réalisé cette obligation. La loi distingue entre les fonds destinés à assurer des retraites et ceux affectés à des caisses de secours ou de prévoyance. Les premiers doivent être versés à la Caisse nationale des retraites pour la vieillesse, à la Caisse des dépôts et consignations ou à des caisses syndicales ou patronales spécialement autorisées à cet effet[2], quelle qu'en soit l'origine : les sommes que les chefs d'entreprise auront reçues, ou se seront engagés à fournir en vue d'assurer des retraites, aussi bien que celles qui auront été retenues sur le salaire des ouvriers. Le principe est si général que, « si des conventions spéciales interviennent entre les chefs d'entreprise et les ouvriers ou employés, en vue d'assurer à ceux-ci, à leurs veuves ou à leurs enfants, soit un supplément de rente viagère, soit des rentes temporaires ou des indemnités déterminées d'avance, le capital formant la garantie des engagements résultant desdites conventions, devra être versé ou représenté à la Caisse des dépôts et consignations ou dans une des caisses syndicales ou patronales » (art. 3, § 5). Ainsi, le versement dans une caisse spéciale, distincte de celle du chef d'entreprise, est obligatoire pour toute somme destinée à assurer une retraite. — Quant aux fonds affectés aux autres institutions de prévoyance, le versement est purement facultatif, et avec raison pour certains d'entre eux, tels que ceux destinés

[1] Voir pag. 160.

[2] Et suivant les règles que nous avons précédemment indiquées, voir pag. 159.

aux caisses de secours en cas de maladie, dont le fonctionnement est réglé de telle sorte que les retenues sont immédiatement employées au paiement des frais. Rentrent encore dans cette catégorie les fonds destinés à l'assurance contre les accidents (la question a été réservée pour eux, et nous en parlerons plus loin); — et les épargnes résultant de la participation aux bénéfices à répartition différée : nous avons déjà dit combien nous serions heureux de voir les patrons qui la pratiquent faire usage de la faculté qui leur est accordée de déposer à la Caisse des dépôts et consignations les fonds de la participation [1].

Restait maintenant à garantir la restitution des fonds. Une distinction est faite entre ceux dont le dépôt dans une Caisse a été effectué et ceux dont le versement n'a pas encore été opéré. « Le seul fait du dépôt des sommes ou valeurs affectées aux institutions de prévoyance, quelles qu'elles soient, confère aux bénéficiaires de ces institutions un droit de gage, dans les termes de l'art. 2073 du Code civil, sur ces sommes ou valeurs » (art. 4 § 1). Ce droit de gage est le meilleur moyen de réaliser, au profit des employés et ouvriers, l'affectation exclusive des sommes qui leur étaient destinées, à l'encontre des autres créanciers du patron [2]. — Quant aux sommes «qui, lors de la faillite ou de la liquidation, n'auraient pas été effectivement versées, la restitution en est garantie, pour la dernière année et ce qui sera dû sur l'année courante, par un privilège sur tous les biens, meubles et immeubles, du

[1] Voir pag. 173-175.

[2] Ce droit de gage n'existe pas sur les sommes déposées à la Caisse des retraites pour la vieillesse. Comme les versements sont représentés par des livrets individuels au nom de chaque intéressé, il était inutile.

chef de l'entreprise, laquelle prendra rang concurremment avec le privilège des salaires des gens de service établi par l'art. 2101 du Code civil » (art. 4, § 2). Dans ces limites étroites, le privilège n'est plus destructif du crédit du patron, et c'est le seul moyen d'assurer une garantie aux ouvriers pour les sommes non déposées.

Ces deux sûretés, droit de gage et privilège général, viennent garantir les droits absolus des ouvriers, employés ou bénéficiaires. « En cas de faillite, de liquidation judiciaire ou de déconfiture, ils sont admis de plein droit à réclamer la restitution de toutes les sommes non utilisées conformément aux statuts, lorsque, pour une institution de prévoyance, il aura été opéré des retenues sur les salaires, ou que des versements auront été reçus par le chef de l'entreprise, ou que lui-même se serait engagé à fournir des sommes déterminées » (art. 1er, § 1). Ces sommes deviennent également exigibles en cas de fermeture de l'établissement industriel ou commercial ; et en cas de cession volontaire, à moins que le concessionnaire ne consente à prendre les lieux et places du cédant (art. 1er, § 3 et 4). En somme, la loi s'occupe d'assurer, en toutes circonstances, les droits de l'ouvrier aux retenues effectuées sur son salaire pour une institution de prévoyance et aux versements opérés ou promis par le chef d'entreprise. C'est là une préoccupation des plus louables !

Enfin, la loi déclare que, « pour toutes les contestations relatives à leurs droits dans les caisses de prévoyance, de secours et de retraite, les ouvriers et employés peuvent charger, à la majorité, un mandataire d'ester pour eux en justice, soit en demandant, soit en défendant » (art. 5). Cette disposition, imitée des articles 17 et 39 de la loi sur les sociétés, du 24 juillet 1867, qui autorisent les actionnaires à désigner un mandataire chargé d'ester en justice, est destinée à faire échec à une vieille règle traditionnelle de notre droit encore si formaliste : « Nul en France ne plaide par procureur ». Ce principe veut que toute personne intéressée dans un procès figure en nom dans tous les actes de la procédure. On comprend quelle source de complications et de frais ce peut être en présence du nombre souvent considérable d'ouvriers ou employés d'une même entreprise. Il était urgent de remédier à cet inconvénient[1], sous peine de laisser les ouvriers dans l'impossibilité de faire valoir leurs droits !

Telles sont les dispositions de la loi du 27 décembre 1895, qui applique un système différent, mais approprié aux circonstances, aux fonds des caisses de retraite et aux fonds des caisses de maladie.

En ce qui touche l'assurance contre les accidents, nous avons vu qu'actuellement la jurisprudence garantit les ouvriers contre l'insolvabilité du patron en leur accordant une action directe contre la compagnie d'assurances[2], et contre l'insolvabilité de celle-ci en permettant à l'ouvrier de se retourner contre son patron[3]. Le projet relatif aux accidents du travail, en discussion devant le Parlement, se préoccupe beaucoup de cette question de garantie. C'est surtout dans ce but que la Chambre avait admis

[1] Ce même principe, dont la signification précise est du reste contestée, et dont il n'est fait mention nulle part dans nos codes, a conduit la jurisprudence aux solutions les plus contradictoires et les plus bizarres, mais aussi les plus fâcheuses pour les ouvriers. — Elle déclare, par exemple, qu'un syndicat peut faire un contrat avec un patron au nom de ses membres, mais ne peut ester pour eux en justice si le contrat est violé: chacun des ouvriers doit alors intenter une action; c'est pratiquement les mettre hors d'état de le faire.

[2] Voir page 188.

[3] Cour de Rouen, 25 janvier 1892 ; D, 93, 2, 121.

l'assurance obligatoire. Le Sénat, qui en est également partisan, mais qui n'ose pas le dire, remplace l'assurance obligatoire par l'assurance obligée (c'est le rapporteur qui l'a hautement déclaré !) ; pour ce, il supprime le crédit de l'industriel non assuré, en donnant comme garantie à la créance de la victime de l'accident ou de ses ayants droit le privilège général des articles 2101 et 2104 du Code civil ; il espère de la sorte obliger le chef d'entreprise à contracter une assurance. Dans ce cas, la créance jouit d'un privilège spécial sur l'indemnité due par l'assureur. Certes, les garanties ainsi accordées à la créance d'indemnité de l'ouvrier nous paraissent suffisantes pour le prémunir contre l'insolvabilité soit du patron, soit de la compagnie d'assurances. Mais nous préférons de beaucoup le système de l'assurance obligatoire avec l'organisation qu'il comporte.

Les renseignements que nous possédons sur l'étranger sont assez restreints, et ne concernent que la Suisse, l'Allemagne, l'Autriche et la Hongrie.

La loi suisse du 11 avril 1889 sur la faillite et la saisie a voulu protéger les fonds des institutions de prévoyance comme elle avait protégé le salaire, et, dans une disposition générale, a déclaré privilégiées « les créances des caisses d'ouvriers pour le montant dû par le patron » (art. 219, 2°, *b*).

Quant aux trois autres pays, nous savons qu'ils ont une législation à peu près uniforme en ce qui touche l'assurance contre la maladie[1] : les fonds doivent toujours être placés et conservés à part lorsqu'il s'agit d'une caisse de fabrique ; les cotisations en retard et non encore

[1] Voir pag. 145-147.

versées par les patrons à la caisse spéciale sont garanties par le privilège général accordé aux ouvriers pour leurs salaires [1]. — Pour l'assurance contre les accidents, en Allemagne et en Autriche, la garantie résulte de l'organisation même de l'assurance obligatoire, et de ce fait que le droit à l'indemnité repose sur la tête de la victime. — Enfin, pour l'assurance contre la vieillesse en Allemagne, la garantie est analogue : le droit à la pension repose sur la tête de l'assuré.

Nous occupant de la gestion par les patrons des fonds des institutions de prévoyance, il nous faut dire un mot d'une autre institution patronale, les caisses d'épargne. Parfois pour induire les ouvriers à l'épargne, parfois aussi, sous couleur d'intention généreuse, mais dans le but de se procurer des fonds au moyen d'un emprunt déguisé, les patrons ouvrent à côté de la caisse un guichet d'épargne, auquel les ouvriers versent une partie du salaire qu'ils viennent de toucher ; on les allèche par des intérêts assez élevés, 5 à 6 % par exemple. C'est là un usage d'autant plus déplorable que ces fonds ne sont protégés par aucun privilège, et qu'en cas de faillite du chef d'entreprise, l'ouvrier perd ses épargnes en même temps que son travail. C'est ainsi qu'à Terrenoire la perte des épargnes a accompagné la perte des fonds de retraite. Aussi cette pratique est-elle à peu près universellement blâmée, aussi bien par exemple par M. Leroy-Beaulieu [2] que par M. Cheysson [3], qui fait la déclaration suivante: «Il

[1] Art. 55, § 2 de la loi allemande du 10 avril 1892; — art. 47, 9° de la loi autrichienne du 30 mars 1888 ; — art. 53 de la loi hongroise du 14 avril 1891.

[2] Leroy-Baulieu ; *Traité d'économie politique*, tom. II, pag. 513.

[3] Cheysson ; *Rapport du groupe de l'économie sociale à l'exposition*

n'est pas sage pour l'industriel de conserver dans sa caisse de gros capitaux de dépôts (provenant de caisses d'épargne), qu'on viendrait réclamer en cas de panique et dont le brusque retrait pourrait gravement ébranler la maison. C'est commettre une imprudence au moins égale, sinon pire, que de gérer les fonds de la participation, ceux des pensions de vieillesse ou d'accidents ».

Ces caisses d'épargne n'avaient que le nom de commun avec les établissements de même nature autorisés et contrôlés par l'Etat, et obligés de verser leurs fonds à la Caisse des dépôts et consignations. Elles ne pourront plus le porter désormais ; c'est la seule mesure qui ait été prise contre elles. Depuis la loi du 20 juillet 1895, « il est interdit de donner le nom de caisse d'épargne à tout établissement qui n'aurait pas été autorisé, conformément aux prescriptions de la loi du 5 juin 1835, sous peine, pour les fondateurs et directeurs des établissements constitués en contravention au présent article, d'une amende de 25 à 3,000 fr. et d'un emprisonnement de 3 mois à 2 ans » (art. 13). Cette disposition n'est pas précisément dirigée contre les caisses d'épargne patronales, mais sans aucun doute elle leur est applicable.

de 1889, les institutions patronales, chap. VIII, la gestion des fonds de prévoyance.

LIVRE III

PROTECTION DU SALAIRE

A L'ÉGARD DES CRÉANCIERS DE L'OUVRIER

Après avoir fait le tour des relations de l'ouvrier et de son patron, nous allons examiner maintenant les relations de l'ouvrier avec les tiers, c'est-à-dire en somme avec ses fournisseurs, ses créanciers. On peut se demander si l'intervention du législateur est vraiment utile ici, et s'il y a lieu de déroger à l'application pure et simple du droit commun. Sans doute l'on comprenait la protection du salaire à l'égard du patron en raison des liens de toutes sortes dont l'ouvrier est enserré et qui peuvent, en certains cas, diminuer sa liberté. Mais il n'en est plus de même ici : pourquoi, dès lors, une protection spéciale du salaire? Parce que le salaire est la ressource unique de l'ouvrier; si, par une saisie ou une cession, il se trouve complètement privé de ce qui lui est nécessaire pour vivre, il sera sans cesse obligé d'avoir recours au crédit, et se trouvera lié à ses fournisseurs aussi étroitement qu'à son patron. Donner à l'ouvrier la disposition intangible d'une partie de son salaire, c'est lui assurer l'indépendance. C'est lui permettre de toucher, au moment de la paye, l'argent qu'il a gagné à la sueur de son front, lui procurer le plaisir de contempler et de palper les écus ou les louis d'or dont il vient de devenir le légitime propriétaire ; c'est éviter le découragement qu'il éprouve à rentrer au logis les mains vides ; c'est le convaincre que, s'il a peiné pendant tout le mois, son travail n'a pas été vain ; c'est prévenir enfin le soupçon d'une collusion frauduleuse entre le patron et les créanciers !

Aussi la réglementation de la saisie a-t-elle lieu dans l'intérêt commun du patron, de l'ouvrier et du créancier lui-même : le patron verra améliorées ses relations avec ses ouvriers, qui, satisfaits de toucher une forte partie de leur salaire, auront plus de cœur à l'ouvrage ; l'ouvrier se sentira grandi d'avoir la liberté de disposer de son gain ; le créancier lui-même y gagnera, car on attache ainsi l'ouvrier au patron, au lieu où il est occupé, tandis que l'ouvrier surchargé de dettes ne trouve souvent d'autre moyen de s'acquitter que d'abandonner la ville où il réside. Enfin la société y trouve un élément de stabilité, d'ordre, qui est loin d'être à dédaigner !

Mais, dit-on, protéger le salaire contre les créanciers de l'ouvrier, c'est ruiner son crédit. C'est possible, mais ce n'est pas nous qui nous en plaindrons. Sauf quelques cas exceptionnels de chômage ou de maladie, où l'ouvrier pourra probablement obtenir quelque avance soit de son patron, soit d'une société de crédit populaire ou de ses camarades, le crédit est funeste aux ouvriers.

Nous avons déjà signalé à diverses reprises les inconvénients résultant de la vente à crédit[1] ; résumons-les rapidement. D'abord, la vente à crédit a pour effet d'aug-

[1] Voir notamment pag. 65-66 et pag. 130.

menter le prix des marchandises : le commerçant vendeur doit, en effet, récupérer la perte en intérêts provenant des retards de paiement et les pertes définitives causées par les consommateurs insolvables : il fait alors subir à ses marchandises une majoration assez forte, et les bons payeurs paient pour les mauvais. — En second lieu, dès qu'il est pris dans l'engrenage du crédit, le malheureux ouvrier ne peut s'en défaire sous peine d'être soumis aux mesures d'exécution les plus rigoureuses, et il se voit obligé d'accepter des marchandises de qualité très inférieure sans pouvoir faire entendre la moindre récrimination. — Enfin le crédit pousse à la consommation : l'ouvrier fait des achats inconsidérés, hors de proportion avec ses ressources, sans souvent s'en rendre compte. Dès lors, nous nous réjouissons de voir les ouvriers privés d'un crédit qui ne leur apporte que la ruine et le découragement[1].

Ainsi nous admettons la protection du salaire à l'égard des créanciers de l'ouvrier. Mais, de quelle manière cette

[1] Parmi les ventes à crédit, il en est qui ont des effets particulièrement fâcheux pour les ouvriers : ce sont les ventes à tempérament. Dans ces ventes, le prix est stipulé payable par à-comptes successifs répartis sur une période de temps déterminée (5 ou 10 fr. par mois par exemple jusqu'à complet paiement). Ces ventes portent au maximum tous les inconvénients de la vente à crédit. D'autre part, elles renferment presque toutes des clauses léonines, comme par exemple le retour de l'objet au vendeur sans remboursement des à-comptes déjà payés en cas de suspension des paiements : or c'est là une clause qui joue fréquemment, car bien des circonstances défavorables, chômage, maladies, peuvent survenir qui empêcheront l'acheteur de s'acquitter régulièrement. Ces ventes, fort défavorables aux ouvriers, ont fait l'objet de lois répressives en Allemagne (loi du 16 mai 1894) et en Autriche (1896) qui, sans les supprimer, ont soigneusement réglementé les clauses léonines. — Il serait bon, croyons-nous, de s'en occuper en France, comme on l'a déjà fait pour les ventes à tempérament de valeurs de Bourse.

protection s'exercera-t-elle? Elle peut s'exercer, soit en ce qui concerne la saisie, soit en ce qui concerne la cession du salaire.

Pour la saisie du salaire, pas de difficulté : nous venons d'indiquer les raisons qui militent en faveur de l'insaisissabilité ; il ne s'agit plus que d'examiner la mesure de cette insaisissabilité ; doit-elle être totale ou partielle ? On fait valoir en faveur de l'insaisissabilité totale la nécessité absolue du salaire pour la subsistance de l'ouvrier et de sa famille, et le peu d'utilité de saisies qui, tout en causant beaucoup de frais, n'auraient pas grands résultats ; — en faveur de l'insaisissabilité partielle, l'immoralité qu'il y aurait à favoriser la malhonnêteté de l'ouvrier en le dégageant entièrement de ses engagements. Les deux systèmes ont leurs défenseurs, et ils sont également usités l'un et l'autre, sans qu'on puisse nettement indiquer des motifs particuliers de se déterminer en faveur de l'un ou de l'autre.

En ce qui concerne la cession, la question est plus délicate, car beaucoup de ceux qui acceptent l'insaisissabilité n'admettent pas l'incessibilité ; l'insaisissabilité se comprend, disent-ils, car elle a pour but de protéger le débiteur contre l'excessive rigueur de ses créanciers; l'incessibilité n'aurait pour effet que de protéger le débiteur contre lui-même, ce serait une atteinte absolument injustifiée à la liberté de l'ouvrier, qui serait traité en incapable; du reste, la différence est bien nette entre la saisie, qui est un acte qui s'accomplit contre la volonté du débiteur, et la cession, qui est un acte volontaire de sa part. — C'est là une distinction qui est des plus justifiées. Mais il s'agit, en somme, de savoir quel est le but du législateur, s'il entend protéger l'ouvrier, ou bien faire œuvre vaine : si vraiment il veut atteindre le but qu'il se propose et empêcher la loi d'être tournée, il lui faut réglementer la cession encore plus sévèrement que la saisie, en raison de la facilité plus grande qu'elle offre au créancier de se faire payer par son débiteur. L'incessibilité jointe à l'insaisissabilité est le seul moyen d'offrir à l'ouvrier une protection sérieuse contre ses créanciers.

Nous allons examiner en détail ces deux mesures de protection, en étudiant successivement, comme nous l'avons fait pour les privilèges, dans un premier chapitre, l'insaisissabilité et l'incessibilité des salaires, et dans un second chapitre l'insaisissabilité et l'incessibilité des secours, indemnités et pensions accordés par les institutions de prévoyance.

CHAPITRE PREMIER.

Insaisissabilité et incessibilité des salaires

Insaisissabilité.

L'insaisissabilité des salaires est une mesure adoptée par la plupart des législations. Mais divers systèmes sont en usage : certains pays admettent l'insaisissabilité totale ; d'autres, dont la législation se rapproche beaucoup de celles des premiers, l'acceptent aussi, mais seulement pour un certain minimum : d'autres enfin se contentent d'une insaisissabilité partielle.

Le premier système, celui de l'insaisissabilité totale, est appliqué en Allemagne, en Angleterre, en Norvège et au Brésil. — En Allemagne, la loi du 21 juin 1869[1] n'établit pas, à proprement parler, l'insaisissabilité du salaire, elle décide que la rémunération (salaires, appointements, honoraires) ne pourra être saisie qu'après le jour où elle aurait dû être payée suivant la loi, le contrat ou l'usage ; la saisie est donc aux mains du salarié, et on aboutit, en fait, à l'insaisissabilité, d'autant plus que, d'après l'art. 2 de la loi, ces dispositions ne peuvent être limitées ou exclues légalement par convention ; du reste, l'art. 749 du Code de procédure civile du 30 janvier 1878 déclare

[1] Cette loi vient d'être modifiée par une loi du 29 mars 1897, dont nous ne connaissons pas encore la teneur.

insaisissables les salaires des ouvriers et serviteurs, d'après les dispositions de la loi du 21 juin 1869. — En Angleterre, un *act* du 14 juillet 1870 édicte l'insaisissabilité pour le salaire des ouvriers, laboureurs et domestiques. — En Norvège, une loi du 29 mars 1890 déclare qu'aucune saisie ou exécution ne pourra avoir lieu sur les gages et salaires des gens de service et ouvriers, échus depuis moins de douze semaines; en outre tout salaire et traitement peut faire l'objet d'une demande en exemption de saisie jusqu'à concurrence du strict nécessaire pour l'entretien du débiteur et de sa famille; toutefois, la saisie est possible en certains cas, et en particulier pour le paiement des impôts et pour obligation alimentaire. Enfin, l'insaisissabilité est également complète au Brésil pour le salaire des commis et ouvriers.

La Hongrie, l'Espagne et l'Autriche ont adopté un système qui n'est guère différent du premier; l'insaisissabilité absolue est aussi la règle, mais seulement pour un salaire minimum, au-dessus duquel la saisie est possible. — En Hongrie, l'art. 62 de la loi sur la procédure civile du 1er juin 1881 ne permet la saisie du salaire que pour la quotité supérieure à 1 florin 50 par jour. — De même, en Espagne, où la saisie des appointements, gages ou salaires inférieurs à 24 réaux (6 fr.) par jour est interdite. — En Autriche, l'insaisissabilité est tantôt partielle, tantôt totale. La loi du 29 avril 1873 distingue entre les rémunérations des divers travaux: sont insaisissables pour les 2/3 les gages, appointements, traitements, honoraires, salaires quotidiens, etc.; sont insaisissables pour la totalité les salaires des travaux *de durée* n'excédant pas annuellement 600 florins (on entend par travaux ou services de durée ceux dont la durée est fixée par la loi, la convention ou l'usage à une année au moins, ou ceux dont la durée est indéterminée, mais dont la cessation est subordonnée à un congé devant être donné au moins trois mois à l'avance) ; si le salaire total dépasse 600 florins, l'excédent peut être saisi ; toutefois la saisie est possible pour le paiement des pensions alimentaires légales et des impôts. Cette loi a été modifiée par une loi du 26 mai 1888 ; elle laisse subsister, croyons-nous [1], la première partie de ces dispositions, et se contente d'élever de 600 à 800 florins le minimum du salaire insaisissable pour les travaux de durée.

Enfin la Suisse, la Russie, la Belgique et la France admettent le système de l'insaisissabilité partielle. La loi suisse du 11 avril 1889 sur la faillite et la saisie déclare que « les salaires, les traitements et autres revenus provenant d'emplois ne peuvent être saisis que déduction faite de ce que le préposé estime indispensable au débiteur ou à sa famille » (art. 93) : ils sont donc partiellement insaisissables, mais sans que la quotité indisponible soit fixée par la loi. — La loi russe est peut-être la plus intéressante de toutes ; comme pour le remboursement des avances [2], elle distingue entre les célibataires et les gens, mariés ou veufs, chargés d'enfants ; dans le premier cas, la saisie est possible pour un tiers ; dans le second cas, pour un quart du montant du salaire [3] (art. 15 de la loi industrielle). — La loi belge du 18 avril 1887 fait une distinction entre « les sommes à payer aux ouvriers et gens

[1] *L'Annuaire de législation étrangère* n'en donne pas le texte, mais un simple résumé.

[2] V. pag. 132.

[3] Cette retenue du tiers ou du quart est un maximum qui ne peut être dépassé et qui comprend aussi bien la portion relative au remboursement des avances qu'au paiement d'une saisie-arrêt.

de service du chef de leurs salaires» qui ne peuvent être saisies pour plus de 1/5 (art. 1er), et « les appointements attribués aux employés ou commis des sociétés civiles ou commerciales, des administrations publiques, des marchands et autres particuliers », à qui s'applique la même disposition, mais seulement pour autant que leurs appointements ne dépassent pas 1,200 fr. par an (art. 2). En cas d'obligation alimentaire, la saisie est possible. — La loi française du 12 janvier 1895 est conçue dans le même esprit. — Enfin, les lois des Etats de l'Amérique du Nord, soit des Etats de l'Union, soit du Canada, admettent aussi généralement l'insaisissabilité partielle. C'est ainsi qu'une loi de l'Etat de Québec, du 22 juillet 1888, déclare insaisissables jusqu'à concurrence des trois quarts (après qu'une loi de 1881 les avait déjà exemptés de la saisie pour la moitié) les salaires des « ouvriers payés à la journée, à la semaine ou au mois, y compris tous ceux qui font un travail manuel dans les usines ou manufactures ».

En France, la loi avait, dès longtemps, déclaré insaisissables certaines rémunérations à raison de leur caractère alimentaire et par des considérations d'humanité. C'est ainsi que l'insaisissabilité totale a été établie par l'ordonnance du 1er novembre 1745 (art. 3) pour le salaire des matelots, et par l'arrêté du 18 nivôse an XI pour les traitements ecclésiastiques; et l'insaisissabilité partielle pour le traitement des fonctionnaires : saisissabilité du cinquième pour les appointements des officiers et autres employés de l'armée (loi du 19 pluviôse an III), du cinquième sur les premiers 1,000 fr., du quart sur les 5,000 francs suivants, et du tiers sur la portion excédant 6,000 francs, pour les traitements des fonctionnaires et employés civils (loi du 21 ventôse an IX). De plus, l'art. 581 du Code de procédure civile énumère certains biens insaisissables à raison de leur caractère alimentaire. Mais la loi avait laissé les salaires complètement de côté, bien qu'il existât les mêmes motifs de décider. — La jurisprudence essaya de remédier au silence de la loi. La première tentative fut malheureuse ; un arrêt de la Cour de cassation du 22 novembre 1853[1] décidait que les privilèges étaient de droit étroit, et qu'on ne pouvait les étendre par analogie, que l'art. 581 énumérait les créances insaisissables et ne comprenait pas les salaires des ouvriers qu'aucune loi n'affranchissait de la saisie. Mais, quelques années plus tard, par un arrêt du 10 avril 1860[2], elle accordait aux tribunaux la faculté d'apprécier si les salaires ou traitements pouvaient être considérés comme alimentaires, et, à ce titre, être affranchis des effets de la saisie, soit pour partie, soit pour le tout, suivant les circonstances. Un arrêt dans le même sens du 29 mai 1878[3] fixa la jurisprudence, et, désormais, les tribunaux décidèrent l'insaisissabilité du salaire, soit pour le tout, soit tout au moins pour les 4/5.

Fallait-il s'en tenir à cette jurisprudence? Certains le pensaient[4], estimant qu'il était bon de laisser, dans chaque cas, au tribunal le droit d'apprécier, de peur qu'avec le système de l'insaisissabilité légale l'ouvrier se crût affranchi de tout engagement envers ses créanciers. Cependant il semblait préférable de fixer législativement une jurisprudence, dont la légalité ne paraissait pas incontestable. L'absence de loi était, en effet, une source de lenteur

[1] D, 1853, 1, 323.
[2] D, 1860, 1, 166.
[3] D, 1879, 1, 22.
[4] V. Desjardins; *Le Code civil et les ouvriers*.

et de frais : on commençait par saisir la totalité du salaire, puis c'était à l'ouvrier de faire restreindre la saisie. Cela provoquait également des difficultés entre les ouvriers et les patrons : certains de ceux-ci avaient l'habitude de renvoyer les ouvriers dont les salaires étaient frappés de saisie, pour se soustraire aux ennuis de la procédure de saisie-arrêt; d'autres, bienveillants au contraire[1], escomptaient la décision du tribunal et payaient à leurs ouvriers la plus grande partie du salaire, mais s'exposaient de la sorte à être tenus d'un nouveau paiement entre les mains du saisissant, si le tribunal ne considérait pas la quotité payée comme insaisissable.

Dès le 12 décembre 1885, M. Brugeilles déposait une proposition de modification de l'art. 580 du Code de procédure civile, demandant une insaisissabilité partielle des appointements et salaires, variable selon l'importance du salaire. En 1889, 1891, diverses propositions furent déposées par MM. Thellier de Poncheville, Jacquemart, Loustalot, proposant les unes l'insaisissabilité totale, les autres l'insaisissabilité partielle. Elles furent examinées par la Commission extraparlementaire du salaire[2], dont les travaux aboutirent à un projet de loi déposé le 16 juin 1891, qui est devenu la loi du 12 janvier 1895 sur la saisie-arrêt des salaires et petits traitements.

Fallait-il d'abord établir l'insaisissabilité totale ou l'insaisissabilité partielle ? Les législations étaient partagées sur ce point. Admettre, comme la législation allemande,

[1] Nous avons vu (pag. 29) que, pour faire échapper leurs ouvriers aux effets de la saisie-arrêt, la Compagnie du Midi leur payait les 3/5 de leur salaire en jetons de l'économat.

[2] M. Lyon-Caen, rapporteur de la commission, a fait un remarquable exposé des divers systèmes applicables à la saisie et à la cession ; nous ne ferons guère que résumer son rapport.

l'insaisissabilité totale de tous les salaires, traitements, etc., paraissait excessif pour les appointements élevés. Fixer un salaire minimum complètement insaisissable était également à peu près impossible par suite de la variation du salaire et du prix de la vie, cette combinaison aboutit à favoriser les ouvriers des régions où la vie est bon marché, au détriment de ceux qui habitent les régions où la vie est chère. Le système de l'insaisissabilité partielle paraît donc préférable ; il maintient un certain crédit à l'ouvrier tout en sauvegardant son salaire. Mais ici encore le choix est possible entre le système de la gradation et celui de la proportionnalité. Le système de la gradation avait été adopté par la Commission, qui avait proposé que «les salaires des ouvriers, des employés et des gens de service ne pussent être saisis que jusqu'à concurrence de 1/10 quand ils n'excèdent pas 5 fr. par jour ou 150 fr. par mois, et pussent être saisis pour 1/5, lorsqu'ils s'élèveraient à une somme supérieure» ; — il avait l'avantage de varier avec l'importance des salaires, et de concorder avec le système en vigueur pour la saisie des traitements des fonctionnaires et employés civils ; mais ce système peut présenter des calculs assez délicats pour les salaires quelque peu supérieurs à la limite fixée pour passer d'un taux à un autre. — Aussi le Parlement s'est-il rallié au système de la proportionnalité pure et simple, et a-t-il décidé que : «les salaires des ouvriers ou gens de service ne sont saisissables que jusqu'à concurrence du dixième, quel que soit le montant de ces salaires (art. 1er § 1) ». Quant «aux appointements ou traitements des employés ou commis et des fonctionnaires, ils ne sont également saisissables que jusqu'à concurrence du dixième, mais seulement lorsqu'ils ne dépassent pas 2,000 fr. par an (art. 1er § 2) ». — On a vivement critiqué cette distinction[1], qui est une cause de difficultés pour savoir dans quelle catégorie tel ou tel débiteur devra être classé. Mais on a fait remarquer qu'elle s'adaptait à la nature des choses, que le traitement des employés, commis et fonctionnaires était fixe, payable par mois, et que le montant annuel en était par suite facile à déterminer, tandis qu'il en était tout autrement pour les salaires ; et que la limite de 2,000 fr., fixée pour les appointements et traitements, s'appliquait aussi presque toujours en fait aux salaires. Quelle que soit la valeur de ces considérations, peut-être aurait-il mieux valu, pour éviter toute difficulté, édicter une disposition unique pour les salaires et les appointements[2]. En tout cas, pour les premiers, pas de limite à la protection de la loi ; pour les seconds, fixation d'un maximum au-dessus duquel la loi ne s'applique pas : l'excédent tombe sous l'empire du droit commun, et ce sera par conséquent aux tribunaux à arbitrer la partie saisissable, comme ils le faisaient autrefois.

Cependant, il y a un cas où l'insaisissabilité cesse : c'est lorsqu'il s'agit d'obligation alimentaire. La loi déclare que « les saisies faites pour le paiement des dettes alimentaires prévues par les art. 203, 205, 206, 207, 214 et 349 du Code civil, ne sont pas soumises aux restrictions qui précédent (art. 3) ». Cette énumération renferme presque tous les cas d'obligation alimentaire : entre père et mère

[1] Elle est imitée de la loi belge.

[2] Nous ne pouvons entrer dans l'étude des controverses qu'a suscitées l'application de la loi, particulièrement en ce qui concerne la portée d'application de la loi, le criterium de la distinction entre les employés et commis et les ouvriers, les éléments constitutifs du salaire sur lequel doit porter le dixième saisissable. Nous renvoyons, pour tous ces points, aux nombreux commentaires spéciaux.

et enfants, enfants et ascendants, gendres et belles-filles à l'égard de leurs beaux-parents et réciproquement, mari envers sa femme, adoptant et adopté l'un envers l'autre. La loi a oublié de mentionner les art. 259 et 268 du Code civil, relatifs au cas où le mari est condamné à payer à sa femme une pension alimentaire au cours d'une instance en divorce ou en séparation de corps; certains admettent la saisissabilité dans ces deux cas, considérant ces articles comme des applications de l'art. 214 ; d'autres déclarent que l'énumération de la loi est limitative. Cette dérogation au principe d'insaisissabilité est conforme au but de la loi, puisqu'elle a pour objet de subvenir aux besoins de la famille. Mais il ne faudrait pas en conclure qu'elle s'applique aux fournisseurs d'aliments[1] ; si elle leur était applicable, l'exception détruirait la règle. Le traitement infligé à ces fournisseurs soumis ainsi au droit commun est, dit-on, bien rigoureux, mais nous ferons observer qu'il favorise le but que s'est proposé le législateur, qui désire voir la vente au comptant remplacer la vente à crédit. — La saisie, possible dans ce cas sur la totalité du salaire, ne s'exercera en fait que pour la quotité fixée par le juge. On s'est demandé si un créancier pour obligation alimentaire pourrait venir en concours avec d'autres créanciers dans le cas où il s'en trouverait ; nous pensons que, sauf dans le cas de l'art. 5 (un dixième est alors formellement réservé au patron), rien ne l'empêche de concourir avec les créanciers dans tous les autres cas et de partager avec eux le dixième saisissable par exemple.

[1] Au contraire, l'article 582 du Code de procédure civile déclare les provisions alimentaires saisissables pour cause d'aliments ; de même, les salaires des matelots sont saisissables pour dettes contractées par eux ou par leur famille à titre de loyer, habillement ou nourriture, sous le contrôle du commissaire de l'inscription maritime.

En somme, la saisie des salaires et petits traitements n'est possible que pour un dixième, sauf au cas d'obligation alimentaire, où la saisie est possible pour le tout. — Si la loi s'en était tenue là, elle aurait certes déjà notablement amélioré la situation des ouvriers, qui auraient pu toucher immédiatement et sans recours à la justice la quotité du salaire insaisissable (art. 7, § 2). Mais elle a fait plus : restreignant la saisie des salaires, elle a voulu diminuer en même temps les frais de la saisie dans l'intérêt commun du créancier et du débiteur.

La procédure de saisie-arrêt est, en effet, des plus compliquées et des plus coûteuses : tout exploit de saisie-arrêt doit être signifié au tiers saisi, puis dénoncé au saisi, et suivi d'une assignation en validité ; cette assignation est alors dénoncée au tiers saisi, qui est postérieurement assigné devant le tribunal en déclaration affirmative des causes et du montant de la dette et des diverses circonstances de la saisie ; après quoi, le tribunal juge la demande en validité. Enfin, s'il y a plusieurs créanciers, chacun d'eux est tenu de faire une nouvelle saisie-arrêt, ce qui n'est pas fait pour diminuer les frais. Aussi les petites saisies-arrêts étaient-elles surchargées de frais considérables, souvent égaux ou même supérieurs au montant de la créance, ce qui retardait et parfois même empêchait la libération du débiteur, tandis que le créancier ne touchait pas le montant de sa créance ; seuls les huissiers profitaient de cet état de choses : un bon débiteur était entre leurs mains une source inépuisable de profits. — Pour remédier à ces inconvénients, la loi du 12 janvier 1895 a modifié à un triple point de vue la procédure de la saisie-arrêt sur les salaires et les appointements ou traitements ne dépassant pas annuellement

2,000 fr. : elle a substitué la compétence du juge de paix à celle du tribunal civil, elle a considérablement simplifié la procédure, elle a réduit presque à rien le rôle de l'huissier.

Elle a d'abord substitué la compétence du juge de paix à celle du tribunal civil (art. 9, § 3). C'est là une réforme dont on ne peut assez mesurer l'importance ; ce n'est pas seulement diminuer les frais et supprimer le ministère de l'avoué, c'est encore et surtout mettre la justice à la portée de l'ouvrier : autant l'appareil du tribunal civil l'effraye, autant il redoute, parfois avec raison, de remettre entre les mains d'un jeune avocat inexpérimenté, qui lui aura été désigné d'office, une cause qu'il voudrait plaider lui-même, — autant le prétoire du juge de paix lui inspire confiance, autant il soumet sans crainte à la justice de ce magistrat l'affaire qu'il aura pu exposer devant lui en toute liberté. On a critiqué la tendance qu'a le législateur moderne à développer la compétence du juge de paix et à en faire le juge de droit commun pour toutes les affaires qui concernent les ouvriers ou les paysans : c'est, dit-on, supprimer l'unité de juridiction qui avait été une des œuvres principales de la Révolution française, c'est rétablir la division des citoyens en catégories distinctes, soumises à des juridictions spéciales. Nous ne nous arrêterons pas à ce procès de tendance ; nous ferons simplement remarquer que cette adaptation de la législation aux situations diverses n'est pas étrangère à l'esprit du code : n'existe-t-il pas divers régimes matrimoniaux applicables au gré des parties, suivant la nature, l'importance, la constitution de leur fortune ? Pourquoi ne mettrait-on pas aussi à la portée de chacun la juridiction qui pourrait le plus commodément lui rendre justice : le tribunal de 1re instance, tribunal de droit commun, est adapté à ceux qui ont des loisirs, qui ont des ressources; il ne l'est pas aux classes laborieuses qui n'ont ni le temps ni l'argent nécessaires pour en faire usage: le tribunal de droit commun pour elles, ce doit être la justice de paix!

En second lieu, la procédure a été notablement simplifiée : on a laissé subsister la signification au tiers-saisi, et la demande en validité et en déclaration affirmative; mais on a supprimé la dénonciation au saisi et la contre-dénonciation au tiers-saisi, reconnues inutiles; on a surtout décidé qu'une seule saisie-arrêt doit être autorisée par le juge (art. 7, § 3), et on a organisé une procédure de distribution par contribution des plus sommaires (art. 11). C'est là un ensemble de simplifications qui ont eu pour effet de réduire très notablement les frais.

Enfin, le même résultat a été encore obtenu par un troisième moyen: la réduction au minimum du ministère d'huissier. Le projet de la Commission extraparlementaire et celui du Gouvernement remplaçaient, dans tous les cas, les exploits d'huissiers par des lettres recommandées. Le Parlement, ému des plaintes des huissiers, ne crut pas devoir aller aussi loin : il maintint la nécessité d'un exploit pour la signification au tiers saisi; mais toutes les autres communications se font par lettres recommandées; c'est là un avantage inappréciable. — Telle est, dans ses grandes lignes, la partie de la loi du 12 janvier 1895 relative à la procédure de saisie-arrêt des salaires et petits traitements. Ses dispositions ont fort heureusement complété l'insaisissabilité partielle du salaire ; et l'on a déjà pu apprécier les heureux résultats qu'elle avait produits.

Incessibilité.

L'insaisissabilité des salaires est généralement accompagnée de l'incessibilité, qui la complète, de manière à assurer aux ouvriers une protection aussi large que possible. Cependant il n'y a pas en ce point unanimité, et il existe des législations qui, tout en déclarant les salaires insaisissables, admettent la cessibilité.

Nous pouvons diviser les lois relatives à la cession des salaires en trois catégories : les premières interdisent la saisie, mais permettent la cession; d'autres proclament l'incessibilité du salaire pour la position insaisissable; d'autres enfin, à côté de la quotité saisissable, ont fixé une quotité cessible.

La cessibilité complète du salaire, alors que la loi édicte l'insaisissabilité absolue ou partielle, existe en Angleterre et en Suisse : nous avons déjà exposé les raisons que l'on donne de cette distinction. Peut-être le même système existe-t-il en Russie, en Hongrie et en Espagne, pays qui ont réglementé la saisie, mais pour lesquels nous n'avons pas de renseignements au sujet de la cession.

L'incessibilité de la portion insaisissable est la loi commune de l'Allemagne, de l'Autriche et de la Norvège : « Toute cession, transport, mise en gage des rémunérations insaisissables est nulle » (art. 7, § 2 de la loi allemande du 22 juin 1869; — art. 5 de la loi autrichienne du 29 avril 1873; — art. 8 de la loi norvégienne du 29 mars 1890). — Par conséquent, en Allemagne l'incessibilité est totale, en Autriche elle est totale ou partielle suivant les cas, en Norvège elle est totale mais ne s'applique qu'aux gages et salaires échus depuis moins de douze semaines.

Enfin, la Belgique et la France ont fixé une quotité cessible distincte de la quotité saisissable. En Belgique, la quotité cessible est le double de la quotité saisissable : elle est des 2/5 du salaire ; la loi a vu la cession d'un œil plus favorable que la saisie ; le cumul de la partie cessible et de la partie saisissable est possible, de sorte qu'un créancier qui se serait fait céder les 2/5 du salaire peut encore opérer une saisie pour 1/5. En France, les opinions étaient assez partagées sur la question de la cession : tandis que la Commission extraparlementaire et le projet de la Commission de la Chambre des Députés proposaient la cessibilité complète, le Conseil supérieur du travail et le projet du Gouvernement réclamaient au contraire l'incessibilité partielle, déclarant qu'on ne pouvait permettre de faire par voie indirecte ce qu'il était interdit de faire directement. C'est cette solution qu'a adoptée la loi du 12 janvier 1895, fixant au 1/10 la quotité du salaire cessible. Comme en Belgique, le dixième cessible et le dixième saisissable peuvent se cumuler, mais non comme l'avait soutenu un commentateur de la loi, en ce sens que l'on pouvait par suite céder 2/10. La cession est, comme la saisie, possible pour la totalité du salaire en cas d'obligation alimentaire.

Mais ce n'est presque jamais dans les formes légales qu'a lieu la cession du salaire ; elle s'opère généralement de façon rudimentaire : l'ouvrier signe à son créancier un bon de paiement, et celui-ci en fait part au patron, qui consent très souvent à retenir sur le salaire de l'ouvrier partie ou totalité de la somme due. Il est à peine nécessaire de dire que cet usage tombe sous le coup des lois qui réglementent la cession : l'on fait observer vainement qu'il a pour but d'éviter les frais de la saisie, que c'est l'unique moyen de procurer du crédit aux ouvriers nouvellement installés dans une localité ; il n'a qu'un seul but : tourner les prescriptions des lois qui interdisent la saisie ou la cession. Aussi, à raison de son emploi fréquent, certains pays ont-ils cru nécessaire d'en faire l'objet de prescriptions spéciales.

C'est ainsi que la loi allemande sur l'industrie (édition de 1891) décide que « les paiements de salaires et d'acomptes ne peuvent être effectués entre les mains de tiers en vertu d'actes ou de titres basés sur des actes qui, aux termes de l'article 2 de la loi sur la saisie de la rémunération du travail ou du service du 22 juin 1869, sont sans valeur légale » (art. 115, § 2). Le patron avait pris l'habitude de retenir le prix du logement et des aliments fournis par des tiers. — En Suisse, où la cession est permise, la retenue n'est autorisée dans les conditions indiquées qu'avec le consentement de l'ouvrier : le Conseil des Etats a estimé, en effet, qu'à l'usage que nous signalons était applicable l'art. 10, § 4 de la loi du 23 mars 1877 : « Il est interdit de faire, sur le salaire des ouvriers, une retenue pour un but spécial, si cette retenue ne résulte pas d'une convention entre l'ouvrier et le patron ». — En Belgique, la jurisprudence est hésitante : tandis que la Cour de Bruxelles acquittait un patron qui à la vérité s'était contenté de retenir le cinquième saisissable et avec le consentement de son ouvrier, le tribunal de Verviers considérait que le fait du patron de payer aux fournisseurs le montant des bons constituait une retenue sur le salaire, interdite par l'art. 7 de la loi du 16 août 1887 sur le paiement des salaires[1]. — Cet usage, également pratiqué en France, n'est formellement interdit par aucune disposition légale; il nous semble cependant que, s'il est licite, ce n'est que dans la mesure du dixième cessible reconnu par la loi, et pas au delà.

[1] V. Bodeux; *loc. cit.*, pag. 117.

CHAPITRE II.

Insaisissabilité et incessibilité des secours, indemnités et pensions accordés par les institutions de prévoyance.

Si l'insaisissabilité et l'incessibilité sont accordées aux salaires, elles doivent l'être à bien plus forte raison aux secours pour maladie, indemnités attribuées en cas d'accident, pensions de retraite, qui ont, à un bien plus haut degré, le caractère alimentaire. Aussi, plusieurs législations se sont-elles déjà occupées de les protéger, comme le salaire, contre la saisie et la cession.

En Allemagne, secours, indemnités et pensions sont incessibles et insaisissables. « Les droits au secours appartenant à l'assuré ne peuvent être légalement ni mis en gage, ni cédés, ni saisis pour d'autres motifs que les revendications de la femme et des enfants légitimes, qui sont mentionnées dans l'art. 749 § 4 du Code de Procédure civile » (art. 56 de la loi du 10 avril 1892 sur l'assurance contre la maladie) : l'exception concerne sans doute les secours accordés en cas de décès du père de famille, car l'art. 749 § 4 est ainsi conçu : « Sont insaisissables les sommes à percevoir sur des caisses de secours mutuels en cas d'infirmités ou de décès ». Voilà la disposition relative aux secours pour maladie. — Il en est de même pour les indemnités d'accidents, incessibles et insaisissables, en vertu de l'art. 68 de la loi de 1884 et de l'art. 37, § 2 de la loi de 1887. — Quant aux pensions de retraite et d'invalidité, elles ont même protection, soit par la loi du 22 juin 1889, soit par l'art. 749, § 7 du Code de Procédure civile : « Sont insaisissables les pensions des veuves et orphelins, les pensions d'ouvriers invalides ».

La même protection existe en Autriche, soit pour les secours en cas de maladie : « Les droits appartenant à un assuré ne peuvent être saisis ni faire l'objet de mesures conservatoires, sauf en ce qui concerne les charges imposées par la loi aux assurés en vue du service des secours. Dans la mesure où toute saisie et toute mesure conservatoire sont interdites, toute convention qui aurait pour but une cession, une délégation, une mise en gage ou toute autre attribution, est sans effet légal » (art. 62 de la loi du 30 mars 1888) ; — soit pour les indemnités d'accidents (lois de 1887 et de 1894) ; — soit pour les pensions de retraite : « Les pensions de retraite payées par les patrons à leurs employés, aux veuves et aux enfants de ceux-ci, les pensions payées par les associations mutuelles à leurs membres, ne sont saisissables que pour ce dont elles excèdent 500 florins par an. Toutefois, la saisie peut être pratiquée sans restriction pour les pensions alimentaires dues en vertu de la loi et pour les impôts. Aucune convention ne peut déroger aux règles précédentes. Les cessions, constitutions de gage et tous autres actes contraires à ces règles, sont sans effet » (loi du 26 mai 1888 sur la saisie des salaires).

En Hongrie, la législation est moins complète ; du moins nous ne connaissons que des dispositions relatives aux secours pour maladie : « Les droits que la présente loi confère à l'assuré ne peuvent être ni cédés, ni engagés, ni saisis, sous peine de nullité» (art. 13 de la loi du 14 avril 1891 sur l'assurance contre la maladie).

La loi suisse distingue entre les secours et indemnités d'une part, qu'elle déclare totalement insaisissables, les pensions de l'autre, à qui elle applique le même système qu'aux salaires, c'est-à-dire insaisissabilité partielle déterminée par le préposé. « Sont insaisissables : les subsides alloués par une caisse ou société de secours en cas de maladie, d'indigence, de décès ; — les pensions ou capitaux dus ou versés à la victime ou à sa famille à titre d'indemnité pour lésions corporelles ou pour préjudice à la santé» (art. 92). — Au contraire : « Les pensions de retraite, les rentes servies par les caisses d'assurances ou de retraite ne peuvent être saisies que déduction faite de ce que le préposé estime indispensable au débiteur ou à sa famille» (art. 93 de la loi du 11 avril 1889 sur la faillite et la saisie). Les raisons de cette distinction nous échappent. Naturellement, ces secours, indemnités et pensions sont cessibles comme les salaires[1].

La loi norvégienne du 29 mars 1890, sur la restriction du droit de saisie des créanciers, distingue également : les secours sont insaisissables en totalité ou en partie. 1° *Aucune saisie ou exécution ne pourra avoir lieu* : sur les pensions, indemnités ou autres secours accordés par une association privée de secours mutuels ou d'assistance au profit de laquelle ce privilège aura été spécialement établi par ordonnance royale (art. 1er, 3°, *b*). 2° *Pourra également faire l'objet d'une demande en exemption totale de saisie ou exécution,* toute pension ou secours

[1] Cependant l'article 7 de la loi du 25 juin 1881 sur la responsabilité civile des fabricants déclare incessibles et insaisissables les indemnités pour blessures.

autres que ceux mentionnés à l'art. 1er, n° 3, ainsi que toute rente viagère ou créance alimentaire lorsque le droit aura été acquis par le débiteur à titre gratuit et sous condition expresse ou indubitablement sous-entendue d'insaisissabilité (art. 3, § 1er). 3° En cas contraire, l'*exemption ne pourra être demandée que jusqu'à concurrence du strict nécessaire pour l'entretien du débiteur et de sa famille*, et sous la condition ou que le droit ait été acquis par le débiteur à titre gratuit, ou qu'il l'ait acquis avant de contracter la dette dont l'exécution est poursuivie (art. 3, § 2). — Ainsi, tantôt l'insaisissabilité est totale et établie par la loi; tantôt au contraire le débiteur doit faire une demande en exemption de saisie, demande qui, dans certains cas, peut être totale, dans d'autres doit se borner au strict nécessaire. Dans le premier cas toute cession ou transport en garantie sont illicites et annulables (art. 8).

En France, certaines catégories d'indemnités ou de pensions sont protégées contre la saisie ou la cession; mais il n'existe pas encore de loi générale en la matière. En principe, les pensions militaires et civiles sont incessibles et insaisissables; sauf dans le cas de débet envers l'Etat ou d'obligation alimentaire (art. 203 et 205 du Code civil), où elles sont passibles de retenues jusqu'à concurrence d'un cinquième pour cause de débet, et du tiers pour aliments (art. 28 de la loi du 11 avril 1831 sur les pensions de l'armée de terre; art. 30 de la loi du 18 avril 1831 sur les pensions de l'armée de mer; art. 26 de la loi du 9 juin 1853 sur les pensions civiles)[1]. — Toutefois, en ce qui concerne les pensions civiles, le même article 26 étend

[1] Ces divers articles ne font que codifier une longue série de textes antérieurs datant de la Révolution et même de l'ancien régime.

les cas d'obligation alimentaire aux articles 206, 207 et 214 du Code civil; et décide en outre que la saisie est possible jusqu'à concurrence d'un cinquième pour des créances privilégiées aux termes de l'article 2101 du Code civil.

D'autre part, les indemnités ou pensions servies par la Caisse nationale d'assurance en cas d'accidents ou de décès et par la Caisse des retraites pour la vieillesse sont incessibles et insaisissables : pour la totalité en ce qui concerne les rentes viagères versées en cas d'accidents (art. 13 de la loi du 11 juillet 1868); pour la moitié, sans toutefois que la partie incessible ou insaisissable puisse descendre au-dessous de 600 fr., en ce qui touche les sommes assurées pour le cas de décès (art. 4 de la même loi); jusqu'à concurrence de 360 fr. pour les rentes viagères constituées par la Caisse nationale des retraites (art. 8 de la loi du 20 juillet 1886).

Enfin l'article 581 du Code de procédure civile déclare insaisissables « les sommes et pensions pour aliments, encore que le testament ou l'acte de donation ne les déclare pas insaisissables » (art. 581, 4°). — Mais aucune disposition protectrice n'existe pour les indemnités ou pensions d'invalidité allouées à la suite d'accidents, ou pour les pensions de retraite, autres que celles servies par les caisses nationales. Aussi la jurisprudence, s'inspirant de l'art. 581, § 4°, a-t-elle tendance à décider, comme pour les salaires, que la saisie en est possible, mais que le juge est investi à leur égard d'un pouvoir souverain d'appréciation, et peut déclarer insaisissable une quotité variable de la pension à titre alimentaire.

Le Conseil supérieur du travail, dans sa session de décembre 1896, s'est occupé de fixer les bases d'un projet de loi sur la matière[1] en s'inspirant des règles établies pour les pensions fournies par les caisses nationales, règles auxquelles il n'est apporté du reste aucune dérogation : sont insaisissables et incessibles, jusqu'à concurrence de 360 fr. et pour quelque cause que ce soit, les pensions de retraite constituées au profit d'ouvriers, gens de service, employés et commis ou de leurs veuves et enfants (art. 1er) ; sont insaisissables et incessibles, jusqu'à concurrence de 570 fr. et pour quelque cause que ce soit, les pensions d'invalidité constituées au profit des mêmes personnes, à la suite d'accidents (art. 2) ; la procédure de saisie-arrêt, organisée par la loi du 12 janvier 1895, est applicable (art. 6). Telles sont les dispositions les plus importantes de ce projet, qui viendrait compléter heureusement la législation relative aux pensions de retraite. D'autre part, le projet de loi sur les Sociétés de secours mutuels, actuellement en discussion, renferme un article (art. 12) ainsi conçu : « Les secours, pensions, contrats d'assurance, livrets et généralement toutes sommes et tous titres à remettre par les Sociétés de secours mutuels à leurs membres participants, sont incessibles et insaisissables jusqu'à concurrence de 360 fr. par an, pour les rentes et de 3,000 fr. pour les capitaux assurés». De cette façon, la lacune de la loi française serait comblée.

[1] V. *Bulletin de l'Office du travail*, janvier 1897, pag. 31.

LIVRE IV

PROTECTION DU SALAIRE

DANS L'INTÉRIEUR DE LA FAMILLE

Le salaire est destiné à l'entretien de la famille. Toutes les mesures de protection que nous avons étudiées jusqu'à présent ont pour but d'empêcher qu'il ne soit détourné de sa destination. Mais il peut arriver que, soit le père, soit la mère ne se conforment pas au devoir moral et légal de subvenir aux besoins de leurs enfants. Au lieu d'employer leurs salaires à cet usage, ils peuvent s'en servir pour la satisfaction de leurs besoins personnels, ou plutôt de leurs passions vicieuses (débauche ou ivrognerie). Il y a donc à prendre une dernière série de mesures de protection, dans l'intérieur de la famille et dans l'intérêt de la femme et des enfants.

Ces mesures sont de diverses sortes. Elles concernent, en premier lieu, la garantie du produit du travail de la femme contre les abus de la puissance maritale : le mari, dans les régimes matrimoniaux le plus généralement usités, a l'administration et la jouissance du salaire de sa femme ; il a donc légalement le droit d'en disposer à son gré ; s'il abuse du droit ainsi accordé pour dépouiller la femme, la loi doit intervenir pour assurer à celle-ci la jouissance de son salaire. En second lieu, elles sont relatives à la protection des intérêts du ménage, dans le cas d'inconduite du mari : s'il oublie ses devoirs, garde son salaire et laisse sa famille dans le dénûment, la loi doit se préoccuper d'imposer au mari l'obligation de subvenir aux besoins de sa femme et de ses enfants. Enfin, il nous faudra examiner rapidement quels sont les droits respectifs des parents et des enfants sur les salaires gagnés par les enfants mineurs.

CHAPITRE PREMIER.

Protection du salaire de la femme mariée

Autrefois la femme ne travaillait guère en dehors de son domicile : elle avait rarement un commerce ou une industrie séparés de ceux de son mari ; elle coopérait à son travail plutôt qu'elle ne touchait un salaire. La question de la protection du salaire de la femme mariée ne se posait donc pas. C'est depuis que le progrès des machines a permis l'emploi industriel d'un grand nombre de femmes, depuis aussi que l'émancipation morale des femmes leur a ouvert l'accès de nombreuses carrières qui leur étaient fermées autrefois, qu'elle a été soulevée. On a signalé, à maintes reprises, des hommes passant leur temps au cabaret sans jamais travailler, et vivant du travail de leurs femmes.

Voici entre autres un fait récemment raconté. — Une ouvrière avait refusé de l'argent à son mari, qui vivait de la sorte, à ses trousses. Celui-ci s'en alla chez le patron et lui réclama le salaire de sa femme. Le patron dut s'incliner et le lui remettre, non sans lui reprocher durement sa conduite. Quand la femme se présenta à son tour, le caissier lui ferma le guichet au nez, et, comme elle se lamentait et protestait contre cette injustice, le patron, agacé, lui donna une pièce de 20 fr. et ajouta : en voilà assez ! je n'aime pas le bruit dans mes ateliers ; vous chercherez de l'ouvrage ailleurs! Lorsque le mari apprit la mésaventure, il administra à sa femme une volée de coups de bâton! — Ces faits sont absolument déplorables, et nul ne conteste qu'ils n'appellent une modification de la législation dans les pays où ils peuvent se produire, c'est-à-dire dans ceux dont le régime matrimonial de droit commun est le régime de communauté ou un régime analogue. Dans ceux au contraire soumis au régime de séparation de biens ou au régime dotal, la femme mariée n'a pas à craindre pour son salaire les abus de l'autorité maritale.

Sous le régime de la séparation de biens, en effet (et il en est de même sous le régime dotal, car les biens non constitués en dot sont paraphernaux et, comme tels, soumis à un régime analogue à celui de la séparation de biens; et les produits du travail de la femme ne sont presque jamais constitués en dot), la femme a la propriété, l'administration et la jouissance de ses biens; elle a le droit de toucher le produit de son travail et d'en disposer librement, elle n'a que l'obligation de contribuer aux charges du ménage; ses intérêts sont absolument sauvegardés. Mais, ce n'est que dans un petit nombre de pays que la séparation de biens est le régime légal. En Italie, en Russie (et encore en fait c'est plutôt un régime de communauté qui existe entre les époux), surtout enfin dans les pays anglo-saxons (Etats-Unis et Angleterre), où il a remplacé le régime de communauté le plus étroit.

Dans la plupart, le régime de droit commun est, soit le régime de communauté, universelle ou réduite aux acquêts, soit le régime exclusif de communauté; les gains de la femme sont, dans l'un et l'autre cas, à la disposition du mari, qui en a généralement l'administration et la jouissance exclusive[1]. C'est le cas des pays dont la législation est copiée sur le Code civil, des pays de l'Europe centrale qui, sous le nom d'*union de biens* (*Güterverbindung*), ont un régime analogue à l'exclusion de communauté, des pays scandinaves dont le régime légal est la communauté universelle. Dans un grand nombre de ces pays, on s'est ému de la situation de la femme mariée, et, depuis 1870, s'est manifesté un mouvement législatif des plus importants.

Il a débuté en Angleterre, qui est passée du régime le plus rigoureux pour la femme au régime, peut-être libéral à l'excès, de la séparation de biens. D'après la *common law*, la femme mariée n'avait pas d'existence indépendante de celle de son mari : celui-ci avait la propriété absolue des meubles, l'administration et la jouissance des immeubles, dont la femme ne conservait que la propriété ; en ce qui concerne particulièrement les salaires, ils appartenaient de droit au mari, qui n'avait pas à en rendre compte et qui, même, n'était pas tenu légalement de les employer aux dépenses du ménage. La jurisprudence s'ingénia à établir un régime plus favorable à la femme, mais qui ne pouvait s'appliquer aux femmes des classes ouvrières. — La première disposition en leur faveur se trouve insérée dans la loi de 1857 sur le divorce : une

[1] Une controverse existe en France pour savoir si, sous le régime exclusif de communauté, le produit du travail de la femme appartient à celle-ci ou à son mari. La solution est différente suivant qu'on le considère comme un *produit* auquel le mari, usufruitier des biens de sa femme, n'aurait aucun droit, ou comme un *fruit* que le mari a le droit de percevoir (art. 1530 C. C.). Cette solution est celle qui est généralement adoptée. — Dans les pays où existe le même régime (cantons de Berne, de Vaud, de Fribourg), on admet de même que les gains de la femme appartiennent au mari. — V. Bridel ; *Le droit de la femme mariée sur le produit de son salaire* (*Revue critique*, 1893, pag. 208).

clause permettait à la femme abandonnée par son mari d'obtenir du magistrat une ordonnance lui garantissant la propriété de tous les biens qu'elle pourrait gagner ou acquérir depuis le départ du mari (il fallait, en effet, que le mari eût quitté la ville)[1]. Enfin, la loi du 9 août 1870 vint modifier complètement la législation précédente : elle donna, à la femme mariée, la propriété et la libre disposition des gages ou salaires acquis ou gagnés par elle dans tout emploi, commerce, profession manuelle ou intellectuelle, exercés à part de son mari, avec droit d'en effectuer le placement. La réforme fut complétée par un *act* du 18 août 1882, qui réserva à la femme la propriété et la pleine disposition de ses biens personnels. Dès lors, l'ancien régime matrimonial était remplacé par la séparation de biens avec les droits les plus absolus pour la femme mariée[2].

Sans accomplir une évolution aussi hardie, les États scandinaves ont essayé d'améliorer la situation de la femme en amendant le système de communauté. La loi suédoise du 11 décembre 1874 a donné à la femme mariée la libre disposition de ses gains. — La loi danoise du 7 mai 1880, sur la capacité des femmes mariées de disposer des produits de leur industrie personnelle, décide que : « La femme mariée a seule le droit de disposer entre vifs, sans le consentement de son mari ni d'aucun autre tuteur, des produits de son industrie personnelle, lorsque cette industrie n'est point alimentée ou entretenue en majeure partie des deniers du mari ou de la communauté,

[1] Ribot ; *Exposé de la loi anglaise du 9 août 1870*, dans le *Bulletin de législation comparée* de décembre 1871.

[2] Une réforme analogue avait eu lieu auparavant dans les États de New-York et de Massachusetts. Elle a été réalisée en Écosse par une loi du 18 juillet 1881.

ainsi que de tous objets qui sont prouvés avoir été acquis pour l'exercice de cette industrie. Les dettes du mari ne peuvent être exécutées sur ces biens pendant la vie de la femme, à moins que celle-ci n'ait consenti à l'obligation ». — La loi norvégienne du 29 juin 1888 va encore plus loin. Elle décide, il est vrai, que le mari conserve l'administration de la communauté, mais la femme mariée a la même capacité que la femme non mariée, et voici quels sont ses droits sur les produits de son travail : « La femme a le droit, même lorsqu'il y a communauté, et que par suite les produits de son industrie personnelle sont biens communs, de disposer exclusivement de ce qu'elle gagne par cette industrie, ainsi que de toutes acquisitions qui sont prouvées provenir de ses gains. Ces biens sont soustraits, du vivant de la femme, à l'exécution des dettes contractées par le mari sans son consentement exprès » (art. 31). — Enfin, la loi finlandaise du 15 avril 1889 décide que « la femme a la disposition de tout ce qu'elle peut acquérir par son travail personnel » (chap. II, art. 3). — Ainsi, toutes ces lois laissent subsister la communauté, dont la composition n'est pas modifiée, mais donnent à la femme l'administration et la disposition des biens qui proviennent de son travail personnel.

Dans les pays qui admettent le régime exclusif de communauté, un mouvement législatif identique s'est également produit. Le Code civil de Zurich édicte que : « Le droit du mari sur les gains de la femme et sur le revenu de ses biens est subordonné à la condition qu'il pourvoie d'une manière convenable à l'entretien de la femme et des enfants » (art. 594). — Une loi du canton de Lucerne du 26 novembre 1880, sur la puissance maritale, décide que : « Les gains provenant d'un commerce exercé par la femme, en son nom et pour son propre compte, font partie des biens réservés de la femme, et, comme tels, restent à sa libre disposition» (art. 11). D'autre part, le nouveau Code civil allemand, qui, sous le nom de *Verwaltungsgemeinschaft* (administration commune), a établi un régime ayant quelque ressemblance avec le régime d'exclusion de communauté, met au nombre des biens réservés de la femme, dont celle-ci a l'administration et la jouissance, ceux acquis par son travail ou par l'exercice d'une profession ou d'une industrie indépendantes.

Enfin, la loi génevoise du 7 novembre 1894 est également venue modifier le droit matrimonial quant aux biens de la femme. Mais elle l'a fait d'une manière encore plus complète que les lois scandinaves. Comme elles, elle a édicté les dispositions suivantes : « La femme mariée aura, sur le produit de son travail personnel pendant le mariage et sur les acquisitions provenant de ses gains, les mêmes droits que la femme séparée de biens (art. 1449, C. C.). Ces droits ne s'étendront pas aux bénéfices résultant d'une activité exercée en commun par les deux époux [1] » (art. 1er). Mais elle décide en outre ceci : « A la dissolution du mariage, le mari ou ses héritiers pourront exiger que les biens personnels, acquis conformément à l'art. 1er de

[1] Une discussion s'est engagée sur le point de savoir si les gains restaient en communauté, comme dans les pays scandinaves, ou s'ils devenaient la propriété de la femme. Malgré les textes favorables à la seconde opinion, c'est la première qui paraît avoir été adoptée. La question n'a du reste qu'une importance théorique, puisque les droits des créanciers sont réglés par l'article 2, et le sort des biens à la dissolution de la communauté par l'article 4 (V. Bufnoir; *Communication sur la loi génevoise du 7 novembre 1894*, in *Bulletin de législation comparée*, 1896, pag. 174).

la présente loi, soient rapportés à la communauté. Si la femme ou ses héritiers renoncent à la communauté, ils ne seront pas soumis à cette obligation » (art. 4). Ainsi la femme, non contente d'avoir pendant la durée du mariage l'administration et la disposition de ses gains personnels, peut encore en garder la propriété après sa dissolution, en renonçant à la communauté ; on augmente ainsi pour elle l'importance de ce privilège de renonciation, que certains trouvent exorbitant, et on lui laisse le choix, soit de garder la propriété de son pécule personnel en renonçant à tous les acquêts de son mari, soit de partager, dans les conditions ordinaires, les biens acquis pendant la durée du mariage et tombés dans la communauté.

Telles sont les principales modifications apportées au régime de la communauté, dans le but de sauvegarder le produit du travail de la femme mariée. — Les pays qui n'ont pas encore suivi l'exemple donné sont vivement sollicités de le faire ; et la question est aujourd'hui particulièrement agitée en Belgique et en France.

En Belgique, diverses propositions ont été déposées au Parlement. La formule qui a le plus de chance d'aboutir est la suivante, qui est l'art. 4 du projet sur le contrat de travail, déposé le 27 novembre 1896 par le gouvernement belge : «La femme mariée est soumise, quant à ses droits sur le salaire, aux règles applicables à la femme judiciairement séparée de biens». La femme a donc la propriété, l'administration et la jouissance de son salaire. Elle a, par suite, plus de droits que ne lui en donnaient les lois que nous avons étudiées précédemment : elles ne modifiaient pas la composition de la communauté, tandis que celle-ci, à la différence de la loi génevoise sur le texte de laquelle

elle paraît calquée, accorde à la femme la pleine propriété de son salaire; mais il est vrai que sa portée est bien moindre, car, au lieu de s'appliquer comme les autres au produit du travail personnel de la femme, elle ne concerne que son salaire, c'est-à-dire le produit d'un louage d'ouvrage ou d'industrie (art. 26 du projet).

En France, la question est agitée depuis longtemps, et elle semble près d'aboutir, car un projet a déjà été voté par la Chambre, et il ne lui manque que la sanction du Sénat; peut-être, il est vrai, se fera-t-elle attendre, car notre Chambre haute redoute de bouleverser le régime de communauté par une réforme, quelque anodine qu'elle soit. — Sur la nécessité d'une modification du régime matrimonial, il y a cependant peu de discordance : M. Desjardins[1] presque seul en a soutenu l'inutilité. La femme mariée n'a nul besoin, dit-il, d'un changement quelconque à sa situation. Ne peut-elle, si elle a à se plaindre de son mari, demander la séparation de biens, qui lui assurera toute la protection dont elle peut avoir besoin? qui lui permettra d'acquérir l'administration et la disposition du produit de son travail comme de tous ses biens? Supposons la réforme accomplie. A qui la loi va-t-elle s'appliquer? à toutes les femmes qui exercent une profession, à la femme artiste ou à la femme médecin, comme à la couturière ou à la modiste, à la sage-femme et à l'institutrice, comme à l'ouvrière et à la domestique? Mais à qui donc alors le droit commun restera-t-il applicable? Du reste, la réforme est non seulement inutile, mais nuisible. Car, dans le cas où le mari abuse de son autorité, la séparation de biens est suffisante, si les époux abandonnent la vie en commun; sinon, toute législation est

[1] V. Desjardins; *Le Code civil et les ouvriers.*

inefficace, le mari continuera à abuser de sa force, et, si par hasard la législation était efficace, le mari préférerait l'union libre : il aurait à supporter, en effet, toutes les obligations légales du mariage, sans en avoir un seul des avantages.

Ces objections sont faciles à écarter. On pourrait se demander d'abord si la séparation de biens est un remède possible. L'article 1443 du Code civil ne me paraît pas applicable. « La séparation de biens peut être poursuivie... par la femme dont la dot est mise en péril, et, lorsque le désordre des affaires du mari donne lieu de craindre que les biens de celui-ci ne soient point suffisants pour remplir les droits et reprises de la femme. » Or, ici pas de dot, pas de reprises à exercer ; on admet cependant la possibilité de la séparation de biens. Mais, ainsi que l'a fait remarquer M. Cauwès[1], c'est là « une voie compliquée, lente et coûteuse, peu accessible, même avec l'aide de l'assistance judiciaire, aux femmes obligées de se livrer à un labeur assidu pour gagner leur subsistance et celle de leurs enfants, à cause des dérangements, des interruptions de travail qui en sont la suite inévitable ;... c'est d'ailleurs une solution radicale, qui risque d'ébranler la paix du ménage ». — Qu'importe ensuite que la loi soit applicable à un grand nombre de femmes, à toutes celles qui se livrent à un travail personnel? Si le droit commun est reconnu défectueux, ne faut-il pas y soustraire toutes les femmes qui pourraient en souffrir? — Quant à l'argument tiré de l'inefficacité et de l'inutilité de la réforme, il découle de cette observation fort juste, que la pratique est trop souvent différente de la théorie : du moins

[1] Cauwès; *De la protection des intérêts économiques de la femme mariée* (*Revue d'économie politique*, mars 1894, pag. 216-236).

importe-t-il que la loi ne permette pas et ne justifie pas en quelque sorte des habitudes déplorables! — Et, si l'on veut faire entrer l'union libre en ligne de compte, c'est à plus juste titre qu'on l'invoquerait contre la législation actuelle, qui fait une situation plus favorable à la concubine qu'à la femme mariée!

Si donc l'on est à peu près d'accord sur la nécessité d'une réforme, on est loin de l'être sur les moyens d'y parvenir; et une série de solutions se présentent, qui se ramènent à celles-ci: ou bien abandonner le régime de communauté pour adopter la séparation de biens, comme on a fait en Angleterre, ou bien conserver le régime de communauté, mais en l'améliorant.

La première solution est presque unanimement rejetée. Si elle a été bien accueillie en Angleterre, c'est qu'elle y remplaçait un régime exorbitant et que du reste elle « n'a fait que consacrer législativement une évolution déjà accomplie dans les faits ». Mais elle ne saurait être acceptée dans un pays dont le régime de droit commun est la communauté, qui présente cet immense avantage de s'adapter exactement, surtout dans les classes laborieuses, à la situation des époux dont les gains respectifs tombent dans la communauté.

Il faut donc s'en tenir à une amélioration du régime de communauté. Mais, là encore, bien des systèmes sont possibles. On peut donner à la femme la propriété, l'administration et la jouissance du produit de son travail; c'est la séparation de biens quant à ses gains, système proposé en Belgique. La protection parait trop absolue, car elle est destructive de la communauté, du moment qu'on en exclut les gains de la femme et les économies réalisées par elle.

Pour éviter cet inconvénient, on peut ne pas modifier la composition de la communauté, qui continue à comprendre les gains de la femme comme ceux du mari. « On échappe ainsi à une objection qui serait tirée, soit de l'inégalité qui serait créée au profit de la femme si on lui attribuait en propre le produit de ses gains en laissant tomber dans la communauté le produit des gains du mari, soit du tort que l'on pourrait faire à la femme elle-même si, pour corriger cette inégalité, on excluait de la communauté les gains du mari, qui, le plus ordinairement, sont supérieurs aux siens[1]. » — Mais, ceci fait, on peut donner à la femme l'administration et la disposition de ses gains, soit pendant la durée de la communauté et après sa dissolution comme le fait la loi génevoise, soit seulement pendant la durée de la communauté, comme l'ont établi les lois scandinaves.

Ce n'est à aucun de ces deux systèmes que s'est ralliée la Chambre des députés française, qui a voté la disposition suivante : « Quel que soit le régime adopté par les époux, la femme a le droit de recevoir, sans le concours de son mari, les sommes provenant de son travail personnel, et d'en disposer librement. La présente disposition n'est pas applicable au gain résultant du travail commun des deux époux. Les biens acquis par la femme, avec ses gains personnels, appartiennent à la communauté ». En somme, la femme a le droit de recevoir le produit de son travail et d'en effectuer le placement ; et les biens ainsi acquis de ses économies tombent en communauté. Mais, à la différence des lois scandinaves et génevoises, qui en réservaient l'administration et la disposition à la femme

[1] Bufnoir; *loc. cit.*, pag. 172.

pendant sa vie, le projet français ne fait aucune restriction ; et ils sont, par suite, immédiatement soumis à l'administration du mari.

Il en résulte que ces biens peuvent être saisis, non seulement par les créanciers de la femme, mais aussi par les créanciers de la communauté, et par suite ceux du mari, ce qui est une conséquence très grave. Au contraire, les lois scandinaves avaient eu soin de spécifier que «ces biens étaient soustraits, du vivant de la femme, à l'exécution des dettes contractées par le mari sans son consentement exprès», et la loi genevoise avait, dans son article 2, minutieusement étudié tous les cas qui pouvaient se présenter : «La femme qui, par son travail, aura acquis des biens personnels, répondra sur ces biens des dettes contractées par elle sans l'autorisation du mari. En ce qui touche les dettes relatives aux frais du ménage commun, à l'entretien et à l'éducation des enfants, les biens personnels de la femme ne répondront qu'à défaut de biens appartenant au mari ou à la communauté. Ils ne répondront pas des autres dettes contractées par le mari ». Ainsi, le projet français fait à la femme une situation bien inférieure à celle qui lui est accordée par les autres lois analogues. « Ne s'expose-t-on pas ainsi à détourner la femme de l'épargne et à l'encourager à dépenser légèrement ? Que ses placements ne soient pas distraits de la communauté, sauf réserve du bénéfice de reprise à son profit, en cas de renonciation, soit ; mais quel inconvénient y a-t-il à lui en laisser l'administration, sinon la libre disposition ? »[1].

Malgré ces défectuosités, nous espérons que ce projet sera voté par le Sénat, qui trouve encore trop importante

[1] Dufnoir; *loc. cit.*, pag. 179.

l'atteinte, bien légère cependant, apportée au régime de communauté. — On lui oppose une proposition déposée à la Chambre des Députés[1] et qui se contente, au lieu de donner *de plano* à la femme le droit de toucher le produit de son travail, de « permettre à la femme, sans demander la séparation de biens, d'obtenir de la justice le droit de toucher elle-même les produits de son travail et d'en disposer librement, lorsque le mari met, par son inconduite, les intérêts du ménage en péril ». Cette proposition nous paraît avoir un gros inconvénient : sans doute la procédure indiquée présente l'avantage sur la séparation de biens d'être rapide et peu coûteuse, puisque la compétence du juge de paix est substituée à celle du tribunal civil ; mais, comme la séparation de biens, elle aura pour effet de troubler la paix du ménage, et, surtout dans les ménages ouvriers, où l'on divorce beaucoup plus facilement que dans les autres, il nous semble qu'il est bon de tâcher d'éviter tout ce qui peut provoquer le moindre dissentiment.

Nous nous rallions donc, sans hésiter, mais à titre transactionnel à la proposition présentement soumise au Sénat. Que le législateur ne craigne pas de porter atteinte, de la sorte, au régime de communauté. Nous considérons, au contraire, cette proposition comme le germe d'un régime matrimonial nouveau. Le régime actuel est fait pour des gens qui, ayant au moment de leur mariage un mince avoir, parviennent à l'accroître et à acquérir une certaine fortune, pour des commerçants, pour de petits industriels. Il ne convient pas à ceux qui, ne possédant rien, vivent au jour le jour du produit de

[1] Proposition Louis Jourdan, Dupuy-Dutemps et Montaut, reproduisant un projet dû à MM. Glasson et Jalabert.

leur travail, et peuvent arriver à se constituer, non une fortune, mais seulement de petites économies. Pour ceux-là, un régime plus simple, plus approprié à leur condition, doit être créé. Le projet en discussion doit être la base de ce nouveau régime[1].

[1] Nous avons laissé de côté, dans cette étude, les droits accordés à la femme mariée, soit par les lois du 9 avril 1881 et du 20 juillet 1895 sur les Caisses d'épargne, soit par la loi du 20 juillet 1886 sur la Caisse nationale des retraites pour la vieillesse. Si l'on a voulu en effet, par ces dispositions, favoriser l'économie chez la femme, on n'a apporté aucune dérogation aux règles du régime de communauté.

La loi du 9 avril 1881, complétée par celle du 20 juillet 1895, à l'exemple de la loi italienne du 27 mai 1875, imitée depuis par le Portugal (loi du 2 juillet 1885), par le Luxembourg (loi du 14 décembre 1887), etc., donne à la femme mariée le droit de se faire ouvrir un livret sans l'assistance de son mari et de retirer sans cette assistance les sommes inscrites aux livrets ainsi ouverts. Mais la femme n'agit que comme mandataire du mari, puisque le retrait peut être interdit par une opposition de sa part, puis opéré par lui, il garde ainsi sur ces sommes ses droits de chef de la communauté.

En ce qui touche les versements à la Caisse des retraites, les femmes mariées sont admises à les faire sans l'assistance de leur mari. Mais le versement fait pendant le mariage par l'un des deux conjoints profite séparément à chacun d'eux par moitié, sauf dans le cas de séparation de corps ou de séparation de biens; en outre, le juge de paix peut accorder l'autorisation de faire des versements au profit exclusif du déposant, en cas d'absence ou d'éloignement d'un des deux conjoints depuis plus d'une année (art. 13). — Mais, en règle générale, l'un des époux ne peut faire de versement aux dépens de l'autre.

CHAPITRE II.

Sanction de l'obligation alimentaire du mari envers la femme et des parents envers les enfants.

Il n'est pas suffisant de protéger le salaire de la femme mariée contre les abus de la puissance maritale. Il faut aussi empêcher le mari d'aller dépenser, pour la satisfaction de ses passions, l'argent qu'il a gagné dans le but de subvenir aux besoins du ménage, et le forcer à remplir l'obligation morale, qu'il a contractée en se mariant, de pourvoir à la nourriture et à l'entretien de sa femme et de ses enfants. Et du jour où la loi reconnait à la femme le droit de toucher le produit de son travail et d'en disposer librement, une obligation analogue doit lui être imposée. Il est vrai que la plupart des lois ont déjà transformé en obligations légales ces obligations morales du mari envers la femme, des parents envers les enfants. Mais, faute de sanction pratique, ces dispositions restaient le plus souvent inefficaces. Depuis quelque temps on a essayé d'y remédier.

Ici encore, c'est l'Angleterre qui nous paraît avoir pris l'initiative de la réforme. Le mari n'était tenu légalement d'aucune obligation alimentaire : la femme n'avait donc contre lui aucune action civile pour le forcer de contribuer aux charges du ménage. Elle avait seulement la possibilité de demander son inscription sur le registre des pauvres de la paroisse, et c'est alors la paroisse qui poursuivait le mari pour se faire indemniser. Lorsqu'en 1870 on donna à la femme mariée le droit de toucher ses gains et d'en disposer, on imposa à la femme une obligation identique : « Lorsque le mari d'une femme qui a des biens personnels est à la charge de la paroisse en qualité d'indigent, la femme est obligée envers la paroisse pour son entretien, de la même façon que le mari serait obligé, aux termes de la législation existante, pour l'entretien de sa femme indigente » (art. 13). L'article suivant déclarait obligatoire, pour la femme mariée ayant des biens personnels, le devoir de subvenir à l'entretien de ses enfants. — Mais ces dispositions ne parurent pas suffisantes, et une loi du 25 juin 1886 est venue donner à la femme un droit plus efficace en cas d'abandon du mari[1] : « Dorénavant toute femme mariée abandonnée par son mari pourra l'assigner par devant deux juges de paix ou par devant un juge correctionnel. Ceux-ci, s'ils acquièrent la certitude que le mari, bien que capable de pourvoir soit entièrement, soit en partie, au soutien de sa femme et de ses enfants, a volontairement refusé ou négligé de le faire, et a abandonné sa femme, pourront ordonner que le mari verse à sa femme chaque semaine une somme n'excédant pas deux livres sterling, qui, dans l'estimation desdits juges, sera en rapport avec ses moyens et ceux que sa femme pourra avoir, pour servir à son soutien et à celui de ses enfants. Lesdits juges pourront modifier le montant des paiements de temps en

[1] Une phrase de M. Cauwès nous fait croire que cette loi a été modifiée : « Le législateur anglais a dû renoncer à la distinction du cas d'abandon et de celui de l'inconduite sans abandon » (Cauwès; *loc. cit.*, pag. 234). — Mais nous n'avons pu trouver la loi modificatrice.

temps, sur la demande du mari ou de la femme, s'il leur est prouvé que les revenus de l'un ou de l'autre ont subi des changements. Toutefois, aucune ordonnance ne sera rendue au profit d'une femme coupable d'adultère ; toute ordonnance pourra être annulée pour cause d'adultère ». Ainsi, la législation anglaise donne des droits très précis à la femme en cas d'abandon de son mari, et sanctionnés d'une manière suffisante pour que celui-ci soit contraint de satisfaire à ses obligations.

Au lieu d'une sanction civile, c'est une sanction pénale que la loi du Massachusetts du 17 avril 1885 a établie contre le mari récalcitrant[1] : « Quiconque néglige sans motifs de pourvoir à l'entretien de sa femme ou de son enfant mineur peut être puni d'une amende de 20 dollars au plus et d'un emprisonnement de six mois au plus dans une maison de correction. Les amendes ainsi infligées sont attribuées au profit de la ville, de la corporation ou de la personne qui pourvoit à l'entretien de la femme ou de l'enfant à l'époque des poursuites ». A la différence de la législation anglaise, la femme n'a pas ainsi d'action directe contre son mari.

Dans la plupart des pays de l'Europe, le mari est tenu envers sa femme, les époux envers leurs enfants, d'une obligation alimentaire légale. Mais la sanction de cette obligation est généralement peu praticable : la femme devrait exercer, soit en son nom, soit au nom de ses enfants, une action contre son mari, et, si elle obtenait jugement contre lui, elle aurait beaucoup de peine à le faire exécuter. Encore une fois, nous constatons une

[1] De même, en Nouvelle Zélande, une peine de deux ans de travaux forcés est édictée par le Code criminel contre le père « qui abandonne les siens ou néglige méchamment de pourvoir à leur subsistance. »

obligation dénuée de sanction, parce que la sanction n'est pas à la portée de celui qui pourrait avoir à s'en servir.

La Norvège a essayé, pour rendre facilement exécutoires les obligations du mari et du père, de recourir à une sanction civile pratique et de la doubler d'une sanction pénale. Une loi du 6 juillet 1892 a décidé en effet que : en cas d'abandon du mari, le paiement d'une pension alimentaire pour la femme et les enfants peut être poursuivi par voie de saisie sur les salaires ; il peut y avoir lieu à placement dans un établissement de travail obligatoire pour trois mois au plus, en cas de non paiement pendant six mois. — La protection ainsi accordée au moyen d'une saisie sur les salaires du mari paraît excellente, car la procédure en est rapide et adéquate au but poursuivi.

Le législateur du canton de Genève avait eu l'idée d'emprunter cette disposition à la loi norvégienne, mais il n'a pu le faire, car tout ce qui touche à l'exécution forcée est du ressort de la loi fédérale sur la poursuite pour dettes. Il s'est alors contenté de faire du manquement du mari à ses obligations une nouvelle cause de séparation de biens avec faculté pour la femme d'obtenir une pension alimentaire : « La séparation de biens peut être poursuivie en justice par la femme, outre les cas prévus par l'art. 1143 du C. C., lorsque le mari ne remplit pas les obligations qui lui incombent en vertu des art. 61, 70 et 72 de la loi du 20 mars 1880, sur l'état-civil, le mariage et le divorce (art. 202, 212, 214, C. C.) (art. 5). La femme demanderesse pourra, par jugement prononçant la séparation de biens, obtenir pour elle et ses enfants, une pension alimentaire proportionnée aux facultés du mari. Elle pourra aussi former sa demande en pension alimentaire postérieurement au jugement de séparation de biens. Le président peut, en cours d'instance, ordonner toute mesure provisionnelle nécessaire pour assurer le paiement de la pension alimentaire (art. 6 de la loi du 7 novembre 1894)». — Ces mesures de protection dépassent certainement le but à atteindre, et présentent les inconvénients que nous avons déjà signalés comme inhérents à la séparation de corps. Nous avons vu les raisons qui ont empêché le législateur genevois d'adopter une autre solution.

Mais en France rien ne s'oppose à l'adoption d'un système plus simple ; et le projet voté par la Chambre des députés est, en effet, ainsi conçu : «En cas d'abandon par le mari du domicile conjugal, la femme peut obtenir du juge de paix l'autorisation de saisir-arrêter et de toucher des salaires ou des émoluments du mari une part en proportion de ses besoins et du nombre de ses enfants. Le même droit appartient au mari en cas d'existence d'enfants, si la femme ne subvient pas spontanément, dans la mesure de ses facultés, aux charges du ménage» (art. 2). Le projet organise ensuite une procédure très simple : le mari et la femme sont convoqués devant le juge de paix par lettre recommandée ; leur comparution personnelle est obligatoire, sauf empêchement justifié ; et la signification aux conjoints et au tiers débiteur du jugement autorisant l'un des époux à toucher une partie des salaires ou des émoluments de son conjoint vaut attribution à son profit des sommes dont la saisie a été autorisée, sans qu'il soit besoin d'aucune autre procédure (art. 3, 4 et 5). — Ainsi procédure simple, rapide, peu coûteuse, tels sont les avantages de ces dispositions, qui permettent d'obtenir promptement l'exécution des obligations du mari, par des moyens à la portée des femmes des classes ouvrières.

Toutefois cette procédure ne peut être employée que dans le cas d'abandon par le mari du domicile conjugal. A l'imitation de ce qui a été fait en Angleterre et en Norvège, on a pensé qu'il était bon d'éviter tout ce qui pouvait amener des difficultés entre les époux, tant que le mari n'avait pas montré par son attitude qu'il avait irrémédiablement rompu avec ses devoirs de famille. « Pourtant, en bien des cas, la présence au foyer d'un mari qui se livre à l'intempérance, n'est-elle pas pire encore? Si alors il dépense tout ce qu'il gagne, et reste à la charge de la femme, il n'y a pas de situation plus digne de pitié. On cherche vainement pourquoi, au cas d'ivrognerie habituelle et notoire, la femme non délaissée ne serait pas armée pour disputer au cabaret la paie d'un alcoolique[1] ». On n'a pas voulu affaiblir la puissance maritale ou paternelle, tant qu'elle pouvait encore s'exercer; et c'est ce qui explique probablement qu'à la différence de ce qui se passe pour le mari, le salaire de la femme puisse être saisi-arrêté dans tous les cas, « si la femme ne subvient pas spontanément aux charges du ménage ». — Cependant, et ceci ne nous paraît pas exempt d'un certain piquant, le Code, que l'on se fait scrupule de vouloir modifier, limite-t-il au cas d'abandon l'obligation qu'il impose au mari d'entretenir sa femme et ses enfants. Non, l'obligation alimentaire existe dans tous les cas; et la plupart des commentateurs indiquent que la femme a une action soit en son nom, soit (ce qui serait peut-être contestable !)

[1] Cauwès; *loc. cit.*, pag. 233 et 234.

au nom de ses enfants mineurs pour amener cette obligation à exécution[1]. Mais cette action est-elle jamais exercée ! Nous ne le pensons pas ; nous croyons qu'il serait difficile d'en trouver un seul exemple. Les mœurs s'y opposent : comment une femme pourrait-elle exercer contre son mari une demande en pension alimentaire, avec tout l'appareil d'un procès devant le tribunal civil? Qu'il y a loin de la jouissance d'un droit à son exercice ! La femme a donc recours à la séparation de biens, à la séparation de corps ou au divorce.

Mais, avons-nous vu, la séparation de biens n'est pas à la portée des femmes qui vivent de leurs salaires : la procédure nouvelle est destinée pour elles à la remplacer ; elle doit donc pouvoir être invoquée non seulement en cas d'abandon du domicile conjugal, mais aussi en cas d'inconduite du mari. Du reste, il faut bien remarquer que les suites d'un procès devant le juge de paix, sans formalités, presque sans publicité, sont bien moins à redouter pour la paix du ménage que celles d'une action devant le tribunal civil, sans compter que la susceptibilité d'un ouvrier est souvent émouss[illegible] procès qui risquerait de laisser à tout autre un [illegible]ntiment ineffaçable ne lui fera qu'une blessure légère, vite cicatrisée ; et peut-être sera-t-il heureux plus tard d'avoir été retenu sur le bord du chemin glissant où il commençait à s'engager ! Nous estimons donc qu'il y aurait intérêt à étendre au cas d'inconduite la disposition prévue pour le cas d'abandon. On pourrait le faire sans aucun danger, croyons-nous, sans porter aucune atteinte aux principes

[1] Rappelons que les lois de 1831 et de 1853, sur les pensions militaires et civiles, déclarent possible une retenue du tiers pour obligation alimentaire malgré l'insaisissabilité des pensions.

de notre droit. Quelle que soit du reste la solution adoptée, que l'on s'en tienne au cas d'abandon par le mari du domicile conjugal, ou que l'on aille jusqu'à admettre l'intervention de la loi lorsqu'il y a simplement inconduite du mari, l'innovation n'en sera pas moins heureuse : la protection ainsi donnée à la femme et aux enfants leur sera souvent, en effet, de la plus grande utilité.

CHAPITRE III.

Protection du salaire des enfants mineurs

Jusqu'à présent, dans l'étude que nous venons de faire de la protection des intérêts pécuniaires de la femme et des enfants, nous avons eu surtout à résoudre des problèmes d'ordre juridique : le chemin à parcourir, le but à atteindre, se montraient clairement à nos yeux; les moyens d'y parvenir étaient seuls difficiles à trouver. En ce qui touche le salaire de l'enfant, il n'en est plus de même : des intérêts contradictoires sont en présence, une solution satisfaisante fait défaut. Voici la question : A qui doit être payé, à qui doit appartenir le salaire des enfants mineurs ? aux parents ou aux enfants ?

On fait valoir deux arguments en faveur du paiement aux parents. Il est juste, dit-on d'abord, que les enfants contribuent à l'entretien du ménage. Sans doute, légalement, ce sont les parents qui doivent y pourvoir. Mais, n'est-il pas équitable que les enfants qui vivent « à pot et à feu » avec leurs parents, prennent leur part de la dépense commune ? Ils ne feraient peut-être ainsi que suivre l'exemple de ces communautés du moyen âge qui comprenaient les enfants avec le père et la mère, ces communautés sorties de la nécessité de la pratique et que le Code civil a supprimées brusquement comme ne s'harmonisant pas suffisamment avec les conditions de vie de la classe moyenne pour laquelle il a été rédigé. — En second lieu, si le salaire est touché par les enfants, ceux-ci en font le plus mauvais usage, ils l'emploient de la manière la plus déplorable : ils vont le dépenser au cabaret ou dans les lieux de plaisir, et prennent ainsi, à l'âge où les habitudes se contractent, des goûts vicieux dont ils ne se défont plus : c'est au moment où aucun frein, aucun devoir ne vient combattre l'entraînement qu'ils peuvent subir, où rien ne s'oppose à leurs passions, qu'on leur donne les moyens de les satisfaire. Si l'on voulait démoraliser la classe ouvrière, s'y prendrait-on autrement ? Du reste, ne voit-on pas déjà dans toute l'Europe, aussi bien en Angleterre qu'en France et en Allemagne, les effets funestes de l'émancipation des jeunes gens : ils ont aujourd'hui à leur disposition des salaires que les parents touchaient autrefois ; aussi, dans tous les pays la criminalité augmente chez les jeunes gens ; on en a cherché les causes de divers côtés. Ne faudrait-il pas tenir compte de celle que nous venons d'indiquer d'un mot : possession de ressources à un âge où l'on ne sait pas encore s'en servir pour un bon usage et où, par suite, l'usage qu'on en fait est détestable.

Cependant il existe aussi des raisons très sérieuses en faveur du paiement aux enfants. D'abord, du moment qu'ils travaillent au lieu de se laisser entretenir par leurs parents, n'est-il pas juste qu'ils touchent le salaire acquis de leur labeur et qu'ils en disposent à leur gré, au profit de leurs parents ou dans leur propre intérêt ? Pourquoi d'ailleurs supposer qu'ils en feront un mauvais usage ? Ne peuvent-ils tout aussi bien le déposer à la Caisse d'épargne et se créer ainsi un pécule pour l'avenir ? Du reste, le père toucherait-il le salaire, comme il le faisait presque toujours autrefois, et comme il le fait souvent encore aujourd'hui, ne se trouverait-on pas en présence de faits aussi déplorables que ceux que nous constations tout à l'heure? Malheureusement oui. De même qu'il y a des maris qui se font entretenir par leurs femmes, il y en a d'autres qui vivent du travail de leurs enfants: « Il y a des pères qui, ayant trois ou quatre enfants en âge de gagner, vivent sans rien faire du salaire de ces enfants. Pour cela, ils font savoir au patron qu'ils entendent toucher les salaires de leurs enfants. C'est une injonction à laquelle les patrons obéissent naturellement. Cela se voit surtout dans les exploitations minières et dans ces grandes usines où tous les ouvriers de l'endroit travaillent en un même établissement[1]. » Du reste, Adam Smith avait déjà fait remarquer que: « La valeur des enfants est le plus grand de tous les encouragements au mariage[2] », et les économistes signalent comme une cause de la diminution de la natalité le fait que les enfants aujourd'hui n'ont plus de valeur. C'était donc là une habitude bien invétérée. Si tout à l'heure nous constations la nécessité de protéger les enfants contre eux-mêmes, nous apercevons maintenant qu'il n'est pas moins indispensable de les protéger contre leur père. Comment résoudre la question?

Examinons d'abord les solutions actuelles. Un seul pays[3] s'est préoccupé de la question, l'Allemagne. Chaque commune y a été laissée libre de régler la manière dont

[1] Hubert-Valleroux; *Contrat de travail*, pag. 101, note.

[2] Adam Smith, liv. 2, chap. VIII, *Des Salaires du travail*.

[3] Cependant une loi de New-York de 1869 règle la façon dont les salaires des apprentis et des mineurs ouvriers doivent être mis à la disposition des parents.

le paiement serait effectué, ou plutôt le paiement est effectué entre les mains des mineurs sauf décision contraire du conseil de la commune : « Une commune ou une association communale peut, par voie statutaire, décider, pour toutes les entreprises industrielles ou pour certaines catégories d'entre elles, que le salaire gagné par les ouvriers mineurs doit être payé aux parents ou tuteurs et ne doit être versé directement entre les mains des mineurs que sur leur consentement écrit ou sur le vu de l'accusé de réception, fourni par eux, de la dernière paye ; que les industriels doivent communiquer aux parents ou tuteurs, dans des délais déterminés, les salaires payés à des ouvriers mineurs » (art. 119, § 2, 2° et 3°). Il était intéressant de connaître le résultat de ces prescriptions et de la faculté ainsi laissée aux communes. En général, il en a été fait assez peu usage ; très souvent les jeunes ouvriers travaillent avec leurs parents, dans la même usine, et il a été jugé inutile de donner aux parents le droit de toucher le salaire de leurs enfants, alors qu'ils avaient pris ce droit-là depuis longtemps. Cependant dans le Schleswig on signale l'abstention volontaire de toute délibération, par crainte de voir le père faire du salaire un usage plus mauvais encore que son fils[1]. En somme, à peu près partout on a laissé subsister les errements anciens.

En France, et dans les pays qui ont le Code civil pour base de leur législation, le salaire est soustrait à la jouissance légale des parents, qui « ne s'étend pas aux biens que les enfants pourront acquérir par un travail et une industrie séparés » (art. 387), mais est soumis à l'administration légale du père (art. 389). Par suite, celui-ci a le droit

[1] V. Morisseaux ; *Législation du travail*, tom. I, pag. 421-424.

de le toucher et d'en disposer, tout en restant comptable de la propriété et des revenus. Voilà la théorie. En fait, le salaire est payé tantôt aux parents, tantôt aux enfants, selon la coutume de la localité, tout en étant remis au père chaque fois qu'il en fait la demande. Quant à l'obligation du père, comptable de la propriété et des revenus des biens dont il n'a pas la jouissance, elle lui est légère : il touche les salaires, il en dispose au profit du ménage ou à son profit exclusif, peu lui importe, de sorte que l'article 387 du Code civil est à peu près lettre morte.

Du reste, ces questions relatives au salaire de l'enfant mineur soulèvent, en général, peu de discussions, et ont rarement attiré l'attention. Cependant, la nature exacte du droit du père de famille s'était posée à propos de la prétention qu'avaient émise les créanciers des parents du droit de saisir les salaires de leurs enfants mineurs. La jurisprudence variait et paraissait même favorable aux créanciers. M. Lamendin avait demandé que le salaire des enfants fût protégé contre eux[1]. C'est dans cette voie que paraît être fixée la jurisprudence, depuis la loi du 12 janvier 1895, qui lui a montré le législateur mal disposé à l'égard des créanciers : d'après un jugement de la justice de paix de Lille, du 6 mai 1896, les créanciers d'un père n'ont pas le droit de saisir les salaires que les enfants mineurs de celui-ci acquièrent par un travail séparé et dont le père n'a pas la jouissance légale. A ce point de vue, l'art. 387 a été invoqué en faveur de l'enfant. D'autre part, et à l'exemple de ce qui avait été fait en Italie[2], on a donné aux mineurs le droit de se faire ouvrir des livrets dans les caisses d'épargne et de retirer les sommes

[1] V. Conseil supérieur du travail, 1re session, pag. 158.
[2] Loi du 27 mai 1875.

figurant sur les livrets ainsi ouverts sans aucune intervention, sauf opposition de leur représentant légal (art. 6, § 4, de la loi du 9 avril 1881). Mais les mineurs ouvriers ont assez peu usé de la faculté qui leur était ainsi accordée. — En somme, à l'heure actuelle, c'est souvent le père, souvent aussi les enfants qui touchent le salaire : dans l'un et l'autre cas, une part plus ou moins forte est apportée au ménage, une autre laissée à l'enfant. Mais l'emploi de ces deux parts est également critiquable ; car la première sert, non seulement aux besoins du ménage, mais aussi aux besoins personnels du père, qui devrait se faire scrupule d'y toucher ; et la seconde est souvent dépensée par l'enfant, pour des plaisirs malsains dont il devrait s'abstenir. Je parle ici, qu'on le remarque, non de ce qui se passe dans les mauvais ménages, mais de ce qui arrive généralement.

Il faudra donc, et ce sera le but à atteindre, protéger le salaire du mineur ouvrier à la fois contre lui-même et contre son père. C'est dans ce sens que la législation devra être orientée. Mais occupons-nous d'abord de ce qui nous paraît immédiatement réalisable. Retirer actuellement au père le droit de toucher le salaire de ses enfants mineurs serait difficilement admis; on y verrait une atteinte injustifiable aux droits de puissance paternelle, et nous préférons encore, malgré ses inconvénients, voir ce droit aux mains du père qu'à celles de l'enfant. Mais ne pourrait-on, dans certains cas, retirer ce droit au père et le donner à la mère? De même qu'en cas d'abandon (nous avons proposé de remplacer ce mot par celui d'inconduite), on propose de donner à la femme le droit de saisir-arrêter les salaires de son mari, on pourrait lui donner également le droit de toucher le salaire de ses enfants mineurs;

le père ne remplit plus ses devoirs, pourquoi le laisser en possession de ses droits et ne pas les remettre à celle qui a assumé la charge d'entretenir la famille. — Voilà la seule réforme qui nous semble possible dans un avenir prochain. Inutile de tenter quelque chose d'analogue à la loi allemande, jusqu'à présent peu appliquée.

Essayons maintenant de résoudre le problème que nous nous étions posé au début de ce chapitre : qui doit toucher le salaire de l'enfant mineur ? Nous avons vu qu'il était juste que l'enfant contribuât aux charges du ménage, mais nous avons estimé qu'il ne devait le faire que pour une partie de son salaire, l'autre restant sa propriété personnelle ; d'autre part, ces deux portions nous ont paru avoir besoin d'être protégées, l'une contre le père, l'autre contre l'enfant. Le meilleur moyen d'obtenir le résultat désiré ne serait-il pas de donner à la mère le droit de toucher le salaire des enfants ? N'est-ce pas elle qui le protégerait le mieux à la fois contre le père et contre le fils ? C'est elle qui est chargée, qui remplit et qui remplira probablement de plus en plus le rôle d'économe du ménage ; n'est-ce pas son rôle de prélever, sur le salaire de l'enfant la portion nécessaire aux besoins de la famille, et de constituer avec le surplus un pécule que l'enfant sera plus tard heureux de posséder.

On nous objectera probablement que les femmes ne sont pas moins vicieuses que les hommes, et qu'adonnées au vice, elles se livrent à leurs passions, sans frein, sans retenue, se laissant beaucoup plus facilement que les hommes dominer par elles. La remarque peut être juste, mais, si les femmes ne sont pas moins vicieuses, n'y en a-t-il pas moins qui le soient ? Puis, peut-être est-ce illusion de notre part, il nous semble que l'amour maternel est plus développé que l'amour paternel et que, mieux que le père, la mère saura remplir le rôle de dispensatrice du salaire de l'enfant. On nous objectera aussi et surtout la puissance maritale, la puissance paternelle : c'est détruire la famille que d'accroître ainsi les pouvoirs de la femme, c'est en briser l'unité. Soit! Aussi n'est-ce pas une solution immédiate que nous donnons, c'est une idée que nous ne faisons qu'indiquer. La puissance maritale, la puissance paternelle, ne continueront probablement pas à subsister telles que maintenant : elles sont sapées et croulent de toutes parts. Mais elles ne semblent pas destinées à disparaître. Elles se transformeront plutôt : dans cette transformation, chacun des époux aura sa mission spéciale, et la femme aura les droits nécessaires pour remplir son rôle d'économe qu'elle exerce déjà en fait ; le droit de toucher le salaire de l'enfant mineur lui sera certainement dévolu.

La question de l'attribution du salaire du mineur ouvrier n'est pas la seule qui nous semble digne d'examen. On est à peu près unanime à reconnaître à l'Etat un devoir et un droit d'éducation. Il l'exerce jusqu'à présent en imposant l'instruction aux enfants mineurs de 13 ans. Mais il a paru récemment que le devoir de l'Etat n'était de la sorte qu'insuffisamment rempli ; l'éducation proprement dite avait besoin de s'ajouter à l'instruction ; on a essayé de la donner par des conférences populaires, par des cours d'adolescents et d'adultes, organisés sur l'initiative du gouvernement. L'Etat n'a-t-il pas une mission éducatrice plus efficace, plus directe? Nous le pensons. Une des principales facultés à développer, c'est le goût de la prévoyance s'exerçant par l'épargne et par l'assurance. On cherche à l'inculquer aux enfants pendant leur séjour à l'école, au moyen des caisses d'épargne, des mutualités scolaires. L'éducation en ce point est-elle terminée au moment où l'enfant sort de l'école ? Non, ce n'est pas possible, on ne peut avoir imprimé d'une manière indélébile à un enfant de 13 ans ces habitudes de prévoyance si difficiles à acquérir. L'Etat n'a-t-il pas alors le droit d'imposer la prévoyance pendant toute la durée de la minorité? Lorsqu'il s'est agi de majeurs, nous n'avons pas voulu porter atteinte à leur capacité, nous n'avons pas admis l'assurance obligatoire contre la maladie ou la vieillesse, et, si nous l'avons adoptée pour les accidents, c'est pour des raisons d'organisation, peu important du reste que l'obligation fût imposée par l'Etat ou par les patrons. Mais ici, nous avons affaire à des incapables, dont il faut faire l'éducation économique. Il nous semble que rien ne s'oppose à ce que l'Etat continue jusqu'à la majorité, jusqu'au moment de la capacité sa mission éducatrice, et forme ainsi des générations qui auront pris l'habitude et le goût de la prévoyance.

CONCLUSION

La protection du salaire était le but de cette étude. Nous avons successivement passé en revue les dangers divers qu'il avait à courir avant de parvenir à sa fin normale, l'entretien de la famille, et examiné pour chaque cas le mode de protection approprié. Nous avons vu que la suppression des abus était le but que s'étaient proposé la plupart des lois examinées. Aussi le tableau que nous avons présenté des atteintes portées au salaire est-il déjà sur beaucoup de points passé dans le domaine de l'histoire. Mais ce retour en arrière nous a permis de constater les progrès accomplis, l'efficacité de l'intervention de la loi, l'amélioration de la condition matérielle et morale de l'ouvrier, et nous fait espérer que l'effort vigoureux entrepris dans la plupart des grands États industriels de l'Europe pour mettre fin aux abus pourra être couronné de succès.

L'œuvre entreprise est double : elle comprend une partie négative, la suppression de toute atteinte au salaire de l'ouvrier, ceci est le rôle de l'État ; et une partie positive, l'amélioration de sa situation, qui est plutôt le partage de l'initiative individuelle.

L'État manque rarement à son devoir de protection : nous avons vu comme il s'efforçait de supprimer le Truck-System, le paiement au cabaret, le paiement à intervalles espacés; comme il réglementait les économats, les avances, les amendes; comme il protégeait le salaire contre la faillite ou la déconfiture, la saisie ou la cession. — Mais il est difficile de déterminer son rôle à l'égard des institutions patronales. A côté des abus parfois causés par ces institutions, il ne faut pas oublier en effet qu'elles ont rendu aussi de grands services, et nous craignons presque d'avoir été parfois injuste à leur égard, en insistant plutôt sur les inconvénients qu'elles offraient que sur les avantages qu'elles présentaient; il en est, particulièrement les caisses de secours et de retraite, qui ont été fort utiles à la classe ouvrière. Toutefois toutes ces institutions ont un défaut commun dont nous avons parlé à propos de chacune d'elles et qu'il importe de mettre en relief, c'est le lien de dépendance qu'elles créent entre l'ouvrier et son employeur : économats, logements, avances, caisses de retraite, forment comme autant de chaînes qui enserrent l'ouvrier et lui ravissent sa liberté. M. Brentano et l'école historique se sont vivement élevés contre cette situation qui mettait obstacle à l'organisation des travailleurs et empêchait la liberté d'association de porter ses fruits : et l'accord semble fait aujourd'hui sur ce point, que toutes ces institutions si chères à l'école de Le Play, qui les considérait comme le moyen d'organiser la permanence des engagements, doivent disparaître. Appartient-il à l'Etat d'intervenir? Oui, car il y a abus moral au lieu d'y avoir abus économique. Mais son intervention est ici d'ordre beaucoup plus délicat : à la rigueur il lui est encore possible de supprimer la clause de déchéance sans toucher aux caisses de retraite, de réglementer la pratique des avances de manière à mettre fin aux abus tout en conservant à l'ouvrier les avantages du crédit.

Mais pour les économats, pour les logements ouvriers, avantages et inconvénients sont si étroitement unis qu'il est impossible de toucher aux uns sans mettre fin aux autres.

Si l'État excelle à remplir son devoir de protection, qui n'est en somme que l'un des plus importants de ses devoirs, le devoir de justice, car « le but de la loi est d'empêcher l'injustice de régner[1] », la seconde partie de l'œuvre, l'amélioration de la situation de l'ouvrier sort à peu près complètement de son domaine. Il peut intervenir en limitant d'une manière précise la portion du salaire de l'ouvrier disponible en faveur de son patron, de ses créanciers, et en frappant pour ainsi dire d'indisponibilité tout le reste du salaire laissé à la disposition de l'ouvrier : c'est le but que se sont plus ou moins proposé les lois belge, russe, française, et vers lequel les autres semblent aussi se diriger. Il peut aussi s'essayer à organiser les institutions de prévoyance destinées à parer aux risques qui atteignent les ouvriers. Mais il ne peut aller plus loin : si les cités ouvrières patronales, si le système des avances, sont destinés à disparaître, il ne peut raisonnablement s'occuper de les remplacer, c'est à l'initiative individuelle qu'il appartient de le faire.

Elle n'y a pas manqué. Quand elle a vu les anciennes institutions patronales sapées de toutes parts, elle s'est mise à l'œuvre avec courage, et, sur les ruines dont elle était entourée, elle a bâti à nouveaux frais. Elle avait sous la main un instrument merveilleux, l'association coopérative, qui présentait la plupart des avantages des anciennes institutions sans offrir les mêmes inconvénients ; elle

[1] Bastiat ; *Harmonies économiques*, *La loi*, édition Guillaumin, pag. 360.

s'en est aussitôt emparée : associations coopératives de consommation pour remplacer les économats ; associations coopératives de construction et de crédit pour prendre la place des cités patronales et des avances ; sociétés de secours mutuels, qui reposent sur les mêmes principes de liberté, pour se substituer aux caisses de secours et de retraite, voilà son œuvre. Au patronage patriarcal a fait place le patronage libéral, dont la formule a été si bien indiquée par M. Cheysson : « Laisser faire et guider ». La transformation n'est pas seulement de portée économique, elle est aussi de portée morale. Voici ce que pense des deux systèmes de patronage un de ceux qui ont le plus contribué à cette évolution et qui ont pu en juger les effets : « On apprécie assez peu ce qui ne coûte aucune peine ; on s'habitue à considérer les faveurs comme des droits ; volontiers on s'imagine que ceux qui font le bien sont poussés par l'intérêt. Il y a pis encore ; lorsqu'une espèce de providence pourvoit à tous ses besoins, sans exiger de lui aucun effort, l'ouvrier cesse de compter sur lui-même ; il perd le goût de la prévoyance, de l'économie, parce qu'il n'en sent plus la nécessité : son initiative s'éteint, sa dignité s'amoindrit ; il est mûr pour le socialisme... Susciter l'initiative de l'ouvrier, faire son éducation économique, l'habituer à compter plus sur lui et moins sur le patron, lui apprendre à gérer ses propres affaires, voilà qui est préférable à cette espèce de tutelle sous laquelle on est porté, par pure bienveillance d'ailleurs, à tenir l'ouvrier[1] ». Ceci, c'est de la psychologie, et de la meilleure, et a *priori* il semble que les résultats doivent en être excellents, si même la

[1] Cheysson ; *Les institutions patronales*, pag. 412-413, citation.

pratique ne venait confirmer cette appréciation, et démontrer que partout où ce patronage libéral a remplacé le patronage patriarcal, à Montceau-les-Mines par exemple, la paix sociale règne sans qu'aucune difficulté vienne jamais la troubler.

La seule question que l'on puisse se poser est peut-être celle-ci : le patronage, même libéral, est-il nécessaire ? Ne serait-il pas préférable de laisser les ouvriers libres d'agir à leur guise ? Nous pensons, en effet, que c'est là le but à atteindre : tout lien entre l'employeur et l'ouvrier doit être supprimé, surtout quand cet employeur est une société anonyme, à condition toutefois que l'ouvrier, comme en Angleterre par exemple, puisse se guider lui-même. Mais en France l'employeur ne doit pas se désintéresser de ses ouvriers: leur éducation économique est encore trop rudimentaire ; leur initiative longtemps comprimée ne se développe pas ; là par exemple où les patrons ont supprimé les économats sans se préoccuper de créer des sociétés coopératives, les ouvriers bien souvent n'y songent pas : le patronage par conséquent ne doit pas disparaître, il doit simplement se transformer.

Si la France en est à cette période où le patronage, de plus en plus libéral, tend peu à peu à disparaître, il en est autrement des pays de l'Europe centrale, où le patronage patriarcal est encore en pleine vigueur malgré les coups répétés que ne cessent de lui porter les socialistes. Est-ce une conséquence de cet état de choses ? Mais ces pays ont par contre une législation protectrice beaucoup plus développée.

La France se trouve aujourd'hui singulièrement en retard sur le terrain de la protection ouvrière. Elle a cru avoir assez fait du jour où elle a accordé aux ouvriers la liberté d'association, sans se douter qu'elle leur mettait entre les mains une arme de combat et non un moyen de progrès pacifique. Il importe au législateur de reprendre son œuvre.

Nous avons vu que sa première préoccupation (elle date de 1803) avait été de garantir le salaire contre la faillite et la déconfiture ; et que, par une loi récente du 27 décembre 1895, il avait étendu cette protection aux fonds déposés dans les caisses de retraite, de secours et de prévoyance ; nous avons indiqué les quelques améliorations qui seraient nécessaires en cette matiere. — Il a ensuite réglementé par la loi du 12 janvier 1895 la saisie et la cession, et les retenues sur le salaire faites par voie de compensation. Il semble assez curieux que ces mesures se trouvent contenues dans la même loi : les premières sont relatives à la protection à l'égard des créanciers de l'ouvrier, les secondes à la protection à l'égard du patron. Cependant cela n'a rien de surprenant si l'on songe qu'elles procèdent de la même idée : déterminer une certaine quotité de salaire que l'ouvrier sera toujours certain de toucher au moment de la paye. C'est ainsi que d'après cette loi on laisse toujours à l'ouvrier les 7/10 de son salaire : en effet, tout paiement par compensation au profit du patron est interdit, et il n'y a que 3/10 disponibles, un pour la saisie, un pour la cession, un pour le remboursement des avances. (Sauf toutefois dans deux cas : paiement d'outils ou matières premières, paiement de pensions alimentaires). Mais cette loi, dont on ne peut que louer l'esprit, a besoin d'être complétée de deux façons : elle ne s'applique qu'à une certaine catégorie de retenues, il faut qu'elle comprenne tous les cas possibles de retenues ou d'atteintes au salaire ; il faut ensuite que l'exécution en soit assurée. Sur le premier point le législateur est actuellement saisi d'une proposition de loi sur le paiement des salaires qui s'occupe du mode, du lieu, de l'époque du paiement et qui réglemente les amendes ; ce projet comblerait la lacune que nous venons de signaler. Mais il n'est pas suffisant de faire des lois, il faut aussi les appliquer ; or, les lois ouvrières ne le sont jamais, si l'on ne charge un fonctionnaire du soin d'en surveiller l'exécution. Le législateur paraît l'avoir oublié lorsqu'il a interdit le paiement par compensation au profit du patron sans faire suivre cette défense d'aucune sanction. Il fera bien d'imiter en ce point l'exemple que lui donnent toutes les législations étrangères, surtout lorsqu'il aura édicté des dispositions relatives au paiement des salaires. — Enfin, après la protection du salaire à l'égard des créanciers du patron, des créanciers de l'ouvrier, et du patron lui-même, le législateur doit s'occuper également de la protection du salaire dans l'intérieur de la famille ; nous avons vu qu'un projet était en ce moment en discussion devant le Parlement.

Tel est l'état dans lequel se trouve en France la législation protectrice du salaire. L'œuvre entreprise a singulièrement besoin d'être complétée. Espérons qu'elle ne tardera pas à l'être, et qu'il ne sera pas nécessaire, comme le craignait M. Schwiedland[1], d'attendre une nouvelle génération.

[1] Schwiedland ; *Revue d'économie politique*, 1896, pag. 353.

APPENDICE

Le présent travail renferme sûrement nombre d'erreurs et d'omissions. Le lecteur voudra bien les excuser, malgré le secours que nous ont prêté les *Annuaires de législation étrangère* et la Bibliothèque du Musée social. Il y aurait peut-être intérêt à ce que cette étude fût reprise par l'Office du travail qui, avec les moyens d'investigation à sa disposition, pourrait donner un tableau complet et exact des législations relatives à la protection du salaire. — Nous voulons tout au moins indiquer les principales modifications survenues pendant l'impression.

FRANCE

Prohibition des monnaies de billon étrangères (Voir pag. 34 et 35). — Nous avons signalé la spéculation qui se produisait sur les monnaies de billon étrangères, et les dangers que leur introduction faisait courir à l'État et à la population ouvrière, qui pouvait se voir refuser à un moment donné ces monnaies par les Caisses publiques. Une loi belge du 19 juillet 1895, puis une loi française du 30 novembre 1896, sont venues interdire sous des peines sévères la circulation, dans ces pays, des monnaies de billon n'ayant pas cours légal.

Proposition de loi sur les règlements d'atelier ou sur le mode de paiement des salaires (Voir pag. 32, 38, 45-

48, 213, 227). — Le rapport sur cette proposition de loi, adoptée par le Sénat le 24 avril 1894, a été enfin déposé à la Chambre des députés le 1er juillet 1897. Il conclut à l'adoption du texte voté par le Sénat, pour ce qui concerne le mode, l'époque et le lieu du paiement, mais maintient l'interdiction de toute amende.

Voici du reste le texte proposé par la Commission :

ARTICLE PREMIER. — Les salaires des ouvriers doivent être payés en monnaie métallique ou fiduciaire ayant cours légal, nonobstant toute stipulation contraire, à peine de nullité.

ART. 2. — Les salaires des ouvriers doivent être payés au moins deux fois par mois, à seize jours au plus d'intervalle, à moins de conventions écrites contraires. — Pour le travail aux pièces, les conditions de paiement jusqu'à l'achèvement de l'ouvrage seront fixées de gré à gré par les intéressés.

ART. 3.— Les paiements ne peuvent être faits que dans l'usine ou dans l'un de ses bureaux et non dans des débits de boisson ou dans des magasins de vente au détail.

ART. 4. § 1. — Tout règlement d'atelier doit, pour être applicable, avoir été déposé depuis un mois au moins au secrétariat du Conseil des prud'hommes, ou à défaut, au greffe de la justice de paix, et affiché bien en vue dans les ateliers.

§ 2. Il est interdit à tout chef d'industrie ou de commerce, à toute administration publique ou privée, d'imposer à leurs employés, ouvriers ou apprentis, des amendes, des retenues ou des mises à pied ayant pour conséquence une diminution de salaire.

§ 3. La déduction du salaire pour malfaçon ou toute

autre cause devant entraîner la réparation d'un préjudice causé au patron ne tombe pas sous l'application des dispositions du présent article, et, s'il y a contestation, elle sera jugée suivant les règles du droit en matière de dommages-intérêts.

Art. 5. — Sans préjudice de la responsabilité civile, toute contravention aux prescriptions de la présente loi sera portée devant le juge de paix jugeant en simple police et sera passible d'une amende de 15 fr. L'art. 463 du Code pénal sera applicable.

Nous n'avons rien à dire des art. 1, 2, 3 et 4 § 3, conformes au texte du Sénat, et dont nous avons déjà examiné la rédaction. Nous en approuvons les termes, sauf, en ce qui concerne l'époque du paiement (art. 2), la faculté des conventions écrites contraires. — Quant à l'art. 6, c'est avec raison, croyons-nous, que la Commission de la Chambre a rétabli une sanction pénale, sans préjudice de la responsabilité civile : le rapporteur fait du reste remarquer combien est faible, par rapport aux législations étrangères, le taux de l'amende infligée en cas de contravention.

Pour les prescriptions relatives à la publicité à donner aux règlements d'atelier (art. 4 § 1) : 1° dépôt préalable, un mois avant l'application, au secrétariat du Conseil des prud'hommes, ou au greffe de la justice de paix ; 2° affichage dans les ateliers ; si elles ne présentent pas grand avantage, elles n'offrent pas non plus d'inconvénients. Ce sont de simples mesures de publicité, mais très recommandables. Le premier projet de la Chambre soumettait les règlements d'atelier à l'homologation du Conseil des prud'hommes ou du juge de paix, et nous avions vivement critiqué cette disposition.

Reste la question des amendes. Sur ce point, la Commission reprend le premier projet de la Chambre et interdit absolument non seulement les amendes, mais les retenues ou mises à pied, ayant pour conséquence une diminution de salaires. Du reste, cette mesure avait été réclamée de nouveau par une proposition de M. Toussaint, du 26 juin 1896. — Le rapporteur fait remarquer que l'amende et la mise à pied, «pénalité plus détestable que l'amende elle-même, parce que non seulement elle prive l'ouvrier des salaires qu'il aurait pu acquérir, mais parce qu'elle l'entraîne pendant l'oisiveté qui lui est imposée à exagérer ses dépenses au grand détriment de la famille», ne sont pas des peines disciplinaires indispensables; il reste à l'employeur la réprimande (dans certaines administrations l'arrêt dans l'avancement, et la perte des gratifications), et le renvoi. Il cite l'avis de M. Sartiaux, ingénieur en chef de l'exploitation de la Cie du Nord, favorable à la suppression des amendes, qui a écrit : « Entre autres inconvénients de ce mode de répression, il en est deux qui m'ont particulièrement frappé : les bons agents, punis d'amende pour une faute exceptionnelle, s'en trouvent humiliés et découragés, les agents médiocres s'accoutument au contraire à la petite diminution de salaire qui résulte périodiquement des amendes encourues et oublient trop aisément que leur famille peut en souffrir». Il invoque contre l'amende : son immoralité, parce qu'elle «frappe bien plus que l'ouvrier lui-même sa femme et ses enfants»; son injustice, parce qu'elle est exercée par le patron «au gré de son caprice» ; «le moyen de vexation et de tyrannie ainsi laissé aux sous-ordres chargés de la surveillance». Enfin, contre la réglementation, il déclare que «réduire les amendes à une portion très minime du salaire, c'est enlever toute efficacité à la répression et autoriser l'application des amendes à des fautes légères », et que, du reste, « affecter le produit de ces amendes à des institutions organisées en faveur des ouvriers, n'est ni une compensation, ni une justification ». — Nous nous rallions à ce qui est dit de la mise à pied: il est certain que, si l'on supprime les amendes, elle doit aussi rationnellement disparaître. Nous avons déjà examiné les arguments relatifs à l'injustice, à l'immoralité des amendes, aux abus qu'elles peuvent faire naître, aux inconvénients qu'elles présentent. Nous les admettons, mais la question est autre : peut-on supprimer les amendes sans aggraver la situation des ouvriers ? Le rapporteur croit que ce n'est pas une pénalité indispensable. Nous sommes d'un avis différent : comment sera-t-elle remplacée, sinon par le renvoi ? Quant aux arguments contre la réglementation, le second n'a aucune valeur, le premier peut être invoqué en sens contraire : si on enlève toute efficacité à la répression, on en arrivera certainement à la suppression des amendes. Nous serions heureux de ce résultat ; mais il ne nous paraît pas pouvoir être, à l'heure actuelle, imposé par la loi. Il faut laisser à l'initiative privée le soin de le réaliser. La réglementation proposée par le Sénat nous paraît être un moyen d'y parvenir ; il serait peut-être bon cependant de prohiber d'une manière absolue la mise à pied, qui offrirait un moyen de tourner la loi. Nous ne pouvons donc accepter la suppression des amendes proposée par la Commission de la Chambre.

Projet de loi sur l'assurance contre les accidents (voir pag. 195-197). — Le rapport sur ce projet de loi a été déposé à la Chambre des députés le 7 juillet 1897.

La Commission n'a pas adopté le système du Sénat, et en est revenue à l'assurance obligatoire : les chefs d'industrie peuvent, individuellement ou réunis en syndicats, rester leurs propres assureurs, faute de quoi ils sont groupés par la loi en circonscriptions territoriales pour former une assurance mutuelle. Ce projet sera voté, nous l'espérons du moins, dans un bref délai. — La question de l'assurance obligatoire a été vivement agitée dans ces derniers temps : en Italie et dans les Pays-Bas, où des des projets ont été déposés par les gouvernements respectifs de ces deux pays ; en Belgique, où la question a fait l'objet d'un examen approfondi du Conseil supérieur du travail ; en Suisse, où le projet sur l'assurance obligatoire contre la maladie et les accidents vient d'être voté en première lecture, par le Conseil national ; en Angleterre enfin, où une loi vient d'être adoptée (août 1897).

Retraites ouvrières (v. pag. 157, note). — La tendance signalée pour la solution de la question des retraites ouvrières en France paraît s'accentuer de plus en plus : organisation de l'assistance pour les vieillards d'une part, encouragement de la prévoyance de l'autre. Quant à l'assistance, le budget de 1897 contient l'article suivant : (art. 43) : « A partir du 1er janvier 1897, l'État contribuera au paiement de toute pension annuelle d'au moins 90 fr. et de 200 fr. au plus, constituée par les départements ou les communes, d'accord avec les conseils généraux, en faveur de toute personne, de nationalité française, privée de ressources, incapable de subvenir, par son travail, aux nécessités de l'existence, et soit âgée de plus de 70 ans, soit atteinte d'une infirmité ou d'une maladie reconnue incurable, sans que le nombre des pensions auxquelles devra contribuer l'Etat, puisse dépasser, par département, 2 ‰ de la population, et sans que cette contribution, pour chaque pension, puisse être supérieure à 50 fr. Cette pension annuelle sera toujours révocable ». — En ce qui touche l'assurance, le rapport de la Commission de la Chambre des députés chargée d'examiner les propositions de loi relatives à l'organisation des retraites ouvrières, a été déposé le 19 décembre 1896. Il écarte l'assurance obligatoire; tout versement d'un ouvrier entraîne un versement égal du patron, et réciproquement, le versement total à effectuer devant être 4 % du salaire; l'entrée en jouissance de la pension est fixée à 60 ans; toutes les pensions inférieures à 360 fr. sont bonifiées par l'Etat; le livret individuel est obligatoire. Ainsi ce projet se contente d'organiser l'assurance facultative. Nous approuvons fort les solutions qu'il préconise. Mais il ne nous paraît pas devoir être voté à bref délai.

Belgique.

Loi sur les règlements d'atelier (v. pag. 206 et 223). — La loi belge sur les règlements d'atelier a été votée le 15 juin 1896, au moment où la première partie de cet ouvrage était sous presse. Les indications données, d'après le projet, sont par suite quelque peu inexactes. Nous les reprenons.

Le règlement d'atelier est obligatoire dans les entreprises industrielles et commerciales qui emploient dix ouvriers au moins, avec extension, avant 1900, à celles qui emploient cinq ouvriers au moins (art. 1er). — En ce qui concerne la confection du règlement, la loi a pris les dispositions suivantes: « Avant d'entrer en vigueur, tout règlement nouveau ou tout changement à un règlement ancien doit être porté à la connaissance des ouvriers par voie d'affiche. Pendant huit jours au moins à partir de l'affichage, le chef d'entreprise tient à la disposition de ses ouvriers un registre ou cahier, où ceux-ci peuvent, soit individuellement, soit, le cas échéant, par leurs représentants au conseil d'usine ou à toute autre délégation analogue, consigner les observations qu'ils auraient à présenter. Les ouvriers peuvent, dans le même délai, adresser individuellement et par écrit leurs observations à l'inspecteur du travail du ressort; l'inspecteur transmet ces observations au chef d'entreprise dans les trois jours de la réception» (art. 8). Ces prescriptions sont beaucoup plus simples que celles qui avaient été proposées; mais le rôle des ouvriers et celui de l'autorité ont été considérablement réduits : les ouvriers n'ont qu'un simple droit d'observation, et l'inspecteur se contente de transmettre les observations qui lui sont présentées; on a surtout compté sur son autorité morale pour les appuyer et les faire adopter si elles lui paraissent justes; la loi maintient au patron le droit absolu d'établir à sa convenance le règlement d'atelier. — Quant à la publicité, elle a lieu « par l'affichage du règlement dans les locaux de l'entreprise, à un endroit apparent » ; en outre, « tout ouvrier a le droit d'en prendre copie » (art. 10).

La réglementation des amendes est très minutieuse; elle se rapproche beaucoup de la législation allemande, avec des garanties nouvelles pour l'ouvrier. Comme en Allemagne, la disposition primordiale consiste dans l'obligation d'indiquer dans le règlement d'atelier : « la nature des pénalités, le taux des amendes et l'emploi qui en est fait» (art. 3, 4°). Elle est complétée par les suivantes :

1° « D'autres pénalités ou amendes que celles prévues par le règlement ne peuvent être appliquées» (art. 4, § 1). 2° « Le total des amendes infligées par jour à l'ouvrier ne peut dépasser le cinquième de son salaire journalier » (art. 24, § 1). 3° «Le produit des amendes doit être employé au profit des ouvriers » (art. 24, § 2). 4° « Les pénalités ou amendes doivent être notifiées à ceux qui les ont encourues le jour même où elles sont infligées, ou, en cas d'empêchement, le plus tôt possible» (art. 4, § 2). 5° «Elles sont consignées dans un état qui contient, en regard des noms des ouvriers punis, la date et le motif de la punition ainsi que la nature de la pénalité ou le chiffre de l'amende » (art. 4, § 2). 6° «Cet état doit être ratifié avant la paye par un chef ou par un directeur de l'entreprise. Il doit être montré aux inspecteurs du travail à toute réquisition » (art. 4, §3). La ratification de l'état des amendes par un directeur est une innovation de la loi belge ; c'est une mesure qui nous semble excellente, car c'est le moyen de remédier aux abus auxquels peuvent se livrer les contre-maîtres : quand ils sauront que les pénalités infligées passent sous les yeux de leurs chefs, ils se montreront probablement plus réservés.

Projet de loi sur le contrat de salaire (v. pag. 230 et 239). — Nous avons signalé à diverses reprises un avant-projet de loi sur le contrat de salaire rédigé par M. Prins. Il a fait l'objet d'un examen du conseil supérieur du travail et a été déposé le 27 novembre 1896 à la Chambre des représentants. Mais la plupart de ses dispositions avaient été remaniées.

En ce qui touche les malfaçons, l'art. 9 décide que : «l'ouvrier répond de sa faute en cas de malfaçon»; et l'article 10 qu' «il n'est plus tenu compte des malfaçons après la réception de l'ouvrage». Ces dispositions sont, on le voit, beaucoup plus concises que celles de l'avant-projet. — Mais le nouveau projet contient une réglementation très étroite des retenues pour indemnités en cas de rupture du contrat. «Toute indemnité, tous dommages et intérêts dus par l'ouvrier du chef de rupture d'engagement sont imputables sur le salaire. Le montant échu du salaire, dont le paiement est différé et porté à compte nouveau en vue de constituer une garantie contre les ruptures illicites d'engagement, ne peut jamais excéder, lors de chaque échéance, la valeur moyenne du salaire correspondant, soit à la durée du délai de préavis lorsque le contrat est conclu sans terme, soit à une période de travail de 15 jours dans les autres cas. Cette disposition ne préjudicie point au droit des contractants de convenir que des quotités supérieures du salaire échu seront, par le chef d'entreprise, déposées à titre de garantie entre les mains d'un tiers choisi de commun accord et suivant les conditions arrêtées entre parties ». (art. 22). Voilà les prescriptions du projet; elles offrent une protection suffisante à l'ouvrier contre l'arbitraire du patron, tout en permettant à celui-ci de se constituer une garantie efficace contre les ruptures illicites d'engagement de la part de l'ouvrier.

ANGLETERRE.

Loi sur le « Truck-system » (v. pag. 54-56, 112, 115, 223).— Cette loi, dont nous avions signalé l'élaboration, a été promulguée le 14 août 1896. Elle fait corps avec les lois de 1831 et de 1887, et constitue avec elles une loi unique qui porte le nom de *Truck acts* 1831 *to* 1896. Elle est surtout destinée à compléter les lois précédentes en ce qui concerne les amendes, qui n'avaient fait, jusque-là, l'objet d'aucune réglementation. Voici le résumé de ses dispositions [1].

Les chefs d'industrie ne peuvent faire de convention avec leurs ouvriers, en vue d'une retenue à opérer sur le salaire pour amende, pour malfaçon ou détérioration de matières premières ou d'autres objets, ou pour usage et fourniture de matières premières, outils, machines, place, lumière, chauffage, que si :

a) Les termes de la convention sont contenus dans un avis constamment affiché dans un ou plusieurs endroits accessibles aux ouvriers et dans une position telle qu'il puisse être facilement aperçu, lu et copié par les intéressés, ou si la convention a été faite par écrit et signée par l'ouvrier.

b) La convention spécifie les actes ou omissions pour lesquels ces retenues peuvent être imposées ainsi que leur montant, et les bases d'après lesquelles elles doivent être déterminées.

c) Ces retenues se rapportent à un acte ou une omission qui cause ou est de nature à causer au chef d'industrie un dommage, une perte, une interruption ou un préjudice à ses affaires.

d) Le montant de la retenue est juste et raisonnable, eu égard à toutes les circonstances du cas.

e) Un écrit indiquant la cause de la retenue ou du paiement ainsi que son montant est remis à l'ouvrier à chaque retenue ou paiement.

[1] Ce résumé est celui qui a été donné par le *Bulletin de l'Office du travail*, mars 1897, pag. 199.

Les chefs d'industrie ayant fait une convention prévue par la présente loi, sont tenus de produire, aux lieu et temps fixés par l'inspecteur, le contrat ou une copie conforme à ce contrat. L'inspecteur a le droit de prendre copie de tout ou partie du contrat.

Les chefs d'industrie doivent tenir un registre où seront inscrits les retenues et paiements faits en vertu de semblables contrats, en ayant soin de spécifier le montant de la retenue, ainsi que la nature de l'acte ou de l'omission pour lequel elle a été imposée.

Cette loi est fort intéressante, car, si elle ressemble fort aux autres lois relatives aux amendes, en particulier aux lois allemande et belge, avec lesquelles elle a de nombreux points communs, elle en diffère assez notablement pour avoir une physionomie propre. Tandis, en effet, qu'elles exigent toutes l'emploi des amendes en faveur des ouvriers et déterminent la quotité maxima du salaire susceptible de retenue, la loi anglaise laisse au patron le bénéfice de l'amende sans fixer de maximum ; l'amende est censée destinée à réparer un préjudice causé, elle doit être attribuée à la victime du préjudice. Mais la liberté du patron n'en est pas augmentée ; d'une part, en effet, la retenue n'est possible que si elle se rapporte à un acte ou une omission de nature à causer au chef d'industrie un dommage, une perte, une interruption ou un préjudice à ses affaires ; d'autre part, le montant de la retenue doit être juste et raisonnable. L'arbitraire de l'inspecteur du travail chargé d'apprécier le motif et le taux de l'amende viendra remplacer les règles peut-être moins larges déterminées par la loi, mais dans lesquelles le patron avait tout au moins la liberté de se mouvoir. — Mais, du moment que les amendes n'étaient pas employées au profit des ouvriers, il n'y avait plus de raison de faire la distinction, que nous avons vue presque impossible en réalité, entre les amendes et les retenues pour malfaçons. Aussi la loi anglaise leur applique-t-elle la même réglementation et évite ainsi bien des difficultés. — Ce n'est pas seulement aux retenues pour amende et pour malfaçon ou détérioration de matières premières ou d'autres objets que s'applique la loi, mais aussi aux retenues pour usage et fournitures de matières premières, outils, machines, place, lumière, chauffage. C'est donc la nouvelle réglementation et non celle que nous avions précédemment indiquée, qui s'applique à ces diverses catégories de retenues. Toutefois, nous ne savons si les mots lumière et chauffage doivent s'entendre de fournitures domestiques ou de fournitures industrielles.

Cette loi a donc un caractère tout spécial, et, tout en laissant aux patrons le bénéfice des amendes, elle limite très étroitement sa liberté par les nombreuses garanties accordées aux ouvriers. Elle pourrait être consultée avec quelque fruit par le législateur français, au moment où on lui propose de supprimer les amendes ; il y ferait cette constatation que, dans un pays où l'on ne craint pas les mesures radicales, on a cru préférable de les réglementer.

ANNEXE

STATUTS DE L'ASSOCIATION POUR L'EXPLOITATION DES VERRERIES DU BOUSQUET-D'ORB (février 1845)

Jusqu'à ce jour, les verreries du Bousquet-d'Orb ont été exploitées, soit par nos fermiers, soit par la Compagnie propriétaire elle-même. Dans l'un ou l'autre cas, MM. les employés, ouvriers et autres ne jouissaient que de leur salaire ou de ce qu'ils pouvaient gagner pendant le travail de la campagne, gain qui fut toujours absorbé par le temps perdu des fours morts.

Les intérêts des différents ouvriers de cet établissement étant souvent de nature contraire, d'après le rapport qui lui en a été fait par ses agents principaux, la Compagnie, dans sa haute sagesse et sa sollicitude pour procurer un travail continu et lucratif à l'ouvrier sage et laborieux, a arrêté ce qui suit :

ARTICLE PREMIER.— La Compagnie Usquin, propriétaire des verreries du Bousquet-d'Orb, continue d'exploiter les dites verreries en intéressant les employés, ouvriers et autres désignés en l'article 5 dans les bénéfices qu'on pourra obtenir et qu'on obtiendra certainement dans cette exploitation par un travail intelligent, assidu, économique et fraternel. Cette association sera provisoirement formée pour une campagne, et, si les résultats sont de nature à contenter tout le monde, on la prolongera pour un nombre d'années déterminé.

Art. 2. — La raison sociale de l'établissement sera : Verreries du Bousquet-d'Orb, et la signature de ceux auxquels la direction sera confiée : Les gérants des Verreries du Bousquet-d'Orb.

....

Art. 4. — L'association se composera de la Compagnie propriétaire d'une part, et des employés, ouvriers et autres intéressés désignés dans l'article 5 d'autre part. La Compagnie reste chargée des grandes réparations de l'extérieur. Toute l'association, au contraire, se charge des réparations de fours, fourneaux et travail de la forge, de l'entretien de la jument, du tombereau, etc..., et se conformera en outre au tarif des salaires et de la répartition des bénéfices qui est rapporté ci-après.

Art. 5. — Le personnel des intéressés se composera comme suit :

MM. Chapas, directeur.....	120 fr. par mois	et 9 %	des bénéfices.
Cotté, potier.........	100 —	9	—
Chenavart, forgeur....	80 —	6	—
Sals, magasinier......	40 —	2	—
Les 6 ouvriers, chacun.....	80 —	6	—
Les 6 grands garçons, chacun.	40 —	2	—
Le fondeur...............	80 —	5	—
Les trois tiseurs, chacun....	60 —	2	—
Les deux fouets, chacun....	40 —	2	—
La Cie Usquin, propriétaire des Verreries.		10	—
Pour dépenses imprévues.............		1	—

Art. 6 — Les appointements ou salaires du reste du personnel sont fixés comme suit :

L'agent comptable placé par la Compagnie.	50 fr.	par mois.
Trois tamiseurs, chacun..................	50	—
Un videur de cave..................	45	—
Six gamins, chacun......................	30	—
Six porteurs, chacun....................	15	—
Le conducteur de la jument....	40	—
Un manœuvre à la cour...................	40	—

Art. 7. — La gestion de la verrerie sera confiée à M. Simon, représentant de la Compagnie Usquin et à M. Chapas, directeur des Verreries, qui, à eux deux, formeront les gérants dont mention est faite en l'article 2.

Art. 8. — Au commencement de chaque mois, les gérants donneront connaissance aux autres intéressés de la situation sommaire de l'exploitation pendant le mois écoulé. A cet effet, assistés du comptable, ils réuniront en séance officielle le potier, le fondeur, le magasinier, le forgeur, plus deux ouvriers, deux grands garçons ou fouets et un tiseur délégués par leurs confrères, comme il sera expliqué en l'article 9.

Art. 9..

§ 7. — MM. les ouvriers éliront deux de leurs collègues pour la police et l'inspection du travail pendant un mois, après lequel ils assisteront en outre à la séance de communication dont il est parlé en l'article précédent.

§ 8. — Les grands garçons et fouets délégueront également deux des leurs pour assister à la séance officielle, MM. les tiseurs nommeront aussi un de leurs confrères pour assister à ladite séance.

....

Art. 13. — Vers le 10 de chaque mois, après la séance de communication, il sera procédé à la paye générale de MM. les employés et ouvriers désignés dans le tableau des articles 5 et 6.

Art. 14. — A la fin de chaque campagne et surtout de la campagne d'essai, on fera un inventaire général et exact de tout ce qui aura été acquis pendant l'association, et les décomptes et bénéfices seront répartis à chacun des intéressés suivant le tableau de l'article 5.

Art. 15. — Tout ouvrier qui par suite de mauvaise conduite, insubordination ou tout autre fait grave, se mettra dans le cas d'être renvoyé n'aura aucun droit sur les bénéfices de l'association.

Art. 16. — Comme tout fait présumer qu'une affaire qui a pour bases la loyauté et la bonne intelligence ne peut que prospérer, il faut prévoir dès à présent et chercher à remédier à tout accident qui pourrait atteindre quelqu'un des membres de l'association. A cet effet, on prélèvera une partie des bénéfices à la fin de chaque campagne pour former le noyau de la Caisse de secours de laquelle seront payés le médecin, les remèdes et un tant par jour pour les malades, si l'état de la caisse le permet. Avec l'assistance du ciel, il faut espérer qu'un jour notre rêve sera réalisé et que tous ceux que nous occupons pourront non seulement bien vivre en travaillant, mais encore, outre l'assurance d'être secourus en cas de maladie, avoir la perspective d'une pension pour l'époque où leur âge avancé ne leur permettra plus de travailler.

Les Statuts de cette Société de participation aux bénéfices sont intéressants à plus d'un titre, particulièrement par la détermination contractuelle et précise de la répartition des bénéfices, par la réunion mensuelle d'un comité ouvrier chargé de prendre connaissance de la situation de l'exploitation, par l'élection de deux ouvriers chargés de la police et de l'inspection du travail.

Cette société dura de 1845 à 1849. Mais à cette époque, pour des raisons d'ordre intérieur, la Compagnie Usquin ne put continuer la participation. L'association se transforma alors en société coopérative de production, fermière de la verrerie ; cette société coopérative dura dix ans, de 1849 à 1859. A cette date, elle prit fin par suite de difficultés de deux ordres : la part des membres décédés de la coopérative était revenue à leur famille, qui en leur lieu et place avait mis des ouvriers salariés ; de là des difficultés entre participants et salariés ; — en outre, la société manqua de capital lorsqu'il s'agit de transformer les fours.

Les verreries du Bousquet-d'Orb sont depuis lors rentrées sous le régime du salariat. Elles sont aujourd'hui exploitées par la Compagnie des verreries de Carmaux et du Bousquet-d'Orb.

ERRATA

Page 37, ligne 12. Au lieu de : *à l'industrie minière et à l'industrie métallurgique*, lisez *à l'industrie houillère et aux mines métalliques*.

— 50 — 3. Au lieu de : *être en but*, lisez *être en butte*.

— 61 — 24. Au lieu de : *pourrons*, lisez *pourrions*.

— 69 — 11. Au lieu de : *payer*, lisez *faire payer*.

— 69 — 31. Au lieu de : *servi*, lisez *servie*.

— 89 — 1. Au lieu de : *Pullmam City*, lisez *Pullmann City*.

— 90 — 15. Au lieu de : *comme toute avance*, lisez : *comme de toute avance*.

— 155 — 9. Au lieu de : *initiateur*, lisez *initiateurs*.

— 215 — 8. Au lieu de : *intarrissable*, lisez *intarissable*.

— 239 — 2. Au lieu de : *très peu usitée aussi est-il inutile*, lisez *très peu usitée ; aussi est-il inutile*.

— 265 — 20. Au lieu de : *contre celui*, lisez *contre le maître*.

— 270 — 19. Au lieu de : *concessionnaire*, lisez *cessionnaire*.

— 270 — 20. Au lieu de : *lieux et places*, lisez *lieu et place*.

— 315 — 29. Au lieu de : *génevoises*, lisez *génevoise*.

— 318 — 16. Au lieu de : *aux livrets ainsi ouverts*, lisez *au livret ainsi ouvert*.

— 323 — 9. Au lieu de : *séparation de corps*, lisez *séparation de biens*.

TABLE DES MATIÈRES

Préface I

Introduction V

Étude de la protection du salaire à l'égard du patron. — Légitimité de l'intervention de l'État. — Motifs : inégalité de fait des parties contractantes, silence du Code. — Remèdes : 1° Replacer les parties sur pied d'égalité. 2° Réglementation légale du contrat de travail. Législations européennes. — Détermination et plan de l'étude.

LIVRE I

PROTECTION DU SALAIRE A L'ÉGARD DU PATRON

TITRE I. — PAIEMENT DU SALAIRE

Chapitre premier. — **Mode de paiement** 1

Paiement en nature, licite en certains cas, illicite dans d'autres, 1. — Critérium de distinction proposé par M. Cabouat, 2. — Réfutation de ce critérium, proposition d'un critérium nouveau, 3. — Utilité de mesures de protection pour les ouvriers agricoles.. 5

Truck System. Ses inconvénients : 1° réduction du salaire ; 2° sa diminution possible sans consentement de l'ouvrier, 7. — Ses effets au point de vue économique et moral, 8. — Son mode primitif de fonctionnement, 10. — Diverses formes du Truck System..... 11

Répression du Truck System, 13. — Angleterre : origine et emploi du Truck ; lois du XVe au XIXe siècle ; loi du 15 octobre 1831 ; son inefficacité ; loi du 16 septembre 1887, 13. — États-Unis, 18. — Allemagne, 18. — Hongrie ; Autriche ; Suisse, 20. — Russie, 22. — Norvège, 23. — Belgique ; Luxembourg ; Pays-Bas, 23. — Italie, 25. — France : emploi du paiement par bons ou jetons, 26 ; — jurisprudence, 30 ; — projet de loi.................................. 30

De quelques formes spéciales du Truck System................ 33

CHAPITRE II. — **Lieu de paiement**..................... 36

Inconvénients du paiement dans les cabarets, 36. — Législation anglaise : loi du 20 avril 1883, 36. — Lois des autres États européens, 37. — Projet français, 38.

CHAPITRE III. — **Époque et jour du paiement**........ 39

Époque du paiement : avantages et inconvénients du paiement à longs intervalles, 39. — Divers systèmes législatifs, 41. — 1° Lois impératives : États-Unis, Russie, Belgique, Suisse, 42. — 2° Lois interprétatives : Hongrie, Autriche, Norvège, 44. — Autres législations : Allemagne, Angleterre, 44. — Projet français........ 45

Jour du paiement.. 48

TITRE II. — **DES RETENUES DE SALAIRES**

Nécessité de la réglementation des retenues, 50. — Classification des retenues... 52

Divers systèmes législatifs, 52. — Lois suisse et norvégienne, 53. — Lois allemande, autrichienne et hongroise, 54. — Loi anglaise, 54. — Lois russe, belge et française...................................... 56

SECTION I. — **Des imputations sur les Salaires**

Du paiement par compensation : motif de sa réglementation... 58

Loi française du 12 janvier 1895 : art. 4. Portée d'application de cet article, 59. — Nature de la disposition : elle est d'ordre public, 60. — Situation de droit des patrons, 61. — Situation de fait..... 61

CHAPITRE PREMIER. — **Aliments et Vêtements**......... 63

Économats. Leurs avantages : 1° vente à bon marché de fournitures de bonne qualité, — 2° remède à l'imprévoyance, 63. — Leurs inconvénients : A) L'économat, forme particulière du Truck, 64. — B) Inconvénients intrinsèques de l'économat : 1° monopole de fait, 65. — 2° vente à crédit, 65. — 3° paiement par compensation, 66. — 4° atteinte à l'indépendance de l'ouvrier............ 67

Leur évolution : leur utilité à l'origine, 68 ; — leur lutte contre les commerçants, 69; — leur transformation en sociétés coopératives de consommation, 70 ; — comparaison de l'économat et de la société coopérative, 70 ; - conclusions à tirer de cette évolution, 71

Législation relative aux économats. 1° Système de liberté, 73. — 2° Système de réglementation : Allemagne, Autriche ; vente à prix de revient, 73. — Russie, Belgique : autorisation préalable, vente à prix de revient, surveillance, 74. — 3° Système de vente au comptant : Angleterre, Hongrie, 75. — France : proposition Maxime Lecomte, 76 ; — examen de la question par le Conseil supérieur du travail, 77 ; — loi du 12 janvier 1895, art. 4, 78. — Demande de suppression des économats........................ 79

Nourriture.. 81

Chapitre II — **Logements**................................ 83

Importance de la question du logement : 1° au point de vue physique, 83 ; — 2° au point de vue moral, 84 ; — 3° au point de vue économique.. 85

Solutions de la question par l'initiative patronale : 1° location ; 2° vente ; 3° prêt, 86. — Leurs inconvénients, 87. — Leurs avantages, leur développement, 88. — Législation comparée............ 89

Autres solutions de la question, 90 - Leur inconvénient commun : augmenter l'antagonisme des classes, 90. — Comparaison du système de la location et du système de la vente............. 92

Solutions de la question : en Angleterre, 95 ; — aux États-Unis, en Italie, en Allemagne, en Autriche, en Suisse ; 98 — en Belgique : loi du 9 août 1889, 99 ; — en France : sociétés immobilières, 100 ; — sociétés coopératives de construction, 103 ; — loi du 30 novembre 1894.. 104

Terrain à cultiver.. 109

Chapitre III. — **Fournitures diverses**................ 112

Chauffage, éclairage.. 112

Instruction.. 113

Matériel et matières premières............................ 114

Chapitre IV. — **Avances en argent**................... 118

Avantages et inconvénients des avances................ 118

Législation française: ses diverses phases, 119 — 1° Législation antérieure à la Révolution, 120. — 2° Abrogation sous la Révolution, 121. — 3° Arrêté du 9 Frimaire an XII : art. 7, droit de rétention du livret au profit du patron, 122 ; art. 8 et 9, inscription sur le livret de la créance d'avances, 123.— Abus causés par cette législation, 125.— 4° Loi du 14 mai 1851, 126.— 5° Loi du 2 juillet 1890 ; retour au droit commun, 127. — 6° Loi du 12 janvier 1895, art. 5 ; réglementation du remboursement des avances............ 127

Législation comparée, 130. — 1° Loi hongroise, 130. — 2° Lois anglaise, russe et belge, 131. — 3° Lois allemande, autrichienne et suisse.. 132

Les avances, les coopératives de crédit, et les Monts-de-Piété. 133

Section II. — Des retenues pour Institutions de Prévoyance.

But de ces institutions, 135. — Institutions patronales, 137. — Institutions libres, 139. - Assurance obligatoire........... 140

Chapitre premier. — Caisses de secours............ 141

Leur objet, 141.— Leur organisation. 141.—Leur transformation, 142

Législation comparée. — Loi russe, lois des États-Unis, 143. — Loi belge, 143. — Lois suisse et norvégienne, 144. — Loi anglaise, 145. — Lois allemande, autrichienne, hongroise...... 145

France : loi du 29 juin 1895 sur les caisses de secours des ouvriers mineurs, 147. — Principes de réglementation des caisses de secours.. 149

Chapitre II. — Caisses de retraite................ 152

Importance du problème de la retraite, 152. — De quelques solutions possibles : achat de terrain par les ouvriers agricoles, 153 ; — achat d'une maison par les ouvriers industriels.......... 154

Caisses de retraite : leur organisation, 155. — Leur organisation financière : lois françaises du 29 juin 1894 et du 27 décembre 1895, 157. — Clause de déchéance, 160 ; — ses inconvénients au point de vue économique et moral, 160 ; — son illégitimité, 161 ; — lois suisse et saxonne, 161 ; — loi française du 27 décembre 1890, 165 ;

— son insuffisance, 167; — moyen d'y suppléer : nullité de la clause ; réfutation, 168; — lois du 29 juin 1894 et du 27 décembre 1895, 170; — état de la question........................... 171

Caisses de prévoyance, 173. — Leur organisation financière : loi du 27 décembre 1895, 174. — Clause de déchéance............... 175

Chapitre III. — **Assurance contre les accidents**...... 178

Importance de la question de responsabilité................. 178

Théorie de la responsabilité délictuelle, 178. — Nécessité de l'assurance-accidents et de l'assurance-responsabilité, 180. — Fonctionnement du contrat d'assurance collective, 181; — action de l'assurance-accidents sur l'assurance-responsabilité, 182. — Inconvénients de l'assurance pour l'ouvrier : 1° paiement des primes de l'assurance-responsabilité, 184; — 2° atteinte à l'indépendance de l'ouvrier, 187; — 3° incertitude sur la nature du contrat qui se forme entre la Cie d'assurances, le patron et l'ouvrier....... 187

Théorie de la responsabilité contractuelle: comparaison avec la théorie de la responsabilité délictuelle...................... 190

Théorie du risque professionnel, 194. — Situation des ouvriers: assurance obligatoire des patrons......................... 195

Section III. — **Des déductions de Salaires**

Amendes et règlements d'atelier.................... 198

Définition des amendes, leur union intime avec les règlements d'atelier, 198. — Règlements d'atelier, leur rédaction, 200. — Législation comparée : 1° obligation du règlement, 202 ; — 2° visa de l'autorité, 202 ; — 3° consultation des ouvriers, 203 ; — 4° publicité : affichage, communication à l'ouvrier, 207.— France : jurisprudence, 207 ; — proposition de loi....................... 209

Amendes: abus causés par elles, 214. — Répression des abus : législation comparée, 217 ; — 1° loi hongroise, 217 ; 2° lois suisse et norvégienne, 217 ; 3° lois autrichienne et allemande, 218 ; 4° loi russe, 221. — Angleterre, États-Unis, Belgique, 223. — France : proposition de loi.. 223

Retenues pour malfaçons, 227. — Législation comparée, 228. — Loi française, 229. — Moyen de prévenir les difficultés : organisation

d'un contrôle; lois anglaise, belge et française, 230. — Nécessité de réglementer les retenues pour malfaçons... 234
Retenues pour indemnités : leur but, 235. — Loi allemande, 236; — loi suisse 237

APPENDICE

PREUVE DU PAIEMENT DU SALAIRE

France : article 1781 du Code civil, 241 ; — son abrogation en 1868 ; application du droit commun, 242. — Législations étrangères, 243. — Projet de réformes.............................. 244

LIVRE II

PROTECTION DU SALAIRE A L'ÉGARD DES CRÉANCIERS DU PATRON

CHAPITRE PREMIER. — **Garanties pour le paiement du salaire** 247

France : garanties accordées aux divers salariés : privilège général, 247 ; — privilèges spéciaux, 250 ; — droit de rétention, 252 ; — garanties spéciales accordées aux ouvriers employés par des entrepreneurs : entreprises de travaux publics, 253 ; — entreprises de travaux privés........................ 254
Législations étrangères : Belgique, 257. — Pays-Bas, 258. — Italie, 258. — Espagne, 259. — Angleterre, 260. — Allemagne, 261. — Hongrie, 262. — Autriche, 262. — Suisse, 262. — Etats-Unis, 263. Canada 264
Comparaison de la législation française et des législations étrangères........ 265

CHAPITRE II. — **Garanties des retenues pour institutions de prévoyance**.................................... 266

France. — Nécessité de la protection, 266 ; — principes de protection, 267. — Loi du 27 décembre 1895 : organisation financière des caisses de retraites, 268 ; — de secours, 269; — garanties de restitution des fonds, 269; — droit pour les ouvriers de rester en justice par un mandataire, 270. — Projet de garanties relativement à l'assurance contre les accidents 271

Législations étrangères : Suisse, Allemagne, Autriche, Hongrie. 272

Caisses d'épargne patronales.............................. 273

LIVRE III

PROTECTION DU SALAIRE A L'ÉGARD DES OUVRIERS

Rapports de l'ouvrier et de ses créanciers, 275. — Inconvénients de la vente à crédit 276. — Modes de protection : insaisissabilité, 275 ; — incessibilité, 278. — Plan du livre, 279.

CHAPITRE PREMIER. — **Insaisissabilité et incessibilité des salaires** 280

Insaisissabilité — Législations étrangères. 1° Insaisissabilité totale, Allemagne, Angleterre, Norvège, Brésil, 280. — 2° Insaisissabilité totale pour un salaire minimum : Hongrie, Espagne, Autriche, 281. — 3° Insaisissabilité partielle : Suisse, Russie, Belgique. 282

France. — Historique : insaisissabilité des traitements, 285 ; — jurisprudence relative aux salaires, 284 ; — propositions de loi, 285. — Loi du 12 janvier 1895. Principe de l'insaisissabilité partielles, 285. — Distinction entre les salaires et les appointements ou traitements, 286 ; — cessation de l'insaisissabilité au cas d'obligation alimentaire, 287. — Modification de la procédure de saisie arrêt, 289; — 1° compétence du juge de paix, 290 ; — 2° simplification de la procédure, 291 ; — 3° réduction au minimum du ministère d'huissiers.............................. 291

Incessibilité. — Divers systèmes législatifs. 1° Cessibilité : Angleterre, Suisse, 292. - 2° Incessibilité de la portion insaisissable : Allemagne, Autriche, Norvège, 292. — 3° Incessibilité d'une quotité différente de la quotité insaisissable : Belgique, France.. 293

Retenues du salaire par le patron en faveur des créanciers.... 293

CHAPITRE II. — **Insaisissabilité et incessibilité des secours, indemnités et pensions accordés par les institutions de prévoyance** 296

Législations étrangères : Allemagne, 296 ; Autriche, 297 ; — Hongrie, 297 ; — Suisse, 298 ; — Norvège 298

France. — Pensions civiles et militaires, 299. — Indemnités et pensions servies par la Caisse d'assurance en cas d'accidents ou de décès et par la Caisse des retraites, 300. — Jurisprudence, 300. — Projet de loi 300

LIVRE IV

PROTECTION DU SALAIRE DANS L'INTÉRIEUR DES FAMILLES

CHAPITRE PREMIER. — **Protection du salaire de la femme mariée** 305

Abus de l'autorité maritale, 305. — Protection spontanée dans les pays soumis au régime de la séparation de biens, 306. — Nécessité d'une protection spéciale dans les pays soumis au régime de communauté, 306. — Mouvement de réforme : législation anglaise, 307 ; — lois des Etats scandinaves, 308. — Législation des cantons de Zurich et de Lucerne, 309. — Code civil allemand, 310. — Loi du canton de Genève, 310. — Projet de loi Belge, 311. — Projet de loi française, 312 ; — examen de la question de principe, 312 ; — examen des deux systèmes proposés 314

CHAPITRE II. — **Sanction de l'obligation alimentaire du mari envers la femme et des parents envers les enfants** 319

Abus à réprimer, 319. — Législation anglaise, 319. — Loi du Massachussets, 321. — Loi norvégienne, 322. — Loi du canton de Genève, 322. — Projet de loi français, 323 ; — exposé, 323 ; — discussion. 324

CHAPITRE III. — **Protection du salaire des enfants mineurs**............ 327

Attribution du salaire des enfants, 327. — Arguments en faveur de l'attribution aux parents : 1 contribution à l'entretien des ménages, 327. — 2 mauvais emploi du salaire par les enfants : 328. — Arguments en faveur de l'attribution aux enfants : 1 propriété du gain, 328 ; 2 mauvais emploi du salaire par le père.......... 329

Loi allemande, 389. — Législation française, 330 ; — droit de saisie des créanciers des parents, 331. — Projet de réforme........ 332

Projet d'attribution du salaire des mineurs à la mère, 333. — Droit d'éducation de l'état ; obligation de la prévoyance........... 334

CONCLUSION

Rôle de l'Etat : supprimer les abus, 337 ; - Rôle de l'initiative individuelle : améliorer la situation des ouvriers, patronage patriarcal et patronage libéral................................ 339

Situation de la France au point de vue de la législation protectrice du salaire.. 341

1896. — Montpellier. Imprimerie CHARLES BOEHM.

TABLEAUX COMPARATIFS DE LA PROTECTION LÉGALE DU SALAIRE

DANS DIFFÉRENTS PAYS D'EUROPE

I. — MODE DE PAIEMENT.

	ANGLETERRE	ALLEMAGNE	AUTRICHE	HONGRIE	BELGIQUE	SUISSE	NORVÈGE	RUSSIE	FRANCE PROJET SÉNAT	FRANCE PROJET COM. CHAMBRE
Interdiction du paiement en nature...	Loi de 1831 *Id.*	Loi de 1869 Art. 115	Loi de 1885 Art. 78	Loi de 1884 Art. 118	Loi de 1887 Art. 1er	Loi de 1877 Art. 10	Loi de 1892 Art. 30	Loi de 1886 Art. 14	Art. 1er	Art. 1er
Obligation du paiement en monnaie ayant cours légal...............	*Id.*	Art. 115			Art. 1er	Art. 10	Art. 30		Art. 1er	Art. 1er
Nullité de toute convention contraire..	*Id.*	Art. 117, § 1	Art. 78 *c*	Art. 120					Art. 1er	Art. 1er
Nullité de toute convention relative à l'achat de fournitures dans des magasins déterminés..................	Loi de 1887 (art 6)	Art. 117, § 2	Art. 78, § 3	Art. 120	Art. 6				Art. 1er	Art 1er
Nullité de tout paiement illicite......	Loi de 1831	Art. 116	Art. 78 *d*		Art. 1er					
Possibilité d'un second paiement si le premier a été illicite..............	*Id.*	Art. 116	Art. 78 *d*							
Absence de toute action en recouvrement de la créance en paiement de marchandises livrées illicitement....	*Id.*	Art. 118	Art. 78 *e*	Art. 119	Art. 8					
Interdiction de toute interposition de personnes du côté du patron (famille du patron, mandataires, préposés, surveillants, intéressés)......	*Id.*	Art. 119	Art. 78 *h*		Art. 9					
Interdiction de toute interposition de personnes du côté de l'ouvrier (famille de l'ouvrier).....................					Art. 9					
Sanction pénale..................	1re infract : amende de 5 à 10 livres 2e : am. de 10 à 20 3e : amende de 100 au maximum	Amende de 2000 marks, ou 6 mois de prison, au maximum	?	Amende de 20 à 200 florins	Amende de 50 à 2000 francs.	Amende de 5 à 500 fr. Récid. : 3 mois de prison au maximum.	Amende de 5 à 100 couronnes (6 à 120 fr.)	Amende de 50 à 300 roubles.		Amende de 10 à 15 fr

II. — LIEU ET ÉPOQUE DU PAIEMENT.

		ANGLETERRE	ALLEMAGNE	AUTRICHE	HONGRIE	BELGIQUE	SUISSE	NORVÈGE	RUSSIE	FRANCE — PROJET SÉNAT	FRANCE — PROJET COM. CHAMBRE
Lieu de paiement	Endroits où le paiement est interdit.	Dans les tavernes, cabarets, débits de bière, lieux d'amusement.	Dans les auberges et cabarets ou lieux de vente, *sauf approbation de l'autorité.*	Dans les cabarets et débits de boisson.		Dans les cabarets. débits de boisson, magasins, boutiques ou locaux y attenant.				Dans les débits de boisson, ou magasins de vente au détail.	
	Endroit où il doit avoir lieu.	Dans un bureau spécial non attenant à un débit.					Dans la fabrique.	Dans l'atelier ou à côté.		Dans l'usine ou un de ses bureaux.	
	Sanction pénale	Amende de 10 livr. au maximum.	Amende de 150 marks ou 4 semaines de prison au maximum.			Amende de 50 à 2000 francs.	Amende de 5 à 500 francs.	Amende de 5 à 100 couronnes.			Amende de 1 à 15 fr.
Époque du paiement	Détermination de l'époque du paiement.		1° Peut être fixée par le conseil communal : minimum : 8 jours, maximum : 1 mois.	Par semaine, sauf convention contraire.	Par semaine, sauf convention contraire.	Travail au temps { Salaire infér. à 5 fr. par jour : 2 fois par mois. Salaire sup. à 5 fr. par jour : 1 fois par mois.	Travail au temps tous les 15 jours, sauf convent. contraire. Maximum : 1 mois.	Par semaine, sauf convention contraire.	Louage à terme de plus d'un mois : une fois par mois. Louage à terme indéterminé : 2 fois par mois.	Travail au temps 2 fois par mois sauf convention écrite contraire.	
						Travail à la tâche : 1 fois par mois.	Travail à la tâche : de gré à gré.			Travail à la tâche : de gré à gré.	
			2° Doit être indiquée dans le règlement d'atelier.	Doit être indiquée dans règlement d'atelier.	Doit être indiquée dans règlement d'atelier.	Doit être indiquée dans règlem. d'atelier.	Doit être indiquée dans règlem. d'atelier.	Doit être indiquée dans règlem. d'atelier.	Doit être indiquée au livret de compte		
	Sanction pénale		Amende de 150 marks ou 4 semaines de prison.	?	Amende de 20 à 200 florins.	Amende de 50 à 2000 francs.	Amende de 5 à 500 francs.	Amende de 5 à 100 couronnes.			Amende de 1 à 15 fr.

III. — RETENUES (Imputations sur les Salaires).

	ANGLETERRE	ALLEMAGNE	AUTRICHE	HONGRIE	BELGIQUE	SUISSE	NORVÈGE	RUSSIE	FRANCE
Aliments (économats).	1° Liberté d'achat. 2° Interdiction de reten. 3° Interdiction d'action en paiement.	1° Liberté d'achat. 2° Vente au prix d'achat.	1° Liberté d'achat. 2° Vente au prix de revient 3° Accord préalab.	1° Liberté d'achat 2° Interdiction de retenues. 3° Interdiction d'action en paiement.	1° Liberté d'achat. 2° Vente au prix de revient. 3° Autorisation préalable, révocable pour abus.			1° Autorisat. préalable 2° Affichage du prix de vente. 3° Autorisation préalable de la liste et du prix des objets. Sanction : amende de 25 à 100 roubles.	Interdiction de retenues.
Nourriture.	1° Vente au prix courant. 2° Autorisation écrite et en bonne forme de l'ouvrier 3° Compte soumis à la vérification des ouvriers	Vente au prix de revient.	1° Vente au prix de revient. 2° Accord préalab.	Accord préalable.	Accord préalable.			Accord préalable.	Interdiction de retenues.
Logements.	1° Location au prix cour. 2° Autorisation écrite de l'ouvrier. 3° Compte soumis à vérif.	Location au prix des loyers de la localité.	Accord préalable.	Accord préalable.	Baux librem. conclus.			Location au prix approuvé par l'autorité.	Interdiction de retenues.
Terrain à cultiver.		Prix des fermages de la localité.	Accord préalable.	Accord préalable.	Baux librem. conclus.				Interdiction de retenues.
Médicaments et soins médicaux.	1° Prix courant. 2° Autorisation écrite. 3° Compte soumis à vérif.	Prix de revient.	Accord préalable.	Accord préalable.	Accord préalable.			Interdiction de faire payer.	
Chauffage.	1° Prix courant [1]. 2° Autorisation écrite. 3° Compte soumis à vérif.	Prix de revient.	Accord préalable.	Accord préalable.	Prix de revient. Autorisation préalab., révocable pour abus				Interdiction de retenues.
Matériel et matières premières.	1° Prix courant [1]. 2° Autorisation écrite 3° Compte soumis à vérif.	Travail au temps { Prix de revient moyen. Travail à la tâche { 1° Maximum : prix de la local. 2° Accord préalable.	Accord préalable.	Accord préalable.	Prix de revient.			Interdiction de faire payer.	Possibilité de retenues.
Avances.	1° Consentement écrit. 2° Interdiction de tout intérêt.			L'ouvrier ne peut quitter avant paiement.	1/5 des salaires (Est avance le prix d'un terrain à bâtir vendu par le patron à l'ouv.)			1° Célibat. { 1/3 du salaire. Mariés ou veufs avec enfants. { 1/4 du salaire. 2° Interdiction de tout intérêt.	1/10 du salaire, sauf totalité pour avances pour acquisitions d'outils et matières premières.
Divers.	Instruction : ret. licites. Réparation d'outils { Arrangement spécial postérieur au contrat d'engagement.	Eclairage : au prix de revient moyen.	Interdict. de vente à crédit des boissons spiritueuses.	Interdict. de vente à crédit des boissons spiritueuses.	Uniforme { Prix de revient. Vêtem. { 1° Prix de revient. 2° Aut. préalable, révocable pour abus.	Interdiction de retenues pour but spécial, sauf convention entre patrons et ouvriers.	Interdiction de retenues pour but spécial, sauf consentement exprès, ou justifiées par loi ou règlement.	Interdiction de faire payer l'éclairage de l'atelier.	
Sanction pénale.	1re infraction : amende de 5 à 10 livres. 2e infr. : am. de 10 à 20. 3e infr : am. de 20 à 100.	Amende de 2000 marks, ou 6 mois de prison, au maximum.	?	Amende de 20 à 200 florins.	Amende de 50 à 2000 francs.	Amende de 5 à 500 francs. Récidive : maximum de 3 mois de prison.	Amende de 50 à 100 couronnes.	Amende de 50 à 300 roubles.	

[1] La loi du 14 août 1896 amendant et complétant la législation sur le Truck-system a modifié les règles relatives à « l'usage et fourniture de matières premières, outils, machines, place, lumière, chauffage. » Les règles nouvelles étant communes à la réglementation des retenues pour amendes, on les trouvera indiquées au tableau V.

IV. — RÈGLEMENTS D'ATELIER.

		ANGLETERRE	ALLEMAGNE	AUTRICHE	HONGRIE	BELGIQUE	SUISSE	NORVÈGE	RUSSIE	FRANCE — PROJET SÉNAT	FRANCE — PROJET COM. CHAMBRE
	Obligation	Aucune disposition légale.	Dans les fabriques où il y a 20 ouvriers. Sanction : amende de 300 marks, ou arrêts.	Dans les fabriques où il y a 20 ouvr.	Dans les fabriques. Sanction : amende de 20 à 200 florins.	Dans les fabriques où il y a 10 ouvriers. Sanction : amende de 26 à 1000 francs.	Dans les fabriques. Sanction : amende de 5 à 500 francs.	Dans les fabriques où il y a 25 ouvriers Sanction : amende de 5 à 50 couronnes.	Dans les fabriques.	Facultatif.	Facultatif.
Confection du règlement	Rôle du patron		Confectionne le règlement d'atelier								
Confection du règlement	Rôle des ouvriers		Avis des ouvriers majeurs. Sanction : amende de 150 marks ou 4 semaines de prison.			Avis des ouvriers, consigné sur registre à leur disposition pendant 8 jours. Sanction : amende de 26 à 1000 francs.	Avis des ouvriers.	Avis des ouvriers exprimé par 5 représentants âgés de plus de 18 ans, avec délai d'examen de 8 jours. Sanction : amende de 5 à 50 couronnes			
Confection du règlement	Rôle de l'autorité		Communication à l'autorité. Sanction : amende de 150 marks ou 4 semaines de prison. Modification de tout règlement illégal. Sanction : amende de 300 marks ou arrêts	Communic. à l'autorité qui appose son visa s'il n'y a rien d'illégal.	Visa de l'autorité si le règlement ne contient rien d'illégal. Sanction : amende de 20 à 200 fl.	Faculté pour les ouvriers de transmettre leurs observations à l'inspecteur du travail, qui les transmet au patron dans les 8 jours.	Visa de l'autorité s'il n'y a rien d'illégal. Révision en cas d'abus	Transmission dans les quatre semaines à l'inspecteur qui envoie au ministère, lequel vise s'il n'y a rien d'illégal. Sanction : amende de de 5 à 50 couronnes	Soumis à l'approbat de l'inspecteur des fabriques.		
Publicité du règlement	Affichage		A place convenable accessible à tous; affiche toujours lisible. Sanction : amende de 30 marks ou 8 jours de prison.	A place convenable	A place convenable Sanction : amende de 20 à 200 florins	A endroit apparent. Sanction : amende de 26 à 200 francs.	A endroit apparent en gros caractères.	Dans chaque atelier, en gros caractères Amende de 5 à 50 couronnes.	Dans tous les ateliers Sanction : amende de de 15 à 100 roubles.	Dans les ateliers.	En vue dans les ateliers. Sanction : am. de 15 francs.
Publicité du règlement	Communication aux ouvriers		Remise obligat. d'un exemplaire à l'entrée Sanction : 30 marks d'amende ou 8 jours de prison.	Communication aux ouvriers lors de leur engagement.		Dépôt au conseil des prud'hommes. Droit de prendre copie Sanction : amende de 26 à 200 francs.	Remise d'un exempl. lors de l'admission dans la fabrique.	Remise d'un exemplaire à chaque ouvrier.	Inscription sur chaque livret de compte.	Dépôt au secrétariat du conseil des prud'hommes ou au greffe de la justice de paix.	Sanction : am. de 15 francs.

V. — AMENDES

	ANGLETERRE	ALLEMAGNE	AUTRICHE	HONGRIE	BELGIQUE	SUISSE	NORVÈGE	RUSSIE	FRANCE — PROJET SÉNAT	FRANCE — PROJET COM. CHAMBRE
Mode d'indication.	Dans avis affiché, facilement lisible et copiable ou dans convention faite par écrit et signée par l'ouvrier.	Dans règlement d'atelier.	Dans règlement d'atelier.	Dans règlement d'atelier.	Dans règlement d'atelier.				Dans règlement d'atelier.	Interdiction des amendes.
Objet des indications.	1° Actes punissables 2° Montant de l'amende. 3° Bases de détermination	1° Actes punissabl; interdict. des am. non prévues. 2° Valeur de l'am 3° Mode de déterm. 4° Recouvrement et emploi des am. Sanction : 150 m. d'amende ou 4 semaines de prison.	Emploi des amendes.		1° Actes punissables ; interdiction des amendes non prévues. 2° Taux de l'amende. 3° Emploi de l'amende. Sanction : amende de 26 à 200 francs			1° Actes punissables: interdiction des pénalités non prévues 2° Taux de l'amende Sanction: amende de 25 à 100 roubles.		
Taux de l'amende.	1° Montant de la retenue doit être juste et raisonnable. 2° Doit être infligée pour acte ou omission causant préjudice au patron.	1/2 du salaire journalier; totalité pour fautes graves. Sanction : amende de 150 marks ou 4 semaines de prison.			1/5 du salaire journalier. Sanction : amende de 26 à 200 francs	1/2 du salaire journalier.	1/2 du salaire journalier; total. pour fautes graves.	1° Pour travail négligeant : amende prop. au degré de négligence. 2° Pour chômage: Amende prop. au salaire et à la durée du chômage. Trav. au temps: salaire de 6 j. au maximum. Trav. à la tâche: 1 rouble par jour, 3 roubles en tout. 3° P. atteinte à l'ord. 1 rouble au maxim. Maximum : 1/2 du salaire total. Sanction: amende de 25 à 100 roubles.	1/4 du salaire journalier.	
Emploi.		Dans l'intérêt des ouvriers. Sanction : 150 m. d'amende ou 4 semaines de prison.			Au profit des ouvriers. Sanction : amende de 26 à 200 francs	Au profit des ouvriers.	Versement dans une caisse de malades.	Au profit des ouvriers. Sanction: amende de 25 à 100 roubles.	Au profit des ouvriers.	
Prévenance de l'ouvrier.	Remise d'un écrit indiquant : 1° Cause de la reten. 2° Montant.	Doit être immédiate			Doit être immédiate			Dans le délai de 3 jours.		
Contrôle — Inscription sur état indiquant	1° Nom du puni. 2° Motif de la retenue. 3° Montant de la retenue.	1° Nom du puni. 2° Date de la punit. 3° Motif de la punit. 4° Taux de l'amen. Sanction: 15 marks d'amende ou 3 jours de prison.	1° Nom du puni. 2° Taux et emploi		1° Nom du puni. 2° Date de la punit. 3° Motif de la pun. 4° Taux de l'amende. Sanction : amende de 26 à 200 francs			1° Nom du puni. 2° Motif de la punition. 3° Taux de l'amende Sanction: amende de 5 à 25 roubles.		
Contrôle — Mode de…		Présentation à toute réquisition de l'inspecteur. Sanction: 15 marks d'amende ou 3	Présentat. à toute réquisit. de l'autorité.		1° Ratification par le patron avant la paye 2° Présentation à toute réquisition			Présentation à toute réquisition de l'inspecteur. Sanction: amende de 25 à 100 roubles.		

V — PRIVILÈGES.

	FRANCE	BELGIQUE	PAYS-BAS	ITALIE	ESPAGNE	SUISSE	ALLEMAGNE	HONGRIE	AUTRICHE	ANGLETERRE
Privilège général — Durée à laquelle il s'applique	1° Gens de service : année échue et année courante. 2° Commis (faillite) : 3 ou 6 mois. 3° Ouvriers (faillite) : 3 mois.	1° Gens de service année échue et année courante. 2° Commis : 6 mois 3° Ouvriers : 1 mois	1° Gens de service et ouvriers : année échue et année courante. ? ?	1° Gens de service : 6 mois. 2° Commis : 6 mois 3° Ouvriers : 1 mois	1° Employés, journaliers, domestiques : 1 an. 2° Commis : 6 mois 3° Ouvriers : 6 mois	1° Domestiques : 1 an. 2° Commis : 6 mois 3° Ouvriers : 3 mois	Service domestique, travail industriel et commercial : 1 an.	1 an	1 an	1° Ouvriers agricoles : 1 an. Autres : Salaire de 25 à 50 liv. : 1 mois. Salaire inférieur à 25 liv. : 2 moi.
Privilèges spéciaux	1° Sur les récoltes pour ensemencement ou levée 2° Sur le prix des ustensiles, pour sommes dues pour ustensiles agricoles. 3° Sur l'objet conservé pour frais faits pour la conservation. 4° Sur la plus-value résultant des travaux pour édification, reconstruction ou réparation de bâtiments, canaux ou ouvrages.		3° Sur le prix pourvu que : *a*) La créance ne remonte pas à plus de 30 ans. *b*) L'immeuble soit au débiteur.	Pour semence, culture, récolte.	2° et 3° Pour construction, réparation, conservation de meubles encore au pouvoir du débiteur. 4° Sur immeubles réparés, avec rang différent, suivant qu'il y a eu ou non mention et transcription de la créance.					
Droit de rétention	Sur l'objet encore possédé par eux, aux ouvriers qui ont travaillé à confection ou réparation.			Privilège sur meubles, conservés ou améliorés, encore possédés par créanciers.			Droit de gage sur objets fabriqués ou réparés, encore en possession des ouvriers.		?	
Garantie spéciale aux ouvriers employés par entrepreneurs	Action directe des ouvriers contre le maître pour lequel l'ouvrage est fait, jusqu'à concurrence de ce qui est dû par lui à l'entrepreneur.									

VII. — INSAISISSABILITÉ ET INCESSIBILITÉ.

	ANGLETERRE	ALLEMAGNE	AUTRICHE	HONGRIE	ESPAGNE	SUISSE	NORVÈGE	RUSSIE	BELGIQUE	FRANCE
Mesure de l'insaisissabilité.	Insaisissabilité complète du salaire.	Saisie impossible jusqu'après le jour où le salaire est payable.	Travaux de durée : insaisissabilité totale pour portion inférieure à 800 florins. Autres travaux : insaisissabilité des 2/3 du salaire.	Salaires inférieurs à 1 florin 50 par jour. Insaisissabilité totale. Salaires supérieurs : saisie possible	Salaires inférieurs à 24 réaux (6 francs) par jour : insaisissabilité totale. Salaires supérieurs : saisie possible	Salaire saisissable, mais déduct. faite de ce qui est indispensable au débiteur ou à sa famille	Salaires échus depuis moins de 12 semaines : insaisissabilité complète. Autres : peuvent faire objet d'une demande en exemption de saisie pour le strict nécessaire.	Célibataires : insaisissabilité des 2/3. Mariés ou veufs avec enfants : insaisissabilité des 3/4.	Ouvriers et gens de service : insaisissabilité des 4/5. Employés et commis : insaisissabilité des 4/5 jusqu'à 1200 fr.	Ouvriers et gens de service : insaisissabilité des 9/10. Employés et commis : insaisissabilité des 9/10 jusqu'à 2000 fr.
Sanction civile.		Nullité des conventions contraires.	Nullité des conventions contraires.				Nullité des conventions contraires.		Nullité des conventions contraires.	
Cas dans lesquels la saisie est possible.			1° Pour impôts. 2° Pour obligation alimentaire. 3° Pour cotisations aux caisses de maladie.				1° Pour impôts. 2° Pour obligation alimentaire. 3° Pour dommages intérêts.		Pour obligation alimentaire.	Pour obligation alimentaire.
Incessibilité.	Cessibilité absolue.	Incessibilité totale.	Incessibilité de la portion insaisissable.	?	?	Cessibilité.	Incessibilité de ce qui est insaisissable.		Cessibilité des 2/5	Cessibilité de 1/10.

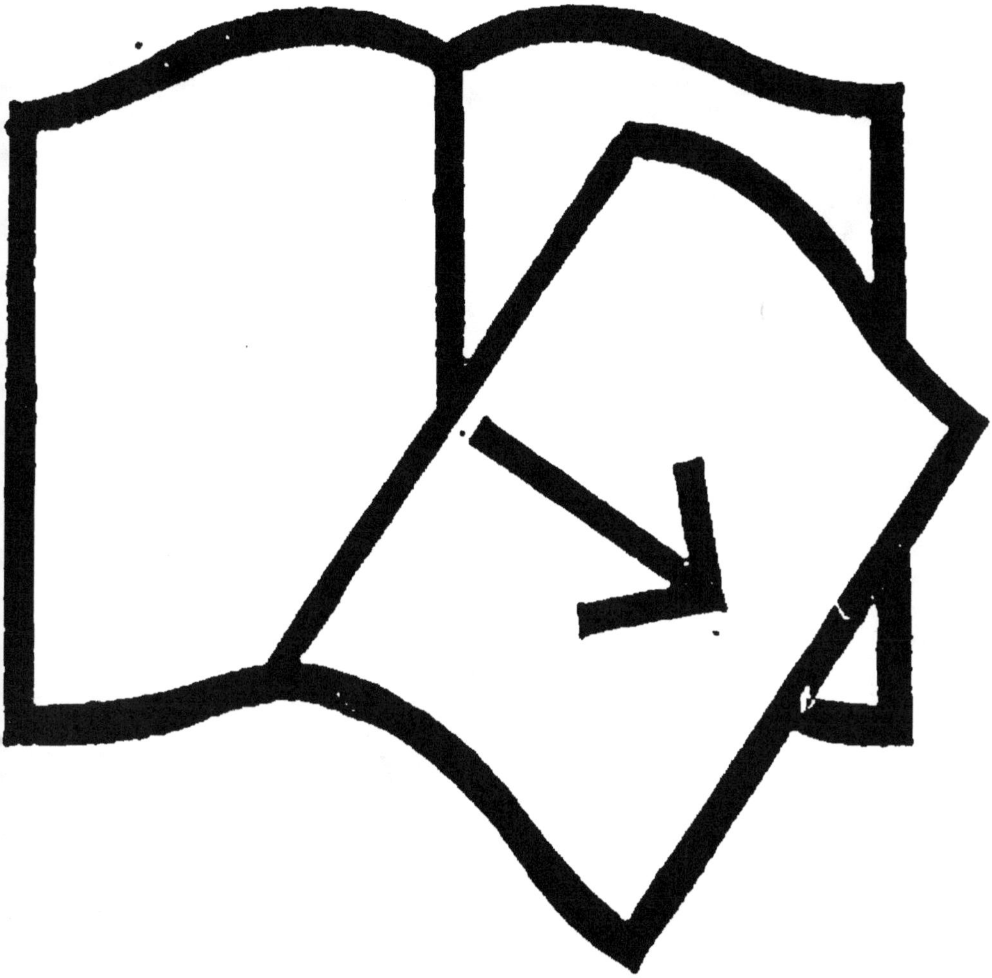

www.ingramcontent.com/pod-product-compliance
Lightning Source LLC
Chambersburg PA
CBHW061001220326
41599CB00023B/3790